Rituales
de los cuentos clásicos

Rituales

de los cuentos clásicos

Invoca el poder oscuro, escalofriante y erótico de los cuentos clásicos

Kenny Klein

Grupo Editorial Tomo, S.A. de C.V.,
Nicolás San Juan 1043,
03100, México, D.F.

1a. edición, junio 2013.

Translated from
Enchanment of the Faerie Realm
Copyright © 1993 y 2006 by Ted Andrews
Published by Llewellyn Publications
Woodbury, MN 55125-2989, U.S.A.
www.llewellyn.com

© 2013, Grupo Editorial Tomo, S.A. de C.V.
Nicolás San Juan 1043, Col. Del Valle
03100 México, D.F.
Tels. 5575-6615, 5575-8701 y 5575-0186
Fax. 5575-6695
http://www.grupotomo.com.mx
ISBN-13: 978-607-415-505-1
Miembro de la Cámara Nacional
de la Industria Editorial No 2961

Traducción: Graciela Frisbie
Formación tipográfica: Armando Hernández
Diseño de portada: Karla Silva
Corrector de pruebas: Kaarina Vejar A.
Supervisor de producción: Leonardo Figueroa

Impreso en México - *Printed in Mexico*

Contenido

Sobre el autor

Kenny Klein es un músico, intérprete y conferencista que ha estado activo en la comunidad pagana, y ha participado en el Festival del Renacimiento y en círculos de música folclórica durante más de veinte años. También es autor de los libros: *Through the Faerie Glass: A Look at the Realm of Unseen and Enchanted Beings* y *The Flowering Rod: Men and Their Role in Paganism*. Vive en Nueva Orleans.

Kenny ha grabado numerosos discos compactos de música y lleva a cabo presentaciones durante todo el año. Visítalo en línea en www.kennyklein.net.

"La Caperucita fue mi primer amor. Sentía
que si me hubiera podido casar con la Caperucita,
habría conocido la felicidad perfecta".

—Charles Dickens,
"Un árbol de Navidad" (1850)

"Yo solía ser Blanca Nieves, pero me perdí en el camino"

—Mae West,
No soy un ángel (1933)

Las hadas y los cuentos clásicos

Abrumados por el hambre y el frío, perdidos en lo profundo del bosque, unos hermanitos, un niño y una niña, escuchan el canto de un ave. Entienden lo que les quiere decir, y les dice que un poco más adelante está la respuesta a sus oraciones: Encontrarán una casa hecha de comida. Pero el ave profética les advierte que deben ser cuidadosos, ¡porque si la comen podría costarles la vida!

Una joven está a la orilla del camino. Es sumamente hermosa; su piel es blanca como la crema y la nieve y su cabellera cae en rizos tan negros como las alas de un cuervo. Parece estar perdida; está sola, asustada. Pasa un carruaje. En la puerta lleva el escudo real. Ella mira hacia el interior y sus ojos se encuentran con los ojos del rey. Éste le indica al cochero que se detenga y hace que la joven entre al carruaje. Su esposa aleja la mirada; en su rostro se dibuja una expresión impasible; la sola presencia de esta extraña joven hiere sus sentimientos más profundos.

Una jovencita juega en el castillo de su padre. Conoce muy bien el lugar, pues ha vivido ahí toda su vida. Ha subido por todas las escaleras, ha abierto cada ornamentada puerta, se ha sentado en las bancas de todas las ventanas para contemplar los campos del reino de su padre. Pero aunque parezca extraño, hoy, en el cumpleaños que marcará su vida como mujer, encuentra una puerta que nunca antes ha visto. Su rostro se sonroja por la curiosidad y la emoción; abre la puerta, se asoma a un cuartito donde está sentada una anciana, trabajando con algo que la chica nunca antes ha visto: Una rueda de madera que transforma las fibras en hilos de lino. La chica se acerca; el asombro la llena de emoción y hace que su rostro se sonroje; acerca su dedo para tocar esa extraña rueda que produce un extraño zumbido...

Un hombre hizo una promesa a su hija menor: Le prometió traerle una rosa. Pero es invierno y los caminos y senderos están cubiertos de nieve. Siente desesperación al pensar que nunca encontrará una rosa para su niñita hermosa que casi nunca le pide nada. Pero cuando este hombre va caminando de regreso a casa, descubre un jardín detrás de un muro... está lleno de flores y verdor, lleno de vida en medio de ese frío mortal. Y en el centro del jardín florece una rosa. Camina lentamente para entrar al jardín rodeado por un muro; avanza cuidadoso entre las flores y frutas maduras. Ahora está en el centro. Mira a su alrededor, una vez, dos veces; no ve a nadie. Con suavidad, con cuidado, toma la rosa. De pronto, ruge una voz áspera: "¡Esa rosa es mía!".

¿Reconoces estas historias? ¿Estás familiarizado con ellas? ¿Son los cuentos de tu infancia? ¿Son relatos que te gustaban cuando eras niño? Tal vez todavía los evocas. ¿Llamas a alguien "Bella Durmiente"? ¿Esperas a tu "príncipe azul"? ¿Has "besado a muchas ranas"? Recuerdas la magia de estas historias, lo que te hacían sentir cuando las escuchabas... estabas absorto, tenso, esperando que la princesa escapara, que el muchacho triunfara, que la hermana empujara a la malvada hechicera al horno para salvar a su hermano e impedir que ella lo cocinara y se lo comiera.

Estos cuentos nos formaron, nos moldearon, nos ayudaron a ser lo que llegaríamos a ser. Nos enseñaron a analizar; nos enseñaron moralidad y virtudes. Nos dieron un sentimiento de identidad.

Sin embargo la mayoría de nosotros no hemos escuchado estos relatos como se recopilaron originalmente de entre los campesinos, las lecheras y las matronas hilanderas. Cuando éramos niños, quienes nos contaron estos cuentos no eran ancianas que cocinaban avena en una cazuela sobre el fuego de la chimenea; no nos contaron sus historias mientras mezclaban los ingredientes con una cuchara. Tampoco fue una "housfrau" alemana que mientras batía mantequilla nos relataba las historias con las que había crecido. No, las vimos en la televisión o en salas de cine; nos emocionamos con las versiones en celuloide, con las creaciones de Disney y otros íconos de la cinematografía. Las vimos una y otra vez. Sus personajes llegaron a ser nuestros amigos y nuestros compañeros de juego en nuestras fantasías y en nuestros sueños. Llegamos a conocer tan bien estos cuentos que hasta la fecha podemos recitarlos de memoria.

O al menos creemos que podemos.

Estos relatos son antiguos. Mucho más antiguos que Wilhelm y Jacob Grimm, los hermanos que dedicaron su vida a coleccionar y catalogar cientos de estas narraciones extrañas. Son mucho más antiguas que los ilustradores de la época victoriana y eduardiana que vistieron a sus personajes con galas reales o con ropa de campesinos. El origen de estos cuetos se remonta a los recovecos más oscuros del tiempo. Vienen de los relatos de las matronas de la Selva Negra, de las historias que contaban los campesinos franceses que vivieron décadas de guerra y hambruna. Rememoran un pasado que se desvanece en la lejanía, antes de las cortesías de la era victoriana, antes de los trovadores del Renacimiento, antes de los interminables relatos de los poetas de la Edad Media. Son tan antiguos como Roma, como Grecia, como Persia y como los celtas que recorrieron Europa buscando caza y aventuras. Al interior de los hermosos relatos de Blanca Nieves y la Bella Durmiente se encuentran semillas de historias en idiomas antiguos, en lenguajes que ya nadie habla y de los que ni siquiera se tiene conocimiento; sonidos tan extraños a nuestros oídos que si los escucháramos nos encogeríamos de hombros y diríamos que carecen totalmente de sentido.

Pasaron de madres a hijas, de padres a hijos; se los contaban a los niños alrededor de las hogueras de cabañas antiguas, en las yurtas que los nómadas levantaban en las ondulantes planicies, o frente a las chimeneas de las rústicas chozas de la zona eslava; estos relatos se han atesorado desde épocas que se pierden en la memoria. Han cambiado a medida que cambian las herramientas, las modas y los gustos de cada generación de narradores; han perdido y adquirido elementos con las fluctuaciones de las creencias religiosas y morales de los pueblos.

Podríamos creer que son relatos inocentes e inofensivos. Después de todo, son los recuerdos de nuestra infancia, son la magia común que comparten todos los niños. ¿Qué niñita no ha soñado con casarse con su príncipe? ¿Qué niño no tuvo el deseo de salvar a una desafortunada doncella de su malvada madrastra?

Sin embargo, estos relatos son más aterradores, más oscuros y contienen más misterios que las versiones que tú y yo podríamos conocer. En el fondo, estos relatos contienen una profunda magia, la semilla de los mitos y creencias más antiguos. A través de ellos tenemos una visión fugaz de los seres del mundo de las hadas y de seres inmortales como las sirenas, los kobolds y las ninfas, de los misteriosos niños cambiados por las hadas que llegaron a ser nuestros compañeros de juegos en la infancia. Cuando escarbamos la superficie de los relatos sobre estos pequeños héroes y heroínas, encontramos el fundamento de los mitos, de los rituales mágicos, de las diosas y los dioses, de los seres encantados y las leyendas de la antigüedad.

Podemos encontrar tradiciones populares relacionadas con cuentos clásicos en las Islas Británicas, en la campiña francesa, en los Alpes, en los Urales, en las costas del Mar Báltico y en las estepas rusas. Relatos sobre hadas con caballos, niños misteriosos cambiados por las hadas, niños traviesos de los caminos, pucas, pixies, demonios del mar, lorelies, náyades, dríades y enanos. Seres que habitan en un reino cuyas leyes y realidades son diferentes a las que estamos acostumbrados. Lugares donde un bocado de alimento o una copa de vino podrían atraparte por siempre... donde una chica puede desaparecer entre las ramas de un peral... donde cortar una flor puede significar tu vida o la vida de tu hija.

Los relatos que conocemos hoy han llegado a nosotros a través de los siglos, navegando por los ríos del lenguaje, de las creencias y de la cultura. Los relatos han sobrevivido, aunque los mitos, las sagas y las leyendas que les dieron vida hayan desaparecido. Lo que los preserva es esa cierta magia profunda que hay en ellos que hace que parezcan suficientemente inofensivos y, al mismo tiempo, suficientemente importantes como para pasar de generación en generación.

Y aquí estamos, suspendidos en un momento del tiempo, como un eslabón en la larga cadena por donde fluyen las historias en que se basan estos relatos. Desde aquí podemos estudiar el distante sendero que estos relatos han recorrido, y tratar de volver a entrar en contacto con su magia. La ninfa que es Blanca Nieves, el profundo vínculo que existe entre Rosa Roja y el oso que es su consorte, el trance profético de la Bella Durmiente, el misterio del cambio de identidades relacionado con Bella; todo esto yace bajo la belleza y limpieza con que los hermanos Grimm, Disney e incontables personas han cubierto estos relatos.

Contamos con el conocimiento de que las hadas y los seres encantados de estas narraciones son sutiles, seductores, sexuales, sublimes, obstinados, eróticos, cautivadores, emocionalmente distantes, oscuros, sombríos y mortíferos.

Podemos manejar la siniestra verdad que hay detrás de estos bellos personajes. Podemos iluminar los bosques profundos donde se oculta el lobo. Podemos acariciar a las ninfas que están en esos bosques, sabiendo que tal vez quieran atraparnos y llevarnos a una muerte en el agua. Podemos hablar con las aves, aunque nos mientan. La comida que encontramos ahí (un racimo de uvas, una casa hecha de golosinas) no es una tentación para nosotros, pues sabemos que esas delicias podrían atraparnos durante cien años. Son simplemente los riesgos que corremos al buscar lugares seductores y encantados.

Podemos basarnos en estos oscuros misterios para dar forma a nuestra vida a través de rituales. Un ritual contiene la magia necesaria para dar forma a nuestros sueños y los rituales son tan antiguos como la raza humana; acechan en las sombras que encontramos detrás del cristianismo, del judaísmo y de todas las demás religiones "civilizadas". Después de todo, ¿no fue el culto a los dioses, las diosas, las ninfas, los pucas, los seres sobrenaturales y mágicos, y las criaturas ocultas o casi invisibles lo que llevó a la humanidad a crear sus rituales?

Ante todo, entendamos que lo que nos dijeron nuestros padres… que los personajes de estos cuentos eran producto de nuestra imaginación, compañeros de juegos invisibles, fantasías… simplemente no es cierto. ¡Veamos por nosotros mismos que son reales y pueden volver a acompañarnos al bosque encantado, a la búsqueda de un tesoro, del amor y la aventura!

Cómo usar este libro

Tal vez seas una persona a la que siempre le han fascinado los cuentos clásicos. Estos relatos fueron un elemento crucial que dio forma a tu personalidad infantil, y sus personajes te persiguieron a medida que crecías. Se arraigaron y llegaron a ser parte de tu psique. Tal vez los sigues utilizando como personajes en tus juegos, quizá todavía te sirven de inspiración al escoger tu guardarropa o tu estilo de vivir y actuar, o los usas como personajes de las historias o canciones que creas.

Tal vez su magia te inspiró para buscar la magia de tu propia vida. Quizás te atraen los hechizos y los rituales. Tal vez en años recientes has buscado religiones o sistemas como el paganismo, la Magia Ceremonial o la Cábala.

Tal vez ya tengas experiencia como hechicero de rituales, o tal vez eres una persona que nunca ha realizado un ritual y que simplemente disfruta los cuentos clásicos. En ambos casos es posible que encuentres en este libro algo que despierte tu interés.

Cada uno de los relatos que se presentan aquí se narra en dos formas: Primero vemos el relato en sí, tomando en cuenta sus raíces míticas y los elementos mágicos de la historia. Cada uno de los cuentos de los hermanos Grimm brotó de fuentes antiguas que tienen sus raíces en las culturas griega, romana, germana y celta; exploraremos estas corrientes antiguas de los relatos que conocemos; también examinaremos la forma como los personajes han cambiado y se han transformado a lo largo de los siglos en que su historia se ha narrado. Por tanto, si eres una persona que simplemente adora el romance y la magia de estos cuentos, cada exposición te ayudará a comprender mejor la naturaleza de la historia y la manera en que puedes profundizar más en ella.

Después recurriremos a tradiciones mágicas como la Wicca, la Magia Ceremonial y la Cábala. Describiremos un ritual o un hechizo basado en los personajes o en los sucesos del cuento, y que puedes usar para crear un cambio en tu vida. Como podrás ver, los personajes de estos relatos son en gran medida parte de nuestra psique, y han estado con nosotros en lo más profundo de nuestra mente durante tanto tiempo que nos será fácil tener acceso al yo de nuestra infancia, la parte de nosotros que simplemente siente y permite que ocurra la magia. De modo que si nunca has llevado a cabo un ritual o un hechizo y quieres intentarlo, los rituales que se presentan aquí se explican detalladamente, paso a paso, y puedes intentar seguirlos y dar rienda suelta a la parte de tu personalidad que tiene fe en que estos antiguos relatos pueden ayudarte a transformar tu realidad. Y si eres un mago experimentado en rituales, podrás utilizar estos hechizos tal como se presentan, o como base para crear encantamientos nuevos y más elaborados que te permitirán tener acceso a los arquetipos de estos relatos que habitan en los niveles más profundos de nuestro ser.

Abordemos ahora el concepto de la magia y exploremos por qué y cómo funciona.

Magia y ritual

Los personajes de los cuentos clásicos son una parte indeleble de nuestra psique. Crecimos con ellos; de hecho, no podemos recordar una época en que no los conociéramos. ¿Quién no se estremeció ante el peligro del momento en que Caperucita Roja abrió la puerta sin saber que había un lobo en la cama de su abuela? ¿A quién no se le hizo un nudo en la boca del estómago al ver a Blanca Nieves aceptar la manzana que le ofrecía la falsa vendedora, la cual nosotros sabíamos era en realidad su celosa madrastra? ¿Quién no tuvo la esperanza de que Bella viera a través del velo de lo físico y se diera cuenta de que la horrible Bestia que tenía enfrente era su verdadero amor?

Hemos vivido con estas creaciones de las tradiciones antiguas durante tanto tiempo que sus nombres de inmediato traen a nuestra mente las imágenes de sus historias y nos recuerdan cómo estos relatos formaron nuestra personalidad por haber pasado nuestra infancia en su compañía. Aprendimos a movernos en el difícil mundo de la realidad pensando en las hazañas de estas heroínas y de estos héroes del mundo de la fantasía. Aprendimos de Gretel a usar nuestro cerebro cuando el peligro nos amenazaba, o aprendimos de Cenicienta a ser pacientes sabiendo que las cosas saldrían bien, como esperábamos que salieran.

Podemos recurrir a los habitantes de los cuentos clásicos, como arquetipos, para recibir su ayuda. Al hacerlo, tenemos acceso a la porción infantil de nuestra mente que fue la que primero conoció a estos personajes.

Esa mente infantil está más abierta y tiene mayor capacidad de aceptación que la mente adulta; no se ha desilusionado del mundo como posiblemente se ha desilusionado nuestra mente adulta. Al usar estas figuras icónicas para abrir nuestra mente infantil, será más fácil que los rituales y la magia sean eficaces y que logremos resultados con mucha mayor rapidez.

Pero espera, estos íconos de los cuentos clásicos no son sólo arquetipos. Son una sombra de las criaturas del mundo de las hadas y de las figuras míticas que se fueron censurando y llegaron a nosotros como Blanca Nieves, los enanos, Rosa Roja y la Bestia. Al ser una remembranza distante de seres auténticos del reino de las hadas, estos personajes son reales y habitan en este mundo como lo hacemos nosotros. Quienes creen en la verdad del mundo de las hadas... no en hadas tiernas como Campanita, sino en las verdaderas criaturas encantadas de mundos que superan nuestra capacidad visual, podrían recurrir a ellas para pedirles ayuda y magia bajo la forma de los personajes de los cuentos clásicos que abordaremos. Aunque invoquemos a Blanca Nieves, veremos que sólo es el nombre de una ninfa, un ser del antiguo mundo de las hadas que puede ayudarnos a tener confianza en el aspecto sexual y a tener una actitud sensual. Y cuando invocamos al oso que aparece en el cuento de "Blanca Nieves y Rosa Roja", estamos evocando a una criatura del Inframundo que ha ayudado a los chamanes a lo largo de miles de años.

Así pues, evocaremos a estas antiguas criaturas del mundo de las hadas, en su versión como heroínas y héroes de los cuentos de los hermanos Grimm, para que nos ayuden a lograr nuestras metas en el mundo real. Lo haremos a través de hechizos y rituales.

En todos los pueblos del mundo se han llevado a cabo rituales —es decir, ceremonias estructuradas— desde los albores de la humanidad. La mayoría de los rituales tienen un significado espiritual o religioso, y se llevan a cabo en honor a las diosas, los dioses, los espíritus y las fuerzas de la naturaleza. La mayoría de los seres humanos han crecido con estos rituales como la misa, las ceremonias del Sabbat, u otros servicios religiosos. En la mayoría de los sistemas religiosos, los rituales siempre se llevan a cabo esencialmente de la misma forma, (que es lo que hace de ellos un ritual y no sólo un servicio o una ceremonia). La misa católica, por ejemplo, siempre se celebra igual en todo el mundo. La razón por la que esto funciona es porque cuando se realiza un conjunto especial de acciones, siempre de la misma manera, estas acciones empiezan a "despertar" a la mente subconsciente, lo que hace posible que entremos en un estado de trance. Usar a los personajes de los cuentos clásicos también abre la "mente infantil", lo cual posibilita ese estado de trance; la mente infantil es menos crítica y analítica que la mente adulta, y tiende simplemente a "dejar que las cosas pasen". Estos elementos combinados —hacer el ritual con el mismo formato en cada ocasión, entrar a un estado infantil (sin importar la edad que tengas), y llevar a tu mente a un estado de trance— te permitirán crear un entorno mágico en el que puede ocurrir un cambio interior, y los seres encantados pueden entrar a tu mundo y relacionarse contigo.

Los rituales que realizaremos aquí se basan en la Magia Ceremonial y en los rituales de Wicca. La Magia Ceremonial es un antiguo sistema de magia que se encuentra en las raíces del catolicismo, la Cábala y las prácticas de las ceremonias masónicas. La Wicca es el paganismo europeo, el culto a las diosas y dioses de la Europa antigua. No necesitas creer en estas disciplinas para que un ritual funcione. Simplemente son la base de la estructura del ritual.

Debes dedicar tiempo a prepararte para cada ritual, a pensar cuidadosamente en el resultado que deseas lograr. Si quieres que un ritual tenga un resultado a largo plazo, como un amor para toda la vida, una confianza duradera, una relación perdurable con la naturaleza, o una comprensión profunda de algún aspecto de tu vida, debes estar preparado para dedicar tiempo a prepararte para el ritual. No es lógico esperar encontrar a alguien con quien compartir el amor, a una persona que se comprometa contigo durante décadas, llevando a cabo un ritual de veinte minutos: podrías descubrir que necesitas realizar el mismo ritual una y otra vez durante cierto tiempo; por ejemplo, en cada luna llena a lo largo de seis meses, para sentir que la magia realmente está ejerciendo un efecto en tu vida. Ésa es la naturaleza del ritual; está diseñado para realizarse una y otra vez, siempre en la misma forma, y cada vez que llevas a cabo el ritual tendrás una comprensión más profunda o sentirás la magia con mayor intensidad.

Vivimos en una cultura de "comida rápida" en la que la gente espera resultados inmediatos, pero la magia no funciona así. Por ejemplo, la preparación para algunos de los rituales que presentamos aquí podría incluir actividades a largo plazo como llevar un diario de los acontecimientos de tu vida o un diario de tus sueños; o esperar a que la luna esté en la fase adecuada. Para que un hechizo funcione, podría necesitarse este tipo de preparación prolongada. Cuanta más energía pongas en tus deseos, más te ayudará la magia. Ten paciencia y concentración y tendrás resultados.

Cómo empezar con los rituales: ¿Dónde, cómo y cuándo?

Si nunca antes has llevado a cabo rituales y hechizos, es posible que tengas muchas preguntas al respecto. A continuación se presentan algunos puntos fundamentales:

Los rituales son muy eficaces cuando se realizan al aire libre, pero los rituales que se hacen dentro de la casa también son eficaces, siempre y cuando tengas un lugar privado y tranquilo donde no se te interrumpa ni se te distraiga. En general, se recomienda llevar a cabo los rituales de este libro en un día o en una noche en que haya luna llena o luna nueva. Se te darán instrucciones sobre la forma de preparar tu altar; un altar puede ser una mesa, un tronco de árbol, una roca grande o un mantel colocado en el suelo, ya sea al aire libre o en una habitación. Se necesitarán varios instrumentos: Una varita, un cuchillo (que en la magia recibe el nombre de *athame* o daga ceremonial) y un cáliz o copa; casi todos estos objetos pueden encontrarse en tu casa o en la naturaleza (la varita mágica es simplemente una vara que tenga la medida de la distancia entre tu hombro y la punta de tu dedo medio).

Algunos de los rituales de este libro están escritos para una persona, pero pueden llevarlos a cabo dos o tres personas, o un grupo, y simplemente toman turnos para repetir las frases y llevar a cabo las acciones. Algunos rituales están escritos para un grupo, pero también pueden adaptarse a una persona. Los rituales pueden efectuarse estando desnudo —si la persona se siente cómoda— vistiendo una túnica o ropa suelta (como una falda amplia o pantalones amplios como los que se usan en las artes marciales). La ropa de calle es menos recomendada, ya que tanto tu forma de vestir como tu actitud mental deberían ser diferentes a la imagen que presentas todos los días al mundo. Estar desnudo es bueno porque te presentas ante los seres encantados en tu estado más natural. La ropa suelta te permite moverte con libertad y es diferente de lo que la gente usa todos los días. La única regla firme aquí es no realizar el ritual con el mismo tipo de ropa que usas en un día típico.

Es importante decir aquí que aunque la magia ritual funciona para el mago inexperto, la práctica hace que tus destrezas y tus sentidos sean cada vez más poderosos. Llevar a cabo el ritual con regularidad (por ejemplo, cada vez que hay luna llena o luna nueva) hará que llegues a ser un mago diestro y capaz de realizar cambios concretos en tu vida.

Después de realizar cualquier ritual es importante que comas algo. Esto te ayudará a estabilizar la energía de la magia; si no lo haces, podrías sentirte mal durante varios días, sentir mareos o tener dificultad para concentrarte. Un buen mago estabiliza la energía y "guarda silencio", es decir, no habla sobre el hechizo con nadie que no haya estado en el ritual.

Si llevas a cabo el ritual con otras personas, compartir una comida agradable con ellos después del ritual no sólo da estabilidad al grupo, sino que lo une. Ríe, festeja y diviértete después de cualquier ritual. Si estás solo, simplemente medita, mientras comes, en la magia que has realizado, y luego siéntete estable y satisfecho.

Un ritual, como cualquier cosa que vale la pena hacer, requiere práctica y dedicación. No esperes resultados asombrosos después del primer intento. Aprende sobre la marcha, piensa en los rituales antes de llevarlos a cabo, y asegúrate de realizar cada paso concentrándote en él y con exactitud. Poco después sentirás que la magia está en ti y que puedes empezar a desarrollar destrezas psíquicas que nunca antes habías imaginado tener.

Hay muchos libros excelentes sobre la práctica de rituales y te recomiendo que leas algunos. A continuación menciono varios libros que me gustan, aunque esta lista no debe verse como algo definitivo. Hay muchos libros sobre rituales y magia, y cada uno tiene sus propios méritos. Para empezar, sugiero:

Eight Sabbats for Witches, de Janet y Stewart Farrar

Dogma y ritual de la magia, de Eliphas Levi

Ceremonial Magic: A Guide to the Mechanisms of Ritual, de Israel Regardie

El árbol de la vida: Un estudio ilustrado sobre la magia, de Israel Regardie

Training and Work of an Initiate, de Dion Fortune

Existen muchos otros libros sobre el tema que tal vez despierten tu interés. Lee tanto como puedas, y busca maestros responsables que puedan enseñarte algo sobre la magia y los rituales.

Comencemos...

Ha llegado el momento de echar una mirada a los cuentos clásicos, a los seres encantados y a la magia ritual. ¡Te advierto que no se trata de los cuentos de los Hermanos Grimm como te los contó tu madre! Estos relatos son escalofriantes, oscuros, sexuales y perversos.

¡Ya lo sé! ¡Perfecto! ¿Cómo?

Los cuentos de los hermanos Grimm

Cuando hablamos de cuentos clásicos, parece que siempre nos referimos a los Hermanos Grimm. ¿Quiénes fueron los Hermanos Grimm y por qué son tantos los relatos de nuestra infancia que se relacionan con ellos?

Hace doscientos años, dos hermanos llamados Wilhelm y Jacob Grimm se embarcaron en lo que llegaría a ser una búsqueda de toda una vida: Coleccionar los cuentos y la tradición popular de la Selva Negra de Alemania. Jacob (que nació el 4 de enero de 1785 y murió el 20 de septiembre de 1863) y Wilhelm (que nació el 24 de febrero de 1786 y murió el 16 de diciembre de 1859) estudiaron en la escuela de leyes y pudieron haber sido dos abogados que nadie recordaría en la actualidad. Pero eso no sucedió. Cuando estaban en la universidad, un profesor los inspiró a analizar los antiguos relatos y leyendas de la Selva Negra, una indómita región de Alemania.

Wilhelm, Jacob y sus cuatro hermanas vivían en una zona privilegiada cerca de Frankfurt, hasta que su padre murió cuando los hermanos eran muy jóvenes. Al morir su abuelo, poco tiempo después, su madre se mudó con su familia a una casa modesta en la zona urbana, donde luchó para sobrevivir. A pesar de sus circunstancias, Jacob y Wilhelm asistieron a la universidad en la ciudad de Kassel. Ahí el profesor von Savigny despertó en ellos un interés por todo lo antiguo, en especial por los idiomas antiguos y los relatos tradicionales del pasado. El profesor ayudó a los hermanos a volverse eruditos en el campo de los idiomas antiguos. De hecho, Jacob creó un protocolo para identificar los cambios específicos en la pronunciación que ocurrieron a medida que los antiguos idiomas indoeuropeos evolucionaron para llegar a ser las lenguas germanas. Este protocolo sigue usándose hoy en día y sigue llamándose la Ley de Grimm. Además, los hermanos trabajaron juntos para elaborar un diccionario del alemán que se publicó en 1854.

Pero el trabajo que llegó a ser la pasión de su vida empezó en 1807, siendo ellos muy jóvenes. Su profesor les enseñó a fascinarse con el folclor y los relatos populares. Empezaron por conocer a los cuentistas locales en su propia zona de Alemania y a escribir sus relatos. No todo fue trabajo duro: La persona que le contó a Wilhelm "Gorrita Roja" (Caperucita Roja) fue Henriette Dorothea Wild, la joven con quien más tarde se casaría.

En 1812, los hermanos publicaron su primera colección de estas narraciones, *Kinder- und Hausmärchen* (*Cuentos de la infancia y del hogar*). De 1816 a 1818 publicaron una colección de ochenta y cinco narraciones alemanas con el título de *Deutsche Sagen* (*Leyendas alemanas*). Los hermanos siguieron compilando y editando colecciones de relatos tradicionales hasta su muerte, y abarcaron relatos franceses e italianos, además de los relatos alemanes con los que ellos habían crecido.

Los Hermanos Grimm fueron diferentes a otros coleccionistas de relatos tradicionales de esa época. Por ejemplo, Francis James Child (1825-96) y Cecil Sharp (1859-1924), ambos estudiosos de las tradiciones de Inglaterra, observaron una especie de regla de oro según la cual publicaban los cantos y relatos exactamente como los recogían. Pero los Hermanos Grimm fueron famosos por editar los cuentos dándoles nuevos personajes (por ejemplo, en varias historias cambiaron la palabra *fee*, que significa "hada", por palabras como *hechicera* o *adivina*). A menudo cambiaban una madre malvada por una madrastra, o creaban otras justificaciones relacionadas con los personajes que actuaban con maldad. En algunos casos, mezclaron los relatos que recogieron de fuentes orales (historias que la gente les contaba), con otros similares que ya se habían impreso, como los de Charles Perrault (1628-1703), un autor francés que había publicado muchos cuentos clásicos franceses. En pocas palabras, a menudo hicieron una mezcla de folclore.

Aunque los cuentos de los Hermanos Grimm han llegado a ser inmensamente populares (a menudo debido a adaptaciones posteriores, como las películas de Disney), las versiones que muchos de nosotros conocemos hoy en día frecuentemente no son iguales al relato original que se contaba en la Selva Negra. Al comentar estos relatos, nos remontaremos a la época anterior a los Hermanos Grimm, a las versiones que provienen de Alemania, Italia, Francia e Inglaterra, pero utilizaremos la versión de los Grimm como modelo final (así que bien vale la pena ver los cuentos tal y como los publicaron los Hermanos Grimm; es fácil encontrarlos en Internet o en versiones impresas).

Debemos hacer notar que los Hermanos Grimm se referían a estos relatos llamándolos sagas, cuentos tradicionales o simplemente historias. El término *cuento de hadas* es engañoso y se le aplicó mucho tiempo después, cuando los editores empezaron a usarlo en libros diseñados para niños pequeños. Otra frase que empezó a usarse para este tipo de relatos tradicionales fue Cuentos de Mamá Ganso. En un principio, Mamá Ganso era un término que se usaba para referirse a una campesina anciana que a menudo se veía cuidando de sus gansos domésticos. Bajo estos términos, los editores crearon una especie de mezcla a partir de los cuentos de los Hermanos Grimm y otros relatos. Estas expresiones tienden a trivializar estas narraciones dándoles un aire de ser pueriles y de que sólo son aptos para entretener a los niños. Lo cierto es que estos relatos eran tanto para los adultos como para los niños, y quienes los escuchaban sabían que contenían una magia muy potente y tradiciones muy antiguas.

Ahora veamos los cuentos más populares compilados por los Hermanos Grimm, y adentrémonos en las raíces oscuras, escalofriantes y eróticas que tienen estos relatos.

Capítulo 1

Blanca Nieves: La ninfa; un ritual para la atracción sexual

"Blanca Nieves" es la bien conocida historia de una joven cuya madre, una reina, se llena de celos cuando su hija crece y se convierte en una mujer hermosa; la reina la manda matar, pero un cazador le salva la vida y ella se refugia con siete enanos. Su madre la persigue y trata de asesinarla en tres ocasiones, pero los enanos la salvan dos veces. En el tercer intento de su madre, la joven aparentemente muere, pero un príncipe visitante la salva. En nuestro ritual, invocaremos el don de la atracción y la seducción de Blanca Nieves y utilizaremos esas cualidades para nosotros mismos. Todas las citas del relato se tomaron de la versión de los Grimm de 1812: Cuentos de la infancia y del hogar.

Hace mucho tiempo, a mediados del invierno, cuando los copos de nieve caían del cielo como plumas, una hermosa reina se encontraba trabajando en su costura cerca de su ventana, enmarcada con madera de ébano negro. Mientras cosía, volteó a mirar la nieve y se picó el dedo con la aguja. Tres gotas de sangre cayeron sobre la nieve. El rojo se veía tan hermoso sobre la nieve que pensó: "Ojalá tuviera yo una hija tan blanca como la nieve, tan roja como la sangre y tan negra como el marco de esta ventana". Poco después, tuvo una hijita que era tan blanca como la nieve, tan roja como la sangre y tan negra como la madera de ébano, y por ello la llamaron Pequeña Blanca Nieves.

Así empieza el relato de los Hermanos Grimm que ahora conocemos como "Blanca Nieves".

A nivel superficial, "Blanca Nieves" es la historia de una pobre niña que está en la mira de su madrastra. Al parecer sin que ella tuviera la culpa, llega a ser el blanco de la ira de su celosa madrastra, quien promete matarla. La salva un cazador que desobedece las órdenes de la reina, y ella se refugia con siete enanos que viven en una cabaña en el bosque. Su madrastra la descubre con la ayuda de un espejo mágico, y la envenena. Parece estar muerta, pero un apuesto príncipe la rescata y la vuelve a la vida.

Al menos ésa es la historia con la que crecimos, leyéndola en los libros y viendo la película de Disney. Veremos que Disney hizo que la historia fuera muy segura y muy hermosa. Existen muchas versiones de la historia, varias de ellas mucho más antiguas que la versión de los Hermanos Grimm, y no todas son tan dulces.

En la versión de los Hermanos Grimm, una mujer deseaba tener una hija (como vimos en la cita anterior), y poco después esa niña nació. En esta versión, la madre muere al dar a luz, y el rey, su padre, se casa de nuevo un año después. El cuento dice lo siguiente sobre la nueva esposa: "Era una mujer hermosa, pero orgullosa y altanera, y no toleraba que nadie superara su belleza. Tenía un espejo maravilloso y cuando se paraba frente a él y se miraba, decía: "Espejo, espejo en la pared, ¿quién es la más hermosa de este reino?".

Por supuesto, ya sabemos cuál fue la respuesta del espejo.

Pero cuando Blanca Nieves cumplió siete años, el espejo dio una respuesta diferente y dijo a la reina que Blanca Nieves era más hermosa que ella. "Entonces la reina sufrió un fuerte golpe emocional y se puso amarilla y verde de envidia. A partir de ese momento, cada vez que veía a Blanca Nieves su corazón latía con gran fuerza en su pecho, pues el odio que sentía hacia la niña era enorme".

La reina le pide a un cazador que lleve a la niña al bosque y la mate, pero el cazador descubre que no puede matarla ya que Blanca Nieves es muy hermosa (lo que nos da el mensaje de que las niñas feas no son indispensables). El cazador piensa que las bestias salvajes matarán a la niña, así que él mata a un oso y le lleva sus pulmones y su hígado a la reina. (En algunas versiones le lleva el corazón; en otras un dedo del pie.)

Blanca Nieves vaga por el bosque, pero las bestias no la lastiman, finalmente encuentra una cabañita. Está muy limpia y hay siete lugares en la mesa, siete sillas, siete camas (que los Hermanos Grimm describen con estas palabras: "Contra la pared había siete camitas, una al lado de la otra; estaban cubiertas con colchas blancas como la nieve"). Blanca Nieves come un poco de cada plato, y se queda dormida en una de las camas después de decir una oración.

Los enanos llegan a la casa y encuentran que alguien ha estado comiendo sus alimentos, se ha sentado en sus sillas y se ha acostado en sus camas. Cuando encuentran a Blanca Nieves en una cama, los enanos, como el cazador, quedan impactados con su belleza. "Cielos, cielos —exclamaron— qué niña tan bonita. Y estaban tan contentos que no la despertaron, sino que la dejaron dormir en la cama. Y el séptimo enano durmió con sus compañeros, una hora con cada uno de ellos, y así pasó la noche".

Por la mañana, los enanos hicieron un pacto con Blanca Nieves. "Le dijeron: 'Si te encargas de nuestra casa, si cocinas, haces las camas, lavas, coses y tejes, y si conservas todo limpio y ordenado, puedes quedarte con nosotros y no te faltará nada'. 'Sí', dijo Blanca Nieves, 'con todo mi corazón' ". Esto es como una promesa matrimonial, y Blanca Nieves desempeña el papel de esposa para los siete enanos. Estas criaturas del mundo de las hadas dejan la casa a su cuidado, día tras día, mientras ellos trabajan en las minas.

Ahora la reina consulta a su espejo y descubre que Blanca Nieves está viva. Se disfraza de vendedora y vende a Blanca Nieves un juego de cintas de corsé. Al ponerle el corsé, la asfixia y la abandona, pensando que está muerta. Cuando vuelven los enanos, la desvisten y la reviven.

En una segunda ocasión, el espejo dice a la reina que Blanca Nieves ha sobrevivido y ahora la reina disfrazada vende a Blanca Nieves una peineta bañada en veneno. En cuanto Blanca Nieves se pone la peineta en el cabello, se desploma, aparentemente muerta. Una vez más, los enanos la salvan, y una vez más, la reina lo descubre gracias a su espejo.

En su tercer y último intento, la reina se viste como la esposa de un granjero, y en esta ocasión da a Blanca Nieves una manzana que está envenenada en uno de sus lados. La reina muerde el lado que no tiene veneno, pero Blanca Nieves se queda con la mitad envenenada; come un bocado y cae al suelo. Cuando vuelven los enanos no pueden revivirla.

Como no pueden vivir sin ver su asombrosa belleza, la ponen en un féretro de cristal y colocan éste a la vista. Los enanos se turnan para vigilar el féretro en todo momento, y las aves también cuidan de la niña muerta.

El hijo de un rey pasa por el bosque y decide pernoctar en casa de los enanos. Ve el féretro de cristal y decide que quiere quedarse con él. Los enanos le dicen que no están dispuestos a venderlo, pero cuando el príncipe les pide que se lo den como regalo, extrañamente se lo dan.

Los hombres del príncipe toman el féretro y se lo llevan; pero se tropiezan y se caen con él. La caída libera el trozo de manzana que se encontraba en la garganta de Blanca Nieves y ella despierta. El príncipe le explica lo que ocurrió y ella acepta casarse con él.

Su madre asiste a la boda; estando ahí, le ponen unos zapatos de hierro calentados al fuego, y la obligan a bailar con ellos hasta que muere.

Es probable que, habiendo escuchado este cuento en tu niñez o habiendo visto las versiones cinematográficas o las de la televisión, recuerdes que son diferentes a la versión que se presenta aquí. Por ejemplo, tal vez recuerdes que el príncipe besa a Blanca Nieves para despertarla, o que todos vivieron felices para siempre. Como puedes ver, la historia es un poco diferente de como la gente la recuerda: el príncipe no besa a Blanca Nieves para despertarla (ahondaremos sobre eso más adelante). La reina muere de una forma horrible. Y Blanca Nieves sale de su estado de coma, da la espalda a los siete enanos que eran como sus esposos y se casa con un completo extraño.

¿Quién es Blanca Nieves?

Blanca Nieves es una especie de enigma. Es totalmente diferente para cada uno de los personajes de la historia. En la versión de los Hermanos Grimm leemos que su madrastra quería que fuera exactamente como ella, pero que después llegó a tener unos celos terribles de la belleza de Blanca Nieves. (Todos crecimos con la versión de los Hermanos Grimm que dice que se trataba de su madrastra, pero ellos remplazaron a la madre de las versiones más antiguas con una madrastra para que la situación fuera un poco menos macabra). Por lo tanto, para su madre, Blanca Nieves fue una fuente de frustración, celos y odio. Para el cazador, a quien la madre le dio órdenes de matarla, Blanca Nieves fue una belleza cautivadora. ("Y era tan hermosa que el cazador tuvo piedad de ella y le dijo: 'Huye ahora, pobrecita niña' ".) Para los enanos con quienes vivió, fue una esposa. Y para el príncipe que la encuentra dormida y la rescata, fue una amante. ¿Cómo puede una niña ser todas estas cosas? Una niña que en varias versiones de la historia tiene siete años ("Pero Blanca Nieves estaba creciendo, y cada vez era más hermosa, y cuando cumplió siete años era tan hermosa como el día, y más hermosa que la propia reina").

La respuesta está en la versión más antigua de la historia. En este relato, un rey y una reina viajan por su reino en su carruaje; está nevando y los cuervos vuelan en las alturas (un escenario muy común en el centro de Europa). El rey desea tener una hija tan blanca como la nieve y tan negra como los cuervos. Ahí, a la vera del camino, aparece de pronto una chica que responde a esa descripción. El rey la hace subir a su carruaje y declara que ella será su hija.

Imaginemos la escena por un momento: El rey y la reina viajan en medio de la sombría neblina europea, viendo a los cuervos que vuelan en las alturas. El rey expresa sus pensamientos: "Mira esos cuervos, reina mía. Y mira el blancor brillante de la nieve que nos rodea. Si tan sólo tuviéramos una hija tan blanca como la nieve y tan negra como esos cuervos…" La reina no dice nada, asiente con la cabeza al escuchar el deseo ocioso del rey. Pero de pronto, el rey se queda boquiabierto y señala por la ventana, hacia el exterior del carruaje. Ahí, a la orilla del camino, está una niña. Es muy chica, tal vez tiene siete años. Lleva puesta una levita de color rosa y crema, con cuello de piel de zorro y un manguito de piel negra. Su piel es tan pálida como la crema y sus mejillas son rojas como una flor de manzano. Su blancura es tan pálida que podría perderse entre la nieve que cae a su alrededor, si no fuera por su cabello y sus ojos. Su cabello es tan negro como las alas de los cuervos; lleva un flequillo que enmarca su pálido rostro y sus rizos caen sobre sus hombros. Al acercarse a ella, el rey puede ver sus ojos, que también son negros como la media noche.

El rey expresa con gran sentimiento: ¡Ésa es la niña que tanto he deseado! Golpea el techo del carruaje con su bastón para indicar al cochero que se detenga. Abre la puerta del carruaje y llama a la niña. "Entra y aléjate del frío y la humedad, querida. Yo soy tu rey. Sube a mi carruaje". La niña entra al carruaje con delicadeza. La reina aleja la vista, mira por la ventana contemplando el deprimente panorama nevado y los árboles muertos y desnudos.

Ahora tenemos un relato muy distinto en el que la niña surge de la nada, al parecer por casualidad, y ocupa su lugar en la familia real. Aunque la versión que conocemos no menciona a un padre, aquí el padre parece haber creado la aventura que está a punto de ocurrir. En esta versión no se menciona que el rey se hubiera cerciorado de que la niña no tuviera padres, ni se dice que él le haya pedido a la reina su opinión sobre la situación. Bueno, después de todo, él es el rey. Puede hacer lo que le plazca.

El que Blanca Nieves haya aparecido al lado del camino como respuesta a los deseos del rey refleja la conducta de una criatura encantada conocida como pilluelo. A menudo los pilluelos aparecen como niños caprichosos, que se presentan justo en el momento en que una familia humana puede adoptarlos. También se les conoce como "niños cambiados", seres del mundo de las hadas que asumen una vida humana. Hay que tener esto en mente; hablaremos más de ello en un momento.

En la versión de los Hermanos Grimm vemos el nacimiento de Blanca Nieves. Su madre la concibe después de tener un pequeño accidente mientras cosía; se pica con una aguja (lo que representa el sexo y la pérdida de la virginidad). Y tres gotas de su sangre caen en la nieve. Tiene el deseo de tener una niña tan blanca como la nieve, tan roja como la sangre, tan negra como el marco de ébano de su ventana. Este deseo es una magia poderosa. Ella dio tres gotas de su sangre a cambio dc su deseo, y podemos ver que un ser del mundo de las hadas, una niña cambiada, podría ser la respuesta a ese deseo y ésta podría asumir la vida de una niña humana de piel pálida, mejillas rojas y cabello y ojos negros. Las historias de hermosas niñas cambiadas son muy comunes en toda Europa, y un deseo acompañado de sangre ciertamente haría que una niña del mundo de las hadas llegara a la vida de alguien, con un resultado mortífero de celos, furia, veneno y muerte. Ése es el dominio que los seres del mundo de las hadas tienen sobre nosotros.

Otro aspecto extraño de la historia es que, aunque Blanca Nieves es una niña, muchos personajes de la historia muestran un interés romántico en ella. El cazador la considera tan hermosa que está dispuesto a desafiar una orden directa de la reina y le salva la vida. Los cazadores rara vez desafían la orden de una reina aunque la belleza de una joven les cause un gran impacto. Y los enanos la aceptan en sus camas. Su madre, como ya he dicho, ve a Blanca Nieves como una rival sexual y se siente tan celosa de su hija que está dispuesta a matarla. (En la versión más antigua, la reina, que es su madre, tiene una justificación para estar celosa, pues la niña la ha remplazado en el afecto de su esposo. La madre al parecer no tuvo otra opción y se vio forzada a aceptar como su hija a la niña pilluela que estaba al lado del camino.)

Veamos ahora otra versión antigua que parece ser una versión de Blanca Nieves contada desde una perspectiva distinta, y que tiene un resultado muy diferente. Esta versión de nuestro relato de la dulce y pequeña Blanca Nieves se encontró en Suiza:[1]

En uno de los altiplanos entre Brugg y Waldshut, cerca de la Selva Negra, siete enanos vivían en una casita. Una noche, una hermosa niña campesina que estaba perdida y hambrienta se acercó a ellos y les pidió asilo para pasar la noche. Los enanos sólo tenían siete camas y empezaron a discutir, pues todos querían ofrecer su cama a la pequeña campesina. Finalmente, el mayor de los enanos llevó a la niña a su cama.

Antes de que se quedaran dormidos, una mujer campesina apareció frente a su casa, tocó a la puerta y pidió que le permitieran entrar. La niña se levantó de inmediato y dijo a la mujer que los enanos sólo tenían siete camas y no había lugar para nadie más. Al escuchar esto, la mujer se enfureció y acusó a la niña de ser una ramera, pues pensó que ella cohabitaba con los siete hombres. Amenazó con acabar con semejante situación tan terrible y se alejó enfurecida.

---

1 Ashliman, traductor: *La muerte de los siete enanos. Una leyenda de Suiza*. Traducido por D. L. Ashliman© 2009 por D. L. Ashliman. Se usa con su permiso. Ver la bibliografía para obtener información completa sobre esta referencia.

Esa misma noche la mujer regresó con dos hombres que había encontrado en la ribera del río Rin. De inmediato entraron a la casa y asesinaron a los siete enanos. Sepultaron los cuerpos afuera en el jardín y quemaron la casa hasta los cimientos. Nadie supo qué pasó con la niña.

Aquí aparece una campesina, no una reina, que se enfurece a causa de nuestra dulce heroína. ¿Qué hizo la pequeña *Schneewittchen* para provocar tanta lujuria y tanta envidia?

El sexo y la ninfa solitaria

La respuesta es sencilla y está en el misterio del nacimiento de Blanca Nieves o en el conjuro de la profunda magia de los seres del mundo de las hadas: Nuestra pequeña Blanca Nieves es una ninfa, ¡una deidad de la naturaleza, que se menciona con frecuencia en los mitos griegos y en los de otros países europeos! La hayan encontrado en el camino o haya llegado por fuerza del conjuro de un deseo mágico por el que se ofrecieron la virginidad de su madre y tres gotas de su sangre, la hermosa niña que aparece exactamente como se describe en el deseo es una niña cambiada, un ser del mundo de las hadas que opta por tener una vida humana. A menudo un niño cambiado intercambia su vida por la de un niño humano, enviando al niño humano al mundo de las hadas para que tome su lugar, pero en algunas leyendas el ser del mundo de las hadas simplemente aparece a la orilla del camino. En estos relatos en que el ser del mundo de las hadas es un pilluelo, éste puede transformarse en un erizo.

Blanca Nieves concuerda con todas las circunstancias de una ninfa. Es increíblemente hermosa y su apariencia se ajusta exactamente a la apariencia que cada personaje desea que tenga: La madre o el padre describen a la niña diciendo que es blanca como la nieve, roja como la sangre y blanca como la madera o como tres cuervos (de nuevo aparece el número tres en los deseos), y ésa es exactamente la apariencia de la niña. No podemos más que imaginar que Blanca Nieves debió tener una piel muy pálida (blanca como la nieve), que su cabello era muy oscuro (negro como la madera o como los cuervos), y que sus mejillas eran muy rojas (del color de la sangre). Siendo la hija de un rey o de una reina, era muy noble, sus modales mostraban su realeza y su conducta era apropiada.

Pero espera un momento. El concepto de belleza que tenía el cazador seguramente era muy diferente a la estética de un rey o de una reina; en la Alemania o la Suiza rural del siglo XIX, una belleza entre la gente común podría ser ligeramente regordeta (una señal de salud y fertilidad), y su complexión revelaría horas de trabajo bajo el sol (su piel no sería color crema y sus mejillas no se sonrojarían), y se parecería al ícono de la belleza alemana, que ciertamente sería rubia y radiante. Sin embargo, el cazador considera que Blanca Nieves, una niña de siete años, pálida y de cabello negro, es tan hermosa que simplemente desobedece a la reina a cuyo servicio está (la reina también es una mujer deslumbrantemente bella, si creemos en el relato de los Hermanos Grimm). ¿Es posible que él viera a Blanca Nieves como la veían sus padres? Incluso se nos dice que "las bestias salvajes corrían a su lado, pero no la dañaban". Al parecer, Blanca Nieves tenía suficiente magia para dominar a los osos y a los lobos.

¿Y qué decir de los enanos? Los Hermanos Grimm nos dicen que cuando la conocieron, exclamaron; "¡Cielos, cielos! ¡Qué niña tan hermosa!". Era tan hermosa que la invitaron a vivir con ellos, cumpliendo con las tareas de una esposa. Los Hermanos Grimm nos dicen que los enanos hacían arreglos para decidir el lugar donde dormiría de manera alternada esta hermosa niña, aunque sabemos por la historia que viene de Suiza que, al menos en algunas versiones, los enanos trataban a Blanca Nieves como a una verdadera esposa, y que el enano mayor recibía de ella favores sexuales como pago por el alojamiento que ellos le proporcionaban. Si sabes algo sobre las ninfas, estarás consciente de que estos arreglos no serían un problema para este tipo de seres del mundo de las hadas. En el mito germano de Freya, por ejemplo, esta diosa-ninfa compartía la cama con cuatro enanos: Dvalinn, Alfrik, Berling y Grer; y pasaba una noche con cada uno de ellos para ganarse un collar de oro y ámbar, el Brisingamen. Tal vez se nos transmite un toque de Freya en el personaje de Schneewittchen.

Incluso en la muerte, los enanos muestran asombro ante la belleza de Blanca Nieves. "Luego iban a sepultarla, pero como todavía se veía como si estuviera viva y sus mejillas todavía tenían su hermoso color rojo, dijeron: No podemos sepultarla en la oscura tierra, y mandaron hacer un féretro transparente de cristal... Y así Blanca Nieves descansó en el féretro durante mucho, mucho tiempo, y no cambió; se veía como si estuviera dormida, pues era tan blanca como la nieve, tan roja como la sangre y su cabello era tan negro como el ébano". Los animales del bosque estaban asombrados ante esta ninfa muerta: "Las aves también llegaron y lloraron por Blanca Nieves; primero un búho, luego un cuervo y al final, una paloma". Los cuervos suelen comer cadáveres.

Después llega el príncipe, ve a la ninfa dormida y pide a los enanos que le regalen a Blanca Nieves en su féretro. "Él vio el féretro en la montaña, y vio a la hermosa Blanca Nieves en su interior. También lee lo que estaba escrito en él con letras de oro. Luego dice a los enanos: 'Permitan que me lleve el féretro, les daré lo que quieran por él'. Pero los enanos responden: 'No nos desprenderemos de él ni por todo el oro del mundo'. Entonces dice: 'Dénmelo como un regalo, porque yo no puedo vivir sin ver a Blanca Nieves. La honraré y la valoraré como mi posesión más querida' ".

¿Es idea mía, o estas personas son ligeramente escalofriantes?

Bueno, no lo son; no, si entiendes que la belleza de los seres del mundo de las hadas es irresistible. La ninfa hechiza con su rostro etéreo a todos cuantos la rodean: Los enanos, el príncipe y hasta los animales del bosque se enamoran de la ninfa. Y la ninfa inspira a la madre, que se siente insegura al avanzar en edad, para que demuestre su propia ira y confusión.

Las ninfas son seres del mundo de las hadas que provienen de las tradiciones populares de Grecia, y se les menciona en las tradiciones de casi todas las culturas europeas. Son sexuales, hermosas, seductoras y sensuales; también pueden ser distantes, castas e incluso virginales cuando quieren serlo. En un mito griego, Artemisa está rodeada de un séquito de ninfas que tienen la apariencia de niñas de nueve años, y que en algunos casos son castas. Tres de ellas habían sido chicas mortales que se convirtieron en ninfas después de morir defendiendo su virtud. Sin embargo, en la mayoría de los mitos las ninfas son lascivas y celebran su sensualidad teniendo relaciones sexuales con seres humanos de ambos sexos, con los dioses (como Baco o Dionisio), y con animales. Muchas ninfas tienen vínculos con uno de los elementos y viven en el agua, en el cielo o en los árboles. Entre ellas hay náyades (ninfas de los ríos), dríades (ninfas de los árboles) y loreleis (ninfas de los riachuelos, de manera específica, ninfas alemanas del río Rin). Cada una de ellas es bellísima y seductora.

La palabra ninfa podría tener su origen en una palabra griega que significa "rosa en flor", que compara el color de la rosa con el rubor que aparece en las mejillas de una doncella (las mejillas y los labios de Blanca Nieves son tan rojos como la sangre), y la rosa en flor se compara con la forma de los labios virginales de una mujer. La inocencia y el atractivo sexual se unen en una criatura de belleza divina.

Blanca Nieves es una ninfa en todos los aspectos. Tiene ciertas características virtuosas. Su bondad, de alguna manera, se refleja en su nombre: La nieve cae de las alturas y por lo tanto nos conecta con el cielo. Como el elemento que lleva su nombre, vemos que Blanca Nieves es limpia, casta e inocente. Esto se ve en el antiguo dicho "puro como la nieve". También hay otro aspecto que señala María Tatar: "La nieve evoca el frío y lo remoto, al igual que el concepto de estar sin vida e inerte… y al estar en el féretro, Blanca Nieves realmente llega a ser pura e inocente y al mismo tiempo pasiva, comatosa, y con una belleza etérea".[2] Parece estar muerta y es casta, lejana e inaccesible. Todos ven su hermosura divina, pero nadie puede tenerla (hasta que aparece un pretendiente digno: El príncipe).

Blanca Nieves es, en gran medida, la hija virtuosa que cumple con todas las expectativas de sus padres (al nacer exactamente como su madre la deseaba, o apareciendo ante el rey, su padre, cumpliendo sus deseos). Después es la esposa perfecta, atendiendo a los enanos, cocinando, limpiando la casa y brindándoles todo tipo de satisfacciones. Pero también es sexual, sensual, lasciva y seductora. En la historia de la pilluela que el padre encuentra a la vera del camino en cumplimiento de sus deseos, Blanca Nieves usurpa el papel de la reina y se coloca exactamente en el lugar donde un hombre adulto podrá verla y desearla. Ella es la visión perfecta de la belleza que la reina humana nunca podría esperar tener. Acepta entrar al carruaje del rey sin presentar objeciones, una acción que podría considerarse ingenua, pero también displicente. En nuestra cultura es común que las mujeres finjan inocencia o ingenuidad cuando están tratando de seducir. Y las jóvenes a menudo saben que aunque los hombres adultos podrían sentirse protectores y paternales, también sienten deseo sexual ante una jovencita vulnerable.

2 Tatar, "Introducción. Blanca Nieves" en *Cuentos de la infancia y del hogar*, de los Hermanos Grimm, 240.

Después tenemos al cazador. Blanca Nieves, la ninfa, lo seduce con su belleza y con sus lágrimas. Ella suplica por su vida, como lo haría cualquiera. Pero sus ruegos podrían interpretarse como algo más que un mero temor y súplicas: "Ella empezó a llorar y dijo: 'Querido cazador, déjame vivir. Voy a huir al bosque y nunca regresaré a casa'". Imagínate a la bellísima Blanca Nieves tomando con suavidad e inocencia la mano fuerte y masculina del cazador, mirándolo con sus ojos negros y diciéndole esas palabras con su dulce voz de niña; como un gemido suave, moviendo su torso de un lado a otro, llena de temor y excitación. Su mano suave y blanca se aferra a la tela burda de la manga del cazador, y una lágrima rueda por su pálido rostro. Ella pone la mano callosa del cazador sobre su propio corazón mientras le dice con los ojos llenos de lágrimas: "Ahora esta vida frágil está en tus manos; puedes destruirla o salvarla. ¿Vas a destruirme, o vas a permitir que huya?".

Creo que entiendes la imagen. (Tal vez ya dije que estos personajes son ligeramente escalofriantes.)

Enanos alegres y madres celosas

Pasemos ahora a los enanos. Antes de que se presenten los enanos, la ninfa inicia su proceso de selección. Se acuesta en la cama de cada uno de ellos, percibiéndolos, sintiendo quién de ellos es el adecuado, y finalmente se queda en la cama del compañero perfecto. De hecho, cuando ellos vuelven, cada uno descubre que esta belleza tierna y temblorosa se ha acostado bajo sus cobijas: Sus camas todavía están tibias por el contacto con su frágil cuerpo; cada almohada ha sido tocada por el aroma de su dulce sudor y por el aroma de las flores silvestres entre las que caminó.

Luego, uno de estos canosos moradores de la tierra grita y muestra su asombro al ver el cuerpo flexible y pálido de la niña que duerme en su cama; la piel cremosa de su muslo desnudo asoma por el borde arrugado de su vestido manchado por la hierba entre la que caminó. Los Hermanos Grimm nos dicen que un enano compartió las camas de sus hermanos esa noche, pero el relato suizo es muy diferente. Tomando en cuenta su jerarquía, se permite al enano mayor hacer lo que cada criatura presente se moría por hacer; reclamar a esta doncella y poseerla a lo largo de esa noche oscura, a la luz de las velas, en medio del bosque silvestre, profundo, lleno de espinas.

Pero el relato de Blanca Nieves que cuentan los Hermanos Grimm no es la historia de la relación sexual de una ninfa con estas criaturas morenas y musculosas de la tierra; es la historia de una mujer que lucha contra una ninfa por la atención de su hombre. Así pues, la madre actúa, intentando matar a la ninfa tres veces para así volver a atraer las atenciones de su amante, pues mientras Blanca Nieves viva en el mundo, su imagen estará en la mente de su esposo cada vez que se acueste junto a la mujer humana: Tal es la naturaleza de la obsesión por las hadas.

La mujer diseña un plan. Se disfraza de vendedora y cruza "las siete montañas para llegar a la casa de los siete enanos". (El siete, al igual que el tres, es un número mágico que se utiliza en los hechizos.) Dice a Blanca Nieves que está vendiendo "cintas para corsé". Y cuando se las ofrece, usa las cintas para sujetar con fuerza los pechos de la ninfa. Los pechos son, por supuesto, un signo externo de la madurez y la sexualidad de la ninfa, un claro indicio del atractivo femenino, de su capacidad sexual y de las consecuencias del sexo: Dar a luz a un hijo y cuidar de él. Cuando la reina sujeta el pecho de Blanca Nieves, está sujetando o destruyendo este signo externo de la belleza de la ninfa; no sólo la está asfixiando, también le está dando un aspecto físico infantil y sexualmente inmaduro. Blanca Nieves cae al suelo, aparentemente muerta; pero cuando los enanos vuelven a casa le quitan las cintas. Para hacerlo deben quitarle la ropa. Cuando ella vuelve a la vida, parcialmente desnuda, los enanos no pueden evitar ver sus pechos. Los enanos ayudan a la ninfa a reafirmar su atractivo sexual. Su deseo sexual y su belleza, como un ser del mundo de las hadas, es la antítesis con que ella enfrenta los hechizos de la reina: Blanca Nieves queda desatada, se reafirma su madurez sexual. Se rompe el hechizo.

El espejo mágico, que es en sí la esencia de la magia de los seres del reino de las hadas (una magia que tiene un vínculo con el Inframundo o con el reino de las hadas y que a menudo es una magia oscura que otorga a estos seres poder sobre nosotros), revela a la reina-madre que Blanca Nieves sigue viva. Ahora la reina vuelve a aparecer con una peineta envenenada.

La cabellera es otra característica de la belleza y el atractivo femenino. Las mujeres trabajan incansablemente para hacer que su cabellera sea atractiva, y muchas mujeres piensan que la cabellera es una característica sobre la que pueden ejercer mucho control, tal vez más que el control que ejercen sobre su figura y sus rasgos faciales. Desde los albores del tiempo se han usado peinados seductores para atraer a un amante. En muchas culturas se obliga a las mujeres a cubrirse el cabello pues se sabe muy bien lo tentador que es para los hombres. (En el judaísmo ortodoxo, las mujeres casadas se rasuran la cabeza y usan pelucas para dejar de ser sexualmente atractivas para otros hombres aparte de su esposo; en el Islam, las mujeres se cubren la cabeza para no parecer atractivas a los hombres). Desde la cabellera de Lady Godiva hasta el corte de pelo estilo pixie de Twiggy, la cabellera de Farrah Fawcett, el fleco de Betty Page, la aureola rubia de Marilyn o el pelo suelto de Jennifer Aniston, la Afrodita de cada generación ha lucido su cabellera como símbolo característico de su sexualidad. Y la ninfa Blanca Nieves, con su increíble colorido, seguramente tenía una tupida cabellera que fluía como una cascada oscura sobre sus mejillas color de rosa y enmarcaba sus labios color rubí. (Bueno, hablaremos más sobre este tema cuando lleguemos a "Rapunzel").

Así que la reina se pone a trabajar, intentando destruir el dominio que tiene su hija sobre los enanos y los hombres poniendo una peineta envenenada en su hermosa cabellera, convirtiendo esa fuente exuberante en un pozo de veneno. El veneno fluye y Blanca Nieves cae muerta. Pero los enanos, sus amantes, frustran el plan de la reina quitándole la peineta, volviendo a Blanca Nieves a la vida y permitiendo que sus rizos sueltos llenen de entusiasmo a las criaturas de la tierra una vez más.

En el centro mismo del atractivo de una mujer y de la exquisita belleza de una ninfa, está la promesa de que su amante va a poseerla, lo que significa que la envolverá en un abrazo sexual. Aunque el relato suizo describe esto sin dejar mucho espacio para la confusión, la versión de los Hermanos Grimm nos dice que la reina entra en Blanca Nieves por el orificio de su boca. Por supuesto, la gratificación oral es el primer impulso que los seres humanos sentimos al nacer, y nos pasamos la vida gratificando nuestra boca con comida, con conversaciones, con sabores, con lápiz labial, y por supuesto, satisfacemos nuestros deseos sexuales. Así que, finalmente, en el tercer intento (el tres es el número mágico que representa la culminación), la reina debe penetrar a Blanca Nieves, tomando el lugar de su amante, haciendo que el veneno sustituya el don de su amante.

No se necesita ser un genio en temas bíblicos para ver que la manzana que la reina le ofrece es un símbolo de la lascivia de Blanca Nieves, el fruto del jardín del Edén que reveló a Eva que ella era un ser sexual, que su cuerpo estaba desnudo y era deseable, que Adán no sólo era su hermano y su compañero, sino el objeto de su deseo sexual. Y, al igual que en el caso de Eva, la manzana de Blanca Nieves traería las consecuencias de estar consciente de la sexualidad: Dolor, desilusión y, finalmente, la muerte, en dos sentidos: El orgasmo es un estado de muerte, una forma de vislumbrar el viaje hacia el otro lado. Los franceses dicen que el orgasmo es la "muerte chiquita" y la Iglesia Católica considera un pecado mortal el hecho de que una mujer tenga una excitación lasciva. La manzana en sí provoca la muerte de Blanca Nieves, o eso es lo que los enanos creen.

Blanca Nieves y la madre reina representan aquí la escena bíblica de la tentación y el pecado; la madre hace el papel de la serpiente; la ninfa hace el papel de Eva. Como en el caso de Eva, la manzana es una tentación para la sensual Blanca Nieves, y ella la desea. Al igual que la serpiente del Edén, la taimada reina engaña a Blanca Nieves, probando ella la manzana (mostrándole que tener sexo con un hombre adulto no daña a la reina que es una mujer adulta, como dañará a la ninfa), y Blanca Nieves cae en el engaño y muerde la manzana. Se desploma, aparentemente muerta: Una analogía del pecado de Eva y del hecho de que pierde la gracia de Dios; es decir, una muerte espiritual. En ambos casos, sabemos o nos enteramos de que la ninfa no está muerta, sino sexualizada.

Aunque los enanos pudieron desvestirla y acariciar su cabello para descubrir la causa de las dos "muertes" anteriores, ellos no son Adán: No pueden entrar totalmente en los orificios de la ninfa para descubrir la causa de esta enfermedad. Blanca Nieves se vuelve lejana, inalcanzable, un monumento a su atractivo y a su belleza; algo que nadie puede poseer.

Es decir, nadie excepto su verdadero amante. Después de que la colocan en el féretro de cristal, a la vista de todos, llega un príncipe humano. Tal vez él podrá representar el papel de Adán; tal vez le pueda quitar el objeto a Blanca Nieves y remplazarlo con su propia presencia sexual, que es lo que le devolverá la vida a la ninfa, ya que le permitirá vivir plenamente… ser una criatura sexual que le concede a su amante la oportunidad de satisfacer su deseo desenfrenado.

Existe otro aspecto en las acciones destructivas de la madrastra: Está tratando de arruinar la magia de Blanca Nieves. Las tres condiciones del pacto que hizo su madre cuando ella nació fueron que Blanca Nieves fuera blanca como la nieve, roja como la sangre y negra como el ébano. La madrastra intenta erradicar cada una de estas características. Las cintas del corsé sujetan la piel de la ninfa, que es blanca como la nieve; la peineta envenena su cabellera negra como el ébano; la manzana envenenada es roja como la sangre. La madrastra casi logra su cometido, a no ser por el príncipe humano.

El príncipe ordena que se someta a la madrastra a una muerte horrible: "...las zapatillas de hierro ya se habían colocado sobre el fuego; las trajeron con unas pinzas y las colocaron frente a ella. Entonces la obligaron a ponerse esas zapatillas ardientes y a bailar hasta que cayó muerta". Se le castiga con mucha severidad por ver a su hija como una oponente sexual, en lugar de nutrir la sexualidad y la sensualidad de la joven, como debería hacerlo una verdadera madre. Aunque muchas niñas pasan por una etapa en la que sienten una intensa atracción por su padre,[3] una buena madre lo pasa por alto y ayuda a la niña que está creciendo a dirigir sus deseos hacia jóvenes que podrían llegar a amarla, fuera del círculo familiar. Cuando llega el momento, una buena madre anima a su hija a buscar el amor y el romance y, finalmente, a unirse con el hombre que ama y crear una familia. Nuestra reina, al enfrentarse a la ninfa que es su hija, no pudo hacerlo, y debido a sus defectos, cayó en la obsesión y acabó muerta.

A pesar de los esfuerzos de la madre por apagar la sexualidad y la feminidad de su hija, la naturaleza sexual de Blanca Nieves la lleva a la madurez, y después del periodo en que estuvo "dormida" y recibió una adoración lejana (en sueños), Blanca Nieves pudo aceptar al hombre que la amará toda la vida: El príncipe.

Nótese que en la versión de los Hermanos Grimm lo que despierta a Blanca Nieves no es un beso romántico, sino un error humano por parte de los sirvientes del príncipe: "Entonces, el hijo del rey ordenó que sus sirvientes llevaran el féretro sobre sus hombros. Y sucedió que se tropezaron con un tocón y, con el impacto, el trozo de manzana que Blanca

---

3 Véase, por ejemplo, la obra de Sigmund Freud, *Tres ensayos sobre la teoría de la sexualidad.*

Nieves había mordido salió de su garganta. Poco después, abrió los ojos, levantó la tapa del féretro y volvió a la vida. 'Cielos, ¿dónde estoy?', exclamó". Blanca Nieves, debido a su visita al Inframundo, estando dormida y gracias a la transformación que sufrió en la muerte, ahora es capaz de dejar atrás su vida como ninfa y disfrutar una vida humana con el príncipe, que incluye errores y torpezas humanas. Despierta a su vida humana gracias a este dramático accidente.

En la versión de los Hermanos Grimm, como en muchas otras versiones, la vida de la ninfa con el príncipe nunca se describe. El príncipe simplemente dice a Blanca Nieves: "Te amo más que nada en el mundo; ven conmigo al palacio de mi padre, serás mi esposa". Debemos notar que el príncipe se enamora de Blanca Nieves sin conversar con ella y sin un encuentro a nivel mental; la belleza de Blanca Nieves es lo único que sella el trato, y así es como funciona la belleza de los seres del mundo de las hadas. Su apariencia, su sexualidad y su carisma nos seducen, aunque estén inertes.

Dormir, el trance y la iniciación

El elemento del sueño (dormir) en la historia de Blanca Nieves es interesante. Lo vemos en varios de los cuentos de los Hermanos Grimm, en especial en "La Bella Durmiente". Pero este elemento también aparece en "La Bella y la Bestia", donde la Bestia se queda dormida debajo de una planta de coles, como si estuviera muerta, mientras espera que Bella vuelva al castillo. También lo vemos en "Blanca Nieves y Rosa Roja", donde el oso duerme con las dos chicas cada noche.

Dormir nos vincula con los sueños y con la muerte. Al igual que Blanca Nieves, parecemos estar inertes o muertos mientras dormimos; y los padres que tienden a preocuparse con frecuencia van a ver a sus niños cuando están dormidos para asegurarse de que están respirando. Dormimos durante la noche, que es el dominio de la Diosa, del subconsciente, y que está regida por la luna. Se dice que la noche es la muerte del día y del sol. Dormir es visitar diariamente el Inframundo, el reino de la muerte, pero también el reino de la juventud. Es un lugar regido por diosas del Inframundo como Perséfone, Hela y Hécate. Perséfone es, en sí, una ninfa de la que se enamoró Hades, el Dios del Mundo de los Muertos, cuando vio la belleza de su desnudez mientras ella se estaba bañando. (El agua es otro símbolo de los sueños y del inconsciente.)

Shakespeare compara el dormir con la muerte en lo que tal vez es su soliloquio más famoso, en el que Hamlet considera:

¡Morir... dormir...
Dormir... ¡Soñar acaso! ¡Qué difícil!
Pues en el sueño de la muerte
¿qué sueños sobrevendrán cuando despojados
de ataduras mortales encontremos la paz...
(Hamlet, III.i, 65-66)

Como observa Hamlet, aunque parece que estamos muertos al dormir, nuestra mente está muy activa y nos conecta con el Inframundo a través de nuestros sueños.

A lo largo de los siglos, los sueños se han considerado como mensajes de los dioses, como visiones proféticas, como augurios de los antepasados que han muerto, o como una visión fugaz de vidas pasadas. En todo caso, nos conectan con los dioses, con el Inframundo y con la muerte. En muchas ceremonias religiosas, una persona entra voluntariamente en un estado de sueño profundo para recibir información de los dioses o los espíritus (la más conocida de estas prácticas religiosas podría ser el chamanismo siberiano, aunque vemos estas prácticas en casi todas las religiones del mundo, incluyendo el judaísmo y el cristianismo). En la muerte podemos ver a través del velo que se encuentra entre nuestro mundo y el Inframundo, y podemos vislumbrar cosas que nuestra perspectiva humana no nos permite ver.

Muchos rituales tienen el propósito de generar sueños proféticos. En el poema de Keats, "La víspera de Santa Inés", leemos sobre un ritual medieval que genera precisamente eso. Según la tradición popular, en la víspera de Santa Inés (20 de enero) si una joven se va a dormir sin haber cenado, se desviste quedando totalmente desnuda y se acuesta en la cama con las manos debajo de la almohada y mirando hacia el cielo sin mirar a sus espaldas, su futuro marido aparecerá en sus sueños, la besará y se deleitará con ella.

En los mitos griegos, británicos, celtas y noruegos, los dioses y diosas del Inframundo rigen los sueños. Los griegos reconocen al dios Morfeo, quien puede tomar la forma de cualquier ser humano y aparecer en los sueños de una persona. Es hijo de Hipnos, el dios del sueño, y de Nix, la diosa de la noche, y duerme en una cueva sobre una cama de ébano, rodeado de amapolas. En el mito británico, la reina Mab rige los sueños, y en especial las pesadillas. Shakespeare pinta una imagen de Mab en *Romeo y Julieta,* y la describe como un hada adorable y diminuta que viaja durante la noche en su pequeño carruaje visitando los sueños de la gente:

Ya veo que te ha visitado la reina Mab,
la partera de las hadas; su cuerpo
es tan menudo cual piedra de ágata
en el anillo de un regidor...
Y con tal pompa recorre en la noche
cerebros de amantes, y les hace soñar el amor;
(Romeo y Julieta, I. iiii, 53-85)

Pero la mitología más antigua dibuja a Mab de una forma muy diferente, como la Reina de la Noche que rige sobre los cuervos y los lobos, sobre las criaturas de la muerte y las tinieblas. Cabalga salvajemente en una yegua blanca por los bosques de Inglaterra, reuniendo las almas de los atormentados. La palabra inglesa que significa pesadilla, "nightmare", se relaciona con esta leyenda: Se dice que quienes en sus sueños se percatan del paso de Mab y tienen visiones horribles, están "cabalgando la yegua (*mare*) de la noche (*night*)".

Lo que tienen en común todos estos relatos sobre el dormir y sobre los sueños es el concepto de que los sueños nos atan a la muerte y a visiones del Otro Mundo. Cuando dormimos estamos indefensos, bajo el control de las diosas y los dioses que tienen nuestro destino en sus manos y que pueden jugar con nuestras almas a su antojo mientras estamos en sus reinos oscuros. Las enseñanzas del chamanismo, de la Cábala y otras religiones nos enseñan que estas experiencias nos cambian y nos permiten crecer, madurar y llegar a entendernos. Vemos nuestro destino a través de los sueños y comprendemos nuestros propios anhelos y deseos. Estas experiencias similares a la muerte son rituales de iniciación.

En muchas tradiciones religiosas, un estudiante debe enfrentar una experiencia similar a la muerte y sentir las energías del Inframundo para que se le considere un iniciado. En la Wicca y en otras religiones paganas, el rito de iniciación está finamente diseñado y representa una visita al Inframundo. En muchas tradiciones del chamanismo, el devoto debe entrar en un estado de trance y estar en contacto con las criaturas de los reinos de la muerte. Incluso la tradición cristiana relacionada con el bautismo contiene la amenaza del ahogamiento, vencida por el extático espíritu de Jehová. Al final del ritual de iniciación, mediante una experiencia similar a la muerte, el devoto renace o se transforma.

Para Blanca Nieves, la siesta que toma después de probar la manzana es un regreso al Inframundo de donde ella había llegado en un principio. Sabemos que Blanca Nieves es una criatura del reino de las hadas que apareció para cumplir un deseo mágico; en algunas versiones de la historia, el deseo está ligado a tres gotas de sangre. El hecho de que ella haya aparecido casi de inmediato (especialmente en el relato donde aparece frente al rey que viaja en su carruaje) significa que esta ninfa estaba observando, esperando la oportunidad de asumir la forma humana en nuestro mundo. Para transformarse por completo y asumir una vida humana, Blanca Nieves debe enfrentarse a la muerte a manos de su madre (que tal vez es la maldad encarnada, pero podría ser una exigente sacerdotisa de iniciaciones... por otra parte, tal vez en realidad sea nefasta), y a través de la muerte, transformarse y alcanzar la madurez sexual y emocional.

El relato sobre el periodo en que Blanca Nieves estuvo dormida nos recuerda otro relato mítico: La leyenda galesa de Rhiannon, el hada que monta a caballo.

La historia de Rhiannon, como la cuenta el Mabinogión, empieza con Pwyll (que se pronuncia "push"; en efecto, el galés es un idioma extraño), un ser humano que ha visitado el Inframundo. Le dicen que si va a cierto montículo de las hadas, "recibirá golpes o verá algo maravilloso".[4] Pwyll lleva a sus hombres a la cumbre del montículo y ve a una mujer hermosa montando a caballo abajo en un sendero. Manda a uno de sus hombres a darle la bienvenida, pero sin importar lo rápido que este hombre cabal-

4 Megli, "An Introduction to the Four Branches".

gue, no puede alcanzar a la extraña mujer, aunque parezca que ella está cabalgando a poca velocidad. Pwyll también intenta alcanzarla, con los mismos resultados. Finalmente, Pwyll le grita a la mujer, quien se detiene y le dice: "Si me hubieras llamado antes, habría sido mejor para tu caballo".

La mujer es Rhiannon, y dice a Pwyll que ha venido a nuestro mundo a buscarlo. Se enamoran y poco después se casan. Rhiannon pronto queda embarazada.

Cuando Rhiannon da a luz a su hijo, se dedica a cuidarlo, custodiada por varias mujeres. Pero las mujeres se quedan dormidas y en lo más profundo de la noche, el niño desaparece. Temerosas de que las maten por haberse quedado dormidas estando de guardia, manchan a su ama con la sangre de un perro y afirman que Rhiannon se comió a su propio hijo.

Como castigo, Rhiannon debe usar una silla de montar y una brida, y transportar a la gente sobre sus espaldas hacia el castillo de Pwyll, confesándoles su crimen. En pocas palabras, debe actuar como caballo.

Poco después, el niño es devuelto a nuestro mundo cuando un caballero del lugar lucha contra un ser del Otro Mundo por un potro que dicho ser estaba tratando de robar. Como resultado del trato que hacen, un niñito rubio aparece en el suelo de la casa del caballero. El caballero y su esposa se dan cuenta de que éste es el hijo de Pwyll que fue cambiado por los seres del mundo de las hadas, y devuelven el niño a su rey; de esa forma termina el servicio de Rhiannon como caballo.

Comparemos este relato con los sucesos de Blanca Nieves.

Tanto Blanca Nieves como Rhiannon aparecen en respuesta a un deseo mágico ritualizado. En el caso de Rhiannon, Pwyll y sus hombres entran a un espacio que pertenece a los seres del mundo de las hadas y llevan a cabo el ritual que les permitirá "ver algo maravilloso". En el caso de Blanca Nieves, hay un deseo mágico relacionado con tres gotas de sangre o unido a un juramento hecho ante tres cuervos en vuelo. En ambos casos, una criatura hermosa y misteriosa del Inframundo aparece casi al instante, en el caso de Rhiannon y en el caso del rey que viajaba en su carruaje. Esta criatura está lista para tomar un lugar en la vida humana de la persona que tuvo el deseo y en nuestro mundo humano.

Ambas figuras viven una experiencia de cercanía a la muerte: En el caso de Rhiannon, su hijo desaparece y ella está manchada de sangre y se le acusa de haberse comido al niño; en cuanto a Blanca Nieves, el cazador se la lleva al bosque y casi la mata; la vida de un animal del bosque es tomada en lugar de la suya.

En ambos casos, para recuperar el equilibrio en su vida como seres humanos, deben hacer un viaje iniciático de regreso a su propio mundo. En el caso de Rhiannon, un hada que monta a caballo, ese viaje se realiza cuando ella asume la forma (o al menos las funciones) de un caballo en nuestro mundo. Se conecta con su verdadera naturaleza de hada llevando seres humanos sobre sus espaldas y viviendo en ambos mundos a la vez. Esto le permite cambiar el curso de los sucesos en su mundo y recuperar a su hijo.

En el caso de Blanca Nieves, ella debe pasar por una experiencia de iniciación similar a la muerte en la que visita el Inframundo —de donde ella es originaria— antes de poder aceptar un amor maduro. Estando dormida/muerta, viaja de regreso al mundo de las hadas donde se enfrenta a su naturaleza de hada y se le permite elegir entre seguir pareciendo una ninfa y ser adorada por su belleza pero ser inalcanzable (pues está dormida/muerta), o volver a nuestro mundo y llevar una vida totalmente humana. Si elige la segunda opción, podrá aceptar el amor de un ser humano con todos sus defectos (vemos que el príncipe tiene defectos porque no se da cuenta de que Blanca Nieves sigue viva, y porque sus sirvientes son torpes).

Blanca Nieves elige una vida humana, y como consecuencia de las imperfecciones de los hombres de su príncipe, vuelve a la vida en nuestro mundo. A través de su experiencia de iniciación similar a la muerte, provocada por su madre, puede aceptar el amor humano: No la adoración sólo por su belleza de hada, sino la vida ordinaria de una esposa.

Un último comentario sobre el relato, y es algo que veremos en varios relatos de los Hermanos Grimm y volveremos sobre ello: En esta historia, el padre es una no-entidad. Aparece brevemente en la versión de "el rey en su carruaje", y en la versión más conocida de los Hermanos Grimm sólo aparece el tiempo suficiente para volverse a casar. No está presente en absoluto para ayudar a Blanca Nieves cuando su madrastra enloquece. Esto es porque el relato se centra en la lucha entre las dos mujeres: La muerte contra la vida, el Inframundo contra nuestro mundo, la noche contra el día, las tinieblas contra la luz. El padre es un objeto sexual fugaz que desaparece en un segundo plano mientras las dos mujeres se enfrentan a golpes, pues eso es lo único que se requiere que haga el padre. Qué lástima por él.

El ritual de Blanca Nieves

Blanca Nieves es un ícono de belleza y atractivo; todos los que la conocen la aman (bueno, casi todos). Ya sea que la visualices como la doncella de Disney, o que te permitas verla como la describen los Hermanos Grimm en su relato y como se muestra en versiones más antiguas, la imagen que conjura la ninfa es una imagen de seducción, de encanto y de sensualidad ardiente. Utilizaremos el ícono de Blanca Nieves en un ritual que ayudará a la persona que realiza el ritual (un hechicero o hechicera) a asumir estas características: En esencia, esta persona se sentirá seductora, atractiva, deslumbrante y deseable; ya sea en general o en relación con una persona en particular. Puede funcionar para cualquiera, sea hombre o mujer, y actuará ya sea que la persona que realiza el ritual crea o no que es atractiva por naturaleza.

Todas las personas tienen cualidades encantadoras, pero nadie en este mundo es cien por ciento deseable para todos. Hablando desde de mi propia experiencia, a menudo encuentro que el estándar de belleza en nuestra sociedad es bastante sencillo y muchas veces muy poco atractivo, y yo a menudo siento una atracción apasionada hacia mujeres que muchos hombres considerarían de apariencia extraña, tipo nerds o poco atractivas. Así es como funciona mi cerebro. El truco para ser deseable radica en la confianza, en aceptar nuestras faltas, conocer nuestros rasgos deseables, ¡y saber qué hacer con ellos! La confianza en nosotros mismos es el mejor afrodisiaco que existe, y cuando una persona tiene confianza, la transmitirá como atractivo sexual.

Blanca Nieves es increíblemente hermosa, lo sabemos. Pero lo que distingue a la ninfa es que puede ser un ideal de belleza para cualquier persona, desde un rey hasta un cazador, desde un enano hasta un espejo. Para cualquier persona con sentido común resulta obvio que estos personajes tan diferentes no podrían haber compartido el mismo sentido de la estética. Lo que hizo que cada personaje encontrara a Blanca Nieves tan hermosa fue su encanto, su porte y su gran confianza en sí misma, incluso al enfrentar la muerte (estando con el cazador).

Este ritual dará a la persona que lo realiza esa clase de encanto, carisma y confianza, y le ayudará a encontrar un amante perfecto o a reafirmar una relación que ya existe.

¡Nunca, nunca, nunca (¿ya escribí *nunca* suficientes veces?) lances un hechizo sobre alguien que no está consciente de que lo estás haciendo o no está dispuesto a que la magia actúe en él! Es muy dañino para la persona y es muy malo para ti. Lo sé con base en experiencias muy amargas, así que hazme caso. Si alguien te pide un hechizo de sanación o un hechizo que le ayude a conseguir trabajo, definitivamente puedes hacerlo. Pero cuando buscas a la persona adecuada para que sea tu pareja, nunca es prudente nombrar a alguien en particular. Los dioses saben mucho mejor que tú cómo será tu futuro, y si dejas en sus manos la identidad de la persona por la que llegarás a sentir un verdadero amor, las cosas irán mucho mejor. Está bien decir: "Me gustaría que la persona que me ame tenga tales o cuales cualidades, tal o cual apariencia o sentido del humor", pero pedir específicamente una relación con una cierta persona nunca es favorable. Y entiendo que creas que esa cierta persona es tu verdadero amor, la persona que el destino te ha elegido para ahora y para siempre, pero te advierto que tal vez no sea así. Es mucho mejor tener apertura y ver si esa persona responde al llamado, o si hay alguien más merodeando en las sombras de la magia. Me agradecerás el que te haya dado este consejo.

Cómo prepararte para el ritual

Si quieres una pareja que esté contigo a lo largo de los años, debes prepararte para invertir tiempo y energía para encontrarla. No es realista pensar que un ritual de una hora hará que la persona esté dispuesta a comprometerse durante décadas a vivir en tu exclusiva compañía. Deberías pensar en un compromiso de trabajar con la magia durante meses o incluso durante un año para traer a tu vida esa persona especial.

Habiendo dicho esto, he de mencionar que hay que trabajar un poco en relación con la preparación de este ritual.

Lleva un diario de las cosas que sientes que te hacen atractivo para alguien y escribe un poco cada día. Haz listas de rasgos y de características físicas: "Siento que mi sentido del humor me hace atractivo". "Tengo ojos bonitos". Nadie lo va a leer, sólo tú y los dioses, así que sé completamente honesto. Si eres una mujer que siente que tiene pechos hermosos, o si eres un hombre que siente que tiene un trasero atractivo, exprésalo. O tal vez sientes que tu fuerza o tu intelecto son atractivos. Pero también sé honesto sobre tu inteligencia, honradez y veracidad, y también sobre tus hábitos extraños y tus neurosis. Recuerda que lo que es molesto para una persona es atractivo para otra. Tal vez has tenido novios potenciales que se alejaron de ti porque eras demasiado inteligente o demasiado ñoño. Otra persona adoraría estas características.

Si sólo estás trabajando con la magia para tener un atractivo increíble, sin la intención de involucrarte en una relación de toda la vida en este momento, también está bien. De todos modos lista las cosas que te dan atractivo y el tipo de personas que te gustaría atraer. Esto podría ahuyentar al tipo "equivocado" de personas; eso siempre es una buena precaución (ver el capítulo 7, sobre Caperucita Roja).

Si estás buscando el amor, incluye también en tu lista diaria algunas características o rasgos que estés buscando en tu compañero. Una vez más, incluye la apariencia, el carácter, las creencias; cuantas más cosas incluyas en tus listas, más fuerte será tu proyección cuando trabajes con la magia. Usa fotografías que recortes de revistas y periódicos, fotos tomadas de Internet (sólo para mostrar un ideal, no para conquistar el amor del hombre lobo que aparece en la película *Crepúsculo*). Usa como estándar relatos sobre relaciones exitosas: Es una idea maravillosa usar *El regalo de los Reyes Magos* o *La fierecilla domada* como ejemplos de situaciones románticas que te gustaría vivir en una relación. (Usa los *Diarios* de Anaïs *Nin* o la *Historia de O* de Pauline Réage, según prefieras.) Anota cosas que te gustaría hacer con tu futuro amor; caminatas, juegos de hockey, baños pasionales, practicar el tiro al blanco.

Cuando hayas invertido bastante tiempo en tus diarios (tal vez un mes o dos, de una luna nueva a la siguiente), habrá llegado el momento de prepararte para el ritual en sí.

Durante el ritual necesitarás estar en un lugar tranquilo y privado. Tu cuarto, el bosque, la playa, son buenos lugares si sientes que nada ni nadie te va a distraer. Lo mejor es hacer el ritual estando desnudo o con una túnica transparente, pero si te sientes incómodo, una túnica cerrada o ropa holgada (como un vestido suelto o pantalones como los que se usan para practicar artes marciales) también son vestimentas adecuadas. Recuerda que este ritual tiene el propósito de ayudarte a sentir que tienes atractivo, que confías en ti mismo, y que eres sensual, así que deberías abrazar tu propia desnudez con orgullo, sin importar lo que hayas sentido en el pasado sobre tu apariencia y tu físico. Éste es un hechizo para abrazar tu guapura, tu belleza, y eso empieza justo aquí.

Necesitarás un altar, que podría ser una mesa. Me gusta un altar redondo, pues siento que corresponde a la Rueda del Año, al ciclo de la vida, y al formato circular de un ritual, pero muchos magos ceremoniales usan altares cuadrados o rectangulares, que son igualmente adecuados. Siento que el tronco de un árbol o una roca grande y baja pueden usarse en lugar de una mesa. Los taburetes industriales son excelentes para hacer un altar circular. Ciertamente puedes colocar un mantel en el suelo, usar una charola para bocadillos o un banco de los que se usan en las barras de cocina. El propósito del ritual es más importante que el dinero que inviertas en las cosas necesarias para hacerlo.

Necesitarás estos instrumentos:

- Dos veladoras blancas
- Aceite de rosas
- Una manzana
- Un cuchillo para cortar la manzana (tu *athame* ritual, o cualquier cuchillo de cocina)
- Incienso floral (el de rosa sería excelente)
- Una varita de madera (no uses varitas de cobre, metal o cristal; la varita de este ritual debe ser una simple varita de madera)
- Un cáliz de vino tinto (o de jugo de uva)
- Cuatro mechones de tu cabello (si haces el ritual con dos o más personas, cada participante debe poner mechones sobre el altar, y el mechón de cada persona debe colocarse cuando se indica)
- Una brújula para saber hacia dónde está el Este, el Sur, el Oeste y el Norte, si todavía no lo sabes. (Observar el amanecer o la puesta del sol es un buen método para orientarse)

Este ritual debe hacerse en la luna nueva, cuando la luna está oscura o cuando está en media luna delgada. Es el periodo en que la luna empieza a crecer hasta llegar a ser luna llena, y de esa forma crecerán los efectos del hechizo al mismo tiempo que crece la luna. También llevarás a cabo pequeños rituales de seguimiento en la luna llena.

Como estás invocando a Blanca Nieves, una ninfa, para que te dé confianza sexual y atractivo, y para traer amor, pasión y romance a tu vida, estarás invocando el registro mítico de las ninfas. En Grecia, las jóvenes ofrecían mechones de su cabello a las ninfas, y a las ninfas que atendían a Baco o a Dionisio se les ofrecía vino (puedes usar jugo de uva si no bebes alcohol). Así que ofrecerás a las ninfas estos obsequios en tu ritual: El ritual te pide que coloques estos obsequios en el suelo; si estás en una habitación simplemente colócalos en un platón o en una charola, y al final del ritual, lleva los obsequios y el cáliz fuera de la casa y ofrécelos ahí.

Debes conocer el nombre de cada ninfa que invoques: Las néfeles son ninfas del firmamento o de las nubes; las sirenas son ninfas del mar y de los ríos, pero aquí representan el sur (el fuego y la pasión) porque son apasionadas y sexuales; las náyades son ninfas de los océanos y otras masas de agua; las dríades son ninfas de los árboles. Se eligió la dríade del muérdago porque dicha planta se relaciona con el amor, con los besos y con la pasión. Aunque en Estados Unidos existe la costumbre de besarse bajo un árbol de muérdago durante las fiestas navideñas, en la Europa del este el hecho de que dos personas se encuentren bajo el muérdago, sea cual sea la época del año, provoca que se besen.

El ritual está escrito para una sola persona, pero será fácil hacerlo con dos, tres o más participantes. Compartir la energía del círculo puede hacer que la magia sea más poderosa, pero no hagas el ritual con una persona con la que no puedas ser honesto y ser tú mismo plenamente.

Prepara el altar con el incienso en el este, la varita en el sur, el cáliz en el oeste y la manzana en el norte. Coloca las veladoras en el centro,

Toma una gotita de aceite y ponla en tu frente diciendo:

"Me limpio con aceite. Purifico mi mente para poder desprenderme de la timidez y de la incomodidad del pasado y abrazar el yo que debo ser". (Si estás haciendo este ritual en grupo, cada mago debe repetir esto al ungirse con aceite.)

Pon una gota de aceite en tu garganta y di: "Que mis palabras sean magia, y que los dioses escuchen mi voluntad".

Pon una gota en tu corazón y di: "Que mi corazón me guíe, y que el amor me encuentre".

Pon una gota en tu cadera diciendo: "¡Que la pasión me tenga, y que yo tenga pasión!".

Pon una gota en cada uno de tus pies diciendo: "¡Que mis pasos me guíen hacia la adoración y la plenitud!".

Muévete al este del altar y enciende el incienso. Levanta tu varita y empieza a moverla tres veces alrededor del círculo, en la dirección de las manecillas del reloj (que en la magia recibe el nombre de "deosil"), diciendo:

(Primera vez) "Trazo el círculo tres veces, una vez por la semilla que está bajo la tierra".

(Segunda vez) "Por segunda vez, trazo el círculo, por el sol y la nube de lluvia que están en las alturas".

(Tercera vez) "Trazo el círculo, por vez tercera, con la varita de madera que creció en el árbol".

Ahora regresa al este y vuelve a poner la varita sobre el altar. Toma el mechón de tu cabello y preséntalo hacia el este sosteniéndolo en alto hacia el cielo en esa dirección. (Si más personas participan en el ritual, levanta un grupo de mechones.) Coloca el mechón en el suelo, en el este, diciendo:

"Hija de las nubes, néfele,
acepta mi don para ti hoy;
haz que mi mente se vuelque a la pasión
para que el amor y el romance aparezcan".

Inclínate con los brazos cruzados sobre tu pecho, y endérezate (vuelve a erguirte).

Muévete al sur, ofreciendo un mechón de cabello. Colócalo en el suelo en el sur, diciendo:

"Sirenas, ninfas de la llama de la pasión
acepten mi don para ustedes hoy
que su canto encante mi corazón
y así empiecen mi amor y mi pasión".

Inclínate con los brazos cruzados sobre tu pecho, y enderézate (vuelve a erguirte).

Muévete al oeste, ofreciendo un mechón de cabello. Colócalo en el suelo, diciendo:

"Dulces náyades, ninfas juguetonas,
acepten mi don para ustedes hoy
llenen mi corazón de alegre risa
¡pues lo que busco es el abrazo del amor!".

Inclínate con los brazos cruzados sobre tu pecho, y enderézate (vuelve a erguirte).

Muévete al norte, ofreciendo un mechón de cabello. Colócalo en el suelo, diciendo:

"Dríade del muérdago
acepta el don que aquí te presento
¡bendíceme con mil besos,
apapachos, caricias y deseos apasionados!".

Ahora regresa el este y di: "Se han invocado los puntos cardinales, ¡así sea!".

Vuelve al centro del círculo y enciende una de las veladoras, diciendo: "Blanca Nieves, niña ninfa, ícono del amor, la belleza, la sensualidad y la pasión, te invoco. Pido tu ayuda para llegar a ser como tú: Confiada, alegre, sexual y orgullosa. Quédate conmigo, Blanca Nieves, criatura ninfa, cuando yo camine por este mundo en el encantamiento y la belleza. ¡Y que así sea!".

Después, toma la manzana de su lugar en el altar. Usa el cuchillo para cortar la manzana a la mitad de lado a lado (no del tallo hasta el sépalo, que está en la parte de abajo de la manzana). Si haces el corte correctamente, debe haber una estrella en cada mitad de la manzana.

Toma la parte de abajo (la parte que tiene el sépalo) y apriétala contra tu pecho, diciendo:

"¡Esta mitad de la manzana es veneno! Es mi vida de antes, llena de duda e inseguridad. ¡Cuando pensaba que no era suficientemente bonita (o guapo)! ¡Cuando pensaba que no era suficientemente inteligente! ¡Que no tenía suficiente buen humor! ¡Cuando creía que otros no me considerarían bella (guapo), agradable, encantador, sexual o deseable! Cuando me escondía aun deseando que me vieran. Cuando callaba aun cuando deseaba que me escucharan. ¡Cuando ocultaba mi sexualidad, siendo que quería que me desearan!

"Saco este veneno de mí, como tú, Blanca Nieves, que escupiste el veneno de la manzana. Despierto de mi largo dormir para entrar al mundo habiendo vuelto a nacer. Tengo confianza y seguridad. Le mostraré al mundo mi belleza (robustez), mi fortaleza, mi encanto, y mis atributos más bellos (apuestos). ¡Lanzo esta manzana lejos de mí, y al hacerlo despierto después de haber estado durmiendo!".

Si estás afuera, lanza la manzana tan lejos como puedas, siempre y cuando sea en un lugar silvestre. Si estás adentro de la casa, deja caer la manzana en tu tazón o charola. Más tarde la tirarás en un paraje natural.

Después, toma la parte superior de la manzana, la que tiene el tallo.

"Aquí está el inicio de mi nueva vida. Aquí me veo en el espejo de la verdad: ¡La verdad de mi belleza (atractivo), la verdad de mi sensualidad, la verdad de mi sexualidad! Mostraré a los que podrían adorarme los encantos de mi carne, la grandeza de mi intelecto, la furia de mi cordura y la totalidad de lo que soy. No me ocultaré. Cuando pasen frente a mí las personas que me atraen, me mostraré ante ellas, sin temer el rechazo. No me importa que ellos no me quieran. ¡Hay otros que me verán como la persona valiosa que soy! Yo soy ninfa, ¡entono el canto del amor y del deseo sexual! ¡Entono el canto de la vida! Aquellos que tienen alma escucharán mi canto y me adorarán".

Dale una mordida a esta manzana (si haces el ritual con otras personas, cada una debe morder la manzana) y decir: "¡Que así sea!".

Al morder la manzana, quítale las semillas con cuidado. Usa tu cuchillo si es necesario. Colócalas sobre el altar.

"Blanca Nieves, estas semillas son el inicio de mi nueva vida, caminando contigo, niña ninfa, ¡en una pasión sensual y en una belleza deliciosa! ¡Sembremos estas semillas y empecemos a desarrollar una nueva alegría!".

Junta las semillas con cuidado y ponlas en una bolsita, en un plato o en un tazón pequeño. Después las vas a sembrar en un lugar natural: En tu patio o jardín, en el patio de un amigo o amiga, a campo abierto, en un parque público o en un bosque. El hecho de que crezcan o no crezcan, no es tan importante como el esfuerzo que inviertas al sembrarlas.

Ahora toma la copa de vino o de jugo de uva y elévalo hacia el este.

"Niña ninfa, Blanca Nieves, bebamos juntos y sellemos este pacto que te ofrezco, hecho con frutos de la vid que crecen en el viñedo y en el profundo bosque donde tú viviste segura".

Si estás afuera, al aire libre, derrama un poquito de líquido en el suelo; si estás dentro de la casa, derrámalo en el tazón que contiene las semillas de la manzana. Luego bebe el vino; si hay más personas en el círculo, comparte con ellas la bebida. Cuando el cáliz esté vacío, di: "¡Bendito Sea!".

Después, lee el diario que has estado llevando como preparación para este ritual y reflexiona sobre la forma diferente en que vas a actuar a partir de ahora, y piensa en el tipo de persona (o personas) que quieres atraer a tu vida. También puedes hablar con Blanca Nieves y con los elementos mientras lees tu diario.

Esta meditación debería durar el tiempo que haga que te sientas cómodo. Luego pon el diario debajo del altar o cerca de él, ponte frente al centro del círculo y di: "Blanca Nieves, ninfa del bosque profundo, tú eres sensual y hermosa, te doy las gracias por acompañarme (acompañarnos) en este rito. Camina conmigo (con nosotros) ahora que voy (vamos) a llevar a mi (nuestra) vida las lecciones que me (nos) has enseñado. "¡Bendita seas!".

Mira hacia el este y di: "Hija de las nubes, néfele, te doy las gracias por acompañarme en este rito. Ahora que volverás a las tierras encantadas, te saludo y me despido de ti". Inclínate en señal de respeto, con los brazos cruzados sobre el pecho y luego enderézate (vuelve a erguirte).

Mira hacia el sur y di: "Hija de la pasión, sirena, te doy las gracias por acompañarme en este rito. Ahora que volverás a las tierras encantadas, te saludo y me despido de ti". Inclínate en señal de respeto, con los brazos cruzados sobre el pecho y luego enderézate (vuelve a erguirte).

Mira hacia el oeste y di: "Gentiles náyades, ninfas juguetonas, les doy las gracias por acompañarme en este rito. Ahora que volverán a las tierras encantadas, las saludo y me despido de ustedes". Inclínate en señal de respeto, con los brazos cruzados sobre el pecho y luego enderézate (vuelve a erguirte).

Muévete al norte y di: "Dríade del muérdago, te doy las gracias por acompañarme en este rito. Ahora que volverás a las tierras encantadas, te saludo y me despido de ti". Inclínate en señal de respeto, con los brazos cruzados sobre el pecho y luego enderézate (vuelve a erguirte).

Ahora toma el cuchillo que usaste para cortar la manzana y camina en el sentido contrario a las manecillas del reloj alrededor del círculo diciendo: "Que este círculo regrese a la tierra hasta que vuelva yo a tener la necesidad de recurrir a sus poderes".

Así terminas. Si estás con otra persona o con varias personas, deben abrazarse y festejar juntas. Si estás solo, debes relajarte, comer algo y sentir el vigor de la energía mágica que hay en el área o en la habitación.

Ritual de seguimiento

En la luna llena, coloca tu diario en un lugar donde nadie lo toque y enciende la segunda vela blanca que pusiste en el altar del ritual de Blanca Nieves, colocándola al lado del diario. Deja que la vela se consuma por completo, luego vuelve a escribir en tu diario y crea *collages* en él según lo desees. Siempre que vuelvas a realizar el ritual de Blanca Nieves en la luna nueva, deberías darle seguimiento en la luna llena. Haz este ritual varias veces a lo largo de varios meses, hasta cumplir un año.

La estructura del ritual que llevaste a cabo se basa en el ritual de Wicca y es la estructura básica de la mayoría de los rituales que llevarás a cabo en este libro. Vuelve a leerlo y familiarízate con algunos de sus términos (*altar, varita, elementos*). Volverás a verlos. Recuerda que conforme lleves a cabo más rituales, mejor los harás. También empezarás a ver patrones relacionados con la estructura del ritual, la forma en que fluye y cómo te sientes al hacerlo. Todo esto te ayudará a llegar a ser un buen mago (hechicero o hechicera).

Capítulo 2

Blanca Nieves y Rosa Roja: Cómo conectarte con tu animal tótem

Dos hermanas viven con su madre en lo profundo del bosque. Una de ellas es apasionada y atlética, prefiere el verano y le gusta estar al aire libre; la otra es tranquila y gentil, prefiere el invierno y le gusta estar al lado de la chimenea. Una noche de invierno, un oso llega a su puerta y así se inicia un ritual en el que el oso duerme con las chicas cada noche. Cuando llega el verano, las chicas encuentran a un enano que parece odiarlas, aunque ellas le ayudan una y otra vez. Al final, el enano guía a las chicas hacia un tesoro. En nuestro ritual vamos a examinar la relación de las chicas con el oso como un modelo para una técnica mágica en la que se usa un animal tótem para explorar el mundo de los sueños y del subconsciente. Las citas del relato se tomaron de la traducción al inglés de Margaret Hunt de la edición de 1802 de Cuentos de la infancia y del hogar.

Había una vez una pobre viuda que vivía en una cabaña solitaria. Frente a la cabaña había un jardín con dos rosales, uno de rosas blancas y otro de rosas rojas. Ella tenía dos hijas que eran como los dos rosales; a una le llamaba Blanca Nieves y a la otra, Rosa Roja.

Así empieza la historia de "Blanca Nieves y Rosa Roja", dos hermanas que vivían con su madre viuda en una cabaña en lo profundo del bosque. En el relato aparecen un oso, un enano, corderos, palomas y aves que hablan; todo esto lleva finalmente a un tesoro, y en algunas versiones de la historia, al matrimonio de las jovencitas con dos príncipes que aparecen convenientemente.

La Blanca Nieves de esta historia no es el mismo personaje que Blanca Nieves, la ninfa. De hecho, los nombres originales en alemán son ligeramente distintos. La Blanca Nieves que Disney hizo famosa se llama *Schneewittchen* en alemán. La palabra Weiss (blanco) se alteró de modo que su nombre significara "Pequeña Blanca Nieves". En esta historia, Blanca Nieves es *Schneeweißchen*, que literalmente significa "blanca como la nieve".

Muchos de los cuentos de los Hermanos Grimm hablan sobre la lucha entre una madre y su hija, o sobre la lucha entre un padre y su hijo. En otros, los protagonistas son niños huérfanos. "Blanca Nieves y Rosa Roja" es uno de los pocos relatos de los Hermanos Grimm que presenta una familia feliz y amorosa. También es uno de los pocos relatos de los Hermanos Grimm que nos da una descripción de la vida doméstica de sus personajes, día tras día. La madre es viuda; la mayoría de los cuentos de los Hermanos Grimm hablan de un padre viudo que vuelve a casarse. Las niñas aman a su madre y se quieren mucho como hermanas, una situación muy distinta a la que vemos en la mayoría de los cuentos de los Hermanos Grimm (piensa en Cenicienta y sus hermanastras). Aunque viven modestamente, parecen tener educación: En un pasaje leemos que "Blanca Nieves se quedaba en casa con su madre, le ayudaba con el trabajo de la casa o leía cuando no tenía nada que hacer". En otro pasaje de la historia, leemos que "ellas se sentaban cerca de la chimenea y su madre sacaba sus gafas y les leía en voz alta las historias de un libro grande, y las dos chicas escuchaban mientras se sentaban a hilar". Vivían muy felices en el bosque y eran felices juntas. A diferencia de la mayoría de los personajes de los Hermanos Grimm, parece que no les falta nada.

Cuando en una historia aparecen hermanos o hermanas, a menudo son dos mitades de un todo o dos aspectos de un personaje. De hecho, Blanca Nieves y Rosa Roja tienen personalidades muy distintas y se complementan a la perfección. Blanca Nieves sufre de una ligera agorafobia (temor angustioso a hallarse sola en grandes espacios abiertos); prefiere quedarse en la cabaña ayudando a su madre con el trabajo doméstico. Como el elemento cuyo nombre lleva, es pálida. También leemos que "Blanca Nieves era más tranquila y gentil que Rosa Roja", como la nieve, que apaga los sonidos y crea un ambiente tranquilo y silencioso cuando cubre la tierra. El blanco es el color de la pureza y la castidad, y de hecho, nuestra pequeña *Schneeweißchen*, es gentil, pura y virtuosa. Su identidad está vinculada a cuidar de la casa y de la familia, y a lo largo de la historia vemos que se interesa en ayudar a otros.

Rosa Roja, *Rosenrot* en alemán, es muy diferente. "Rosa Roja prefería correr por las praderas y los campos, buscando flores y atrapando mariposas". El rojo es el color de la pasión y la sensualidad. En los sistemas mágicos, el rojo a menudo representa el mediodía y la adolescencia, un periodo de energía intensa e impulsos sexuales. Rosa Roja es una niña indómita, recorre los bosques y busca sensaciones y experiencias entre los animales que viven ahí. Aprende a conocer a las criaturas del bosque y no le teme a nada.

La relación de Blanca Nieves con la nieve y el invierno y la relación de Rosa Roja con el verano y la pasión es muy clara en este pasaje: "Blanca Nieves y Rosa Roja tenían la cabañita de su madre tan limpia que era un placer mirar su interior. En el verano, Rosa Roja se encargaba de la casa, y cada mañana ponía una corona de flores cerca de la cama de su madre antes de que ella despertara, y ponía en la corona una rosa de cada rosal. En el invierno, Blanca Nieves encendía el fuego y colgaba una tetera en el anafre". Notemos que Rosa Roja está activa en las tareas domésticas durante el verano, una temporada de calor y de pasión, mientras que Blanca Nieves se encarga del fuego durante el frío y la nieve del invierno. Las dos se complementan y representan los sentimientos conflictivos que habitan en todas las jóvenes: Los sentimientos saludables de una jovencita en desarrollo (Rosa Roja) y la fuerte presión social que obliga a la joven a tranquilizar sus pasiones, a ser una niña buena que se sienta en calma al lado de sus padres y se encarga del hogar y de la familia (Blanca Nieves). Aquí los impulsos que representan un contraste trabajan juntos: Blanca Nieves no puede dejar la zona de confort de la casa y el fuego de la chimenea a menos que Rosa Roja la anime a hacerlo.

Con Rosa Roja a su lado, Blanca Nieves se aventura a salir al mundo donde los animales del bosque llegan a conocer a las chicas y a mostrarles su amistad: "Ellas con frecuencia corrían por el bosque solas y recogían cerezas; y ninguna de las bestias del bosque las dañaba, sino que se acercaban a ellas con sinceridad. La pequeña liebre solía comer una hoja de col de sus manos, el venado pastaba cerca de ellas, el ciervo saltaba alegre a su lado y las aves descansaban en las ramas de los árboles y cantaban todas las melodías que conocían".

Éste es un pasaje interesante: Hay que notar que las cerezas también son rojas, lo que muestra su pasión por el bosque y sus criaturas. Tanto la hoja de col como la liebre podrían representar la sexualidad y la fertilidad. La col es parecida a la lechuga; su forma es similar a una cabeza y sus dobleces y pliegues podrían representar los labios de la vagina (como la rosa, cuyo nombre se dio a una de las chicas).

Desde tiempo inmemorial, la liebre se ha relacionado con la sexualidad y la fertilidad, y representa el regreso del crecimiento y el sexo en la primavera (y por esa razón la liebre de los paganos se sigue relacionando con la Pascua cristiana). El ciervo también es sexual y complementa a la Diosa Liebre, pues representa al Dios de la fertilidad que tiene una cornamenta. También vemos que aquí se representa a las dos mitades del año: La liebre se relaciona con la primavera y con el crecimiento del nuevo verdor después de que se derriten las nieves del invierno; el ciervo es el otoño y la cacería, cuando la apasionada vegetación del verano es presa de la guadaña y de los arcos, las flechas o las armas de fuego. Vemos que se representan las cuatro estaciones en estos cuatro personajes: Blanca Nieves (invierno); la liebre (primavera); Rosa Roja (verano) y el ciervo (otoño). De hecho, a cierto nivel se nos está dando la clave de que el relato representa el ciclo de un año, desde la hibernación del oso durante el invierno, pasando por el ciclo del crecimiento a lo largo del año, hasta el otoño cuando encuentran un tesoro (oro, el color de las hojas del otoño, y el tesoro de la prosperidad de la cacería y la cosecha).

Lo más importante para nuestro capítulo aquí es que las aves cantan para las niñas, quienes entienden sus cantos. En la tradición de los seres del mundo de las hadas, las aves son con frecuencia quienes predicen el futuro y transmiten información. Recordamos esto en la frase: *Me lo dijo un pajarito.*

Ahora se desarrolla la historia. Una noche de invierno (el dominio de Blanca Nieves) alguien toca la puerta. Rosa Roja, la aventurera, va a ver quién es. El visitante es un oso que entra a la casa. Aunque al principio las chicas se asustan, el oso puede hablar con ellas y les asegura que no las dañará.

De inmediato, parece crecer una tensión sexual entre el oso y las chicas: "Ellas le jalaban el pelo con las manos, ponían sus pies sobre su lomo y lo rodaban por el suelo, o tomaban un látigo y le pegaban, y cuando el oso gruñía ellas se reían. Pero el oso no lo tomó a mal; sólo cuando ellas eran demasiado rudas, él exclamaba: "Déjenme vivir, niñas; Blanca Nieves, Rosa Roja, van a matar a golpes a su enamorado". Las niñas se pusieron muy violentas y mostraron interés en tener contacto físico con el oso, golpeándolo y burlándose de él como muchos jovencitos se golpean jugando, se jalan el pelo o se molestan cuando están empezando a sentir atractivo y deseo sexual por el sexo opuesto. En realidad, en el último renglón del pasaje, el oso afirma que el lazo entre él y las niñas es romántico y sexual, cuando él dice que es su "enamorado" (en otras traducciones dice "amante").

El oso vuelve todas las noches, y aunque los Hermanos Grimm se esfuerzan por no mencionarlo, implícitamente se sabe que las niñas duermen con el oso cada noche; vemos esta misma actitud en la forma que los Hermanos Grimm explican cuidadosamente que los siete enanos hicieron una cama para Blanca Nieves para que ella durmiera sola, mientras que las versiones más antiguas dicen que ella duerme con los enanos. El que las niñas duerman con el oso, literalmente, está implícito en la relación de Blanca Nieves con él: Los osos hibernan, y Blanca Nieves representa el invierno, el sueño y la tranquilidad. El oso llega para acostarse con Blanca Nieves durante el invierno, en su estado de hibernación.

Las hermanas pasan el invierno durmiendo con el oso y portándose rudas con él. Cuando llega el verano, la temporada de Rosa Roja, el oso debe volver al bosque. Mientras que Blanca Nieves puede consumar su amor por el oso durante su hibernación, Rosa Roja debe explorar su relación con el oso durante el verano, en el bosque.

Ahí es donde las niñas conocen a su enemigo, el enano.

Mientras que Blanca Nieves conoce a siete enanos que parecen benignos y paternales (excepto por al aspecto sexual que implica el relato), las versiones más antiguas describen a los enanos como seres caníbales y como ladrones. En otro cuento de los Hermanos Grimm, "El novio ladrón", vemos a la hija del molinero, una figura similar a la pequeña Blanca Nieves. Ella entra en lo profundo del bosque, como la pequeña Blanca Nieves y encuentra una casa llena de hombres (como los enanos), uno de los cuales acepta casarse con ella. Pero se da cuenta de que los hombres son caníbales y que piensan devorarla. La balada popular de "Reynardine" cuenta un relato similar sobre un hombre-zorro caníbal. En cada uno de estos relatos, la casa del bosque, llena de enanos o duendes, es peligrosa, y quienes viven en la casa quieren dañar a la heroína de la historia. Eso es lo que sucede aquí. El enano de esta historia es cruel y sus intenciones con las chicas no son nada buenas.

Los enanos también acumulan tesoros. A menudo trabajan en minas que se encuentran en las profundidades de la tierra para encontrar metales preciosos que moldear (como el *Dvergar* nórdico, Gungnir, que creó la lanza de Odín, y *Reginn*, un herrero enano, y Tolkien, por supuesto, ubica a sus enanos en las minas de Moria, en lo profundo de la tierra). Pero los enanos también roban tesoros: Podría decirse que los enanos de Blanca Nieves se roban el tesoro que es Blanca Nieves en sí.

Lo cual nos trae de regreso al enano de esta historia. De hecho, sabemos que el enano que encuentran las dos niñas se ha robado un tesoro. Varios habitantes del bosque tratan de capturar o matar al enano ladrón, pero no lo logran. Cada vez que el bosque intenta tragarse al enano por sus malas acciones, las niñas lo rescatan. Pero él es malagradecido, y siempre las maldice.

Al final, el oso tiene que rescatar a las niñas del enano y matarlo para recuperar el tesoro.

Al parecer, los Hermanos Grimm cambiaron por completo la trama en este punto, si se le compara con el relato original que recogieron, y añadieron el elemento del oso que se transforma en un príncipe, y que una de las chicas se casa con el príncipe oso y la otra con un hermano de él que aparece convenientemente. En versiones más antiguas, el oso sólo es un oso (bueno, un oso que habla y hace el amor con niñas humanas), y cuando el enano es asesinado, las niñas llevan el tesoro a casa para vivir en la opulencia, adquirir tierras y recibir una buena educación gracias a su hallazgo.

Pero a pesar de lo romántica que pueda ser la intromisión de los Hermanos Grimm, para nuestros propósitos es necesario que el oso sea un oso y que las niñas necesiten conservar el tesoro. Según veremos, este relato como entidad mágica y como un sendero para unirnos con un animal tótem, ¡tiene mucho más sentido que la versión original!

Danza con osos

Aunque las niñas son amigas de muchos animales, existen dos lazos especiales: Con las aves que cantan para ellas en el bosque y ellas pueden entender su canto ("... y las aves se quedaban quietas en las ramas y cantaban todo lo que sabían") y, por supuesto, con el oso, que es su compañero, su amante y su protector.

Las aves siempre han sido animales relacionados con la profecía, en especial las aves de plumas negras, como los cuervos y los mirlos. Son incontables los mitos y cantos en los que estos seres voladores predicen el futuro y comparten sus visiones con los seres humanos que han recibido el entrenamiento necesario para entenderles. Se cree que estas aves van y vienen del Inframundo, y que pueden ver más allá del velo entre nuestro mundo y el mundo sobrenatural. Esto es especialmente cierto de los cuervos, que devoran los restos de los muertos y se cree que llevan las almas de éstos al Inframundo. Por esta razón, a menudo se representa a los cuervos con diosas y dioses del Inframundo, como Mab, Morrigan y Odín.

Los osos son animales excavadores. Lo hacen para llegar a las cuevas o hacen madrigueras en la tierra e hibernan a lo largo del invierno. En el capítulo anterior se dijo que estar dormido es un estado similar a la muerte que nos conecta con el Inframundo y con el mundo de las hadas. Los sueños son nuestra conexión con esos reinos y nos ayudan a vislumbrar otras realidades. El oso, como un animal que excava e hiberna, está relacionado con estos reinos surreales, y podría traer a nuestro mundo profecías e información proveniente de estos lugares, a través de sueños y visiones.

En la mitología encontramos historias de osos y otros animales que excavan madrigueras los cuales dan presagios o augurios sobre el futuro. En Siberia, los pueblos mansí y khanti preparan un gran festival relacionado con el oso antes de la temporada tradicional de caza con la esperanza de que el espíritu del oso les otorgue la visión de los mejores lugares para cazar; los pueblos amerindios y los inuit consideran que la constelación de la Osa Mayor es el Gran Oso. También encontramos esto en los mitos británicos: En una lengua galesa antigua, el nombre del Rey Arturo significa "Hombre Oso", y la constelación de la Osa Mayor se conoce como El Carro de Arturo. Vemos que en esas culturas los osos predicen los ciclos de la siembra y la cacería, guían a los pueblos nómadas a lugares donde pueden acampar temporalmente y guían a los chamanes y a los sanadores a las plantas que curan enfermedades.

En Estados Unidos se invoca cada año a un animal que excava madrigueras para predecir el futuro. En lugar de invocar al oso o al erizo (el animal que excava madrigueras, profético en Irlanda), en Estados Unidos se invoca cada año a la marmota, el 2 de febrero. Se cree que este animalito, que excava madrigueras e hiberna, predice la fecha en que llegará la primavera... algo muy importante para los granjeros de todo el país que necesitan saber cuándo empezar a sembrar.

Al conocer la naturaleza de las aves y los osos como la conocemos ahora, veamos la historia de Blanca Nieves y Rosa Roja desde un punto de vista diferente y más antiguo.

Las hermanas son niñas del bosque: Una es atrevida y fuerte, sigue sus impulsos sexuales y sus pasiones juveniles, y está agudamente consciente de su cuerpo y sus deseos; la otra hermana es espiritual y está muy consciente de su ser interior psíquico; está unida al Inframundo mediante su hibernación y su relación con el invierno y con los trances. En el otoño, la fecha del equinoccio, cuando el poder de las dos niñas es igual o es neutral, las hermanas caminan por el bosque y escuchan el canto de las aves. Con su conocimiento del Inframundo, Blanca Nieves puede entender lo que dicen las aves. Ellas predicen que un extraño, un ser de mucha fuerza y profético, llegará a sus vidas. Cuando alguien toca a la puerta, la apasionada Rosa Roja abre la puerta entre los mundos y deja entrar al oso. Pero es Blanca Nieves la que se acurruca junto al oso que llega a ser su amante y compañero: Ella duerme en invierno y entra a una especie de trance; de esa forma puede seguir al oso que hiberna hacia el mundo de los sueños, hacia el Inframundo, donde ella obtendrá los conocimientos que necesita para buscar un gran tesoro. Debido a la influencia de Rosa Roja, las niñas se burlan de su amante, lo golpean, le dan puñetazos y se ríen de él, como lo haría cualquier jovencita llena de deseo sexual.

Blanca Nieves duerme junto a su amante a lo largo del invierno, y en la primavera el oso y la chica despiertan, y pasan del Inframundo (la cabaña invernal) al mundo físico (el bosque). Blanca Nieves recibe visiones de un gran tesoro. El oso les dice a las hermanas que se cuiden del enano. Les dice que el enano es la clave para el tesoro que están buscando.

Peces, enanos, barbas y tesoros

Los enanos, al igual que los osos, trabajan escarbando en las minas en busca de tesoros. En este relato, el enano, al igual que el oso, tiene la habilidad de visitar el Inframundo en los sueños, y es probable que haya encontrado el tesoro del oso gracias a sus propias exploraciones como chamán. El bosque trata de castigar o matar al enano por sus transgresiones; primero un árbol trata de atraparlo mientras parte leña, pero las hermanas de buen corazón lo rescatan. Es Blanca Nieves, la soñadora invernal e hija virtuosa, quien le corta la barba para salvarlo.

Tal vez la barba del enano es la fuente de su fuerza. Vemos eso a menudo en los mitos y, ante todo, en la historia de Sansón. También lo vemos en la Gran Medusa, una gorgona cuya cabellera está formada por una especie de serpientes venenosas. Si te miraba a los ojos, te convertías en piedra.

El enano es muy malagradecido con las hermanas, tal vez porque al rescatarlo redujeron su fuerza cortándole la barba. Se aleja lanzando contra ellas insultos perversos (a pesar de saber que eran virtuosas). Esta falta de gratitud es una clave para que el lector entienda que el enano es malvado aunque trate de ocultarlo; un recurso estándar en los cuentos clásicos. Ocurre a menudo en los relatos tipo "Blanca Nieves", en los que la chica que sigue a su pretendiente al bosque recibe indicios de que su pretendiente es en realidad un caníbal o un ogro. Por ejemplo, en "Caperucita Roja", la niña se da cuenta de que las orejas y los ojos de su abuela son muy grandes, pero no huye. En la balada de "Reynardine" el hombre zorro dice a la joven que "está tratando de ocultarse de los hombres del juez", pero ella de todos modos lo sigue a su castillo, donde él la seduce y la devora.

Las hermanas, como los personajes de estos otros cuentos y mitos, tienen indicios sobre la naturaleza maligna del enano, pero continúan rescatándolo sin que al parecer piensen que podría dañarlas. En cierto sentido, esto aumenta la tensión de las personas que escuchan el cuento. Por ejemplo, en "Caperucita Roja" sabemos que la protagonista está en un grave peligro, pero aquí, como en las versiones de "Gorrita Roja", observamos indefensos, mientras ella sube a la cama donde está el lobo en lugar de huir. Éste es un recurso que se utiliza en incontables películas de terror, en las que el público ve que el asesino se está acercando, pero la víctima no lo ve. No obstante, en este cuento mágico entendemos que la naturaleza de las hermanas, virtuosas y dispuestas a ayudar a otros, se enfrenta a la naturaleza del enano que es un ladrón y un villano. Vemos que las niñas deben permanecer fieles a su naturaleza para que la magia surta efecto.

Después un pez atrapa al enano. Las niñas vuelven a cortarle la barba, disminuyendo su fuerza aún más. El enano reacciona con maldiciones y furia, otro signo de su verdadera naturaleza.

Finalmente, un águila atrapa al enano. Las niñas lo rescatan, y una vez más él se muestra furioso y malagradecido.

Nótese que cada elemento del bosque ha tratado de matar al malvado enano: El árbol es una criatura de la tierra, el pez es un ser que vive en el agua y el águila es un ave del aire. Cada ser elemental ve al enano como una amenaza y trata de eliminar el peligro que él representa en el bosque. En cada ocasión, lo salvan las niñas, una de las cuales es fuego (Rosa Roja), y la otra es espiritual o celestial (Blanca Nieves, que se identifica con la nieve; aquí están representados todos los elementos, el aire, el fuego, el agua, la tierra y el espíritu). Pero ahora veremos por qué las niñas lo salvan.

Las niñas estaban esperando que las circunstancias fueran perfectas. Al final lo fueron. El enano pone su tesoro a la vista abiertamente en un terreno plano: "...el enano había vaciado su bolsa de piedras preciosas en un paraje limpio, pensando que nadie iría ahí siendo tan tarde". Las niñas llegaron al lugar donde él estaba e involucran al oso, su aliado y su amante. El oso mata al enano, a quien las hermanas habían debilitado al cortarle la barba. Ahora ellas están libres para reclamar este tesoro que Blanca Nieves había contemplado en sus visiones del Inframundo.

Los Hermanos Grimm añadieron el elemento del "oso encantado" que recupera su forma humana. (¡Y resulta que tiene un hermano gemelo! ¡Vaya sorpresa!) Pero en versiones más antiguas del relato, el oso es un oso. Ése es un elemento importante para nosotros, ya que el oso es una criatura del Inframundo, de los sueños y de las visiones. La conexión más importante para las niñas fue conectarse con el oso como un animal espiritual, un animal tótem. Los recorridos del oso por el Inframundo llevaron a las niñas hacia su tesoro. El hecho de que ellas fueran amantes del oso es algo natural en el relato original, aunque los Hermanos Grimm vieron la necesidad de racionalizarlo, creando un encantamiento que, al romperse, crearía un amante humano.

Por cierto, en el capítulo 3, sobre "Hansel y Gretel", se dice más sobre los hermanos y sobre la forma en que trabajan juntos mágicamente.

Por qué conectarse con un animal tótem

En muchas tradiciones de magia, quienes la practican se esfuerzan por conectarse con los animales como espíritus guías o como mensajeros del Inframundo. En Wicca se cree que los dioses y las diosas se expresan a través de la naturaleza y que a menudo aparecen en formas animales como ciervos, aves, caballos y ganado, por nombrar sólo algunas. Por ejemplo, Mab se relaciona con los cuervos; Rhiannon, con los caballos; Diana y Artemisa, con los ciervos; Brígida, con la liebre; Herne, con el venado; Odín, con los cuervos y los caballos; Mitra, con los toros; y Pan, con las cabras. Estos dioses se revelan ante nosotros a través de los animales y nos dan información. Los hechiceros y los druidas a menudo invocan a los erizos, al ganado y a las liebres para que les revelen sucesos futuros o les inspiren sueños. Gerald Gardner, fundador de la hechicería moderna, escribió en su diario privado que encontró evidencia de que la palaba hechicero viene de un término que significa "predecir el futuro a través de las voces de los animales".

En las culturas finlandesas y siberianas, sin importar lo amplio que pueda ser ese término, encontramos una presencia constante de animales como espíritus guías. Pueblos siberianos como los mansí y los khanti, invocan al oso para obtener información sobre la cacería y la siembra; los inuit siguen el movimiento de las ballenas, los osos, las focas y el caribú para entrar en contacto con los dioses o con los espíritus; los saami y los lapones veneran a las focas y a las águilas. Cada uno de estos pueblos cree que los dioses o los espíritus les hablan a través de estos animales, y que en esta forma dan augurios e inspiración cuando la persona está en trance o dormida.

En muchas de estas culturas, un chamán, hechicero o santo entra en un estado de trance y se pone en contacto con el espíritu de un animal como guía. El animal guiará al espíritu del chamán (usaremos ese término aunque varias culturas tienen sus propios nombres para estos visionarios del Inframundo) hacia visiones que revelan información que el hechicero necesita sobre una planta que curará cierta enfermedad, sobre el lugar donde se encuentra la manada de animales para poder ir de cacería, o la solución a un problema que enfrenta la comunidad. Cuando el chamán regresa al mundo de vigilia, tiene este conocimiento y está listo para resolver el problema que enfrenta. Para poder hacerlo, el chamán debe pasar años forjando una relación con los animales tótem del Inframundo.

En las religiones monoteístas, los animales también son vistos como signos de los cielos. En el sueño de Ezequiel, el universo se revela como cuatro criaturas que forman el firmamento: El toro, el águila, el león y el ángel (Ezequiel 1:10). Un cuervo y una paloma guían a Noé hacia tierra firme (Génesis 8: 7-8). En el Midrash Mishle, un ave predice a Salomón la llegada de la Reina de Saba. Y Jesús asume el papel del cordero, el sacrificio que se ofrece a Dios. Además, Jesús nació en un pesebre, lo que muestra su relación con los animales que había ahí y su unión con los seres humanos.

Cada cultura tiene relatos sobre criaturas del mundo natural que nos hablan y nos proporcionan conocimiento a través de su relación con los sueños y con el Inframundo. El oso y el cuervo tienen una relación especial con el Inframundo y aparecen en mitos relacionados con muchos de sus dioses. El oso a menudo se pone en contacto con los magos en desarrollo para guiarlos en sus visiones, como también lo hacen otros animales que operan como criaturas tótem.

Por ello, para nuestros primeros viajes al Inframundo, usaremos como guía al oso de las hermanas.

Las personas de culturas antiguas que usan animales tótem o espíritus guía estudian durante muchos años antes de conectarse con sus guías. Los hechiceros y los druidas también estudian durante muchos años. En la Wicca se acostumbra que el estudiante pase a través de diversas iniciaciones antes de realizar un trabajo serio en relación con el estado de trance. Aunque la sabiduría convencional indica que tarda "un año y un día" prepararse para la primera iniciación, la verdad es que una persona debería dedicarse dos o tres años a estudiar Wicca dentro de una estructura de aquelarre antes de llevar a cabo la iniciación de primer grado.

¿Qué significa todo esto para nosotros? Significa que hacer este ritual una o dos veces podría no conectarte con tu espíritu animal. Los rituales, por su misma naturaleza, deben hacerse una y otra vez en la misma forma, y es un error crear un "ritual" nuevo cada vez que lo llevas a cabo o cada vez que te reúnes con un grupo. Los rituales son poderosos cuando llegan a ser como una segunda naturaleza, y quienes los practican deben esforzarse por hacer sus rituales siempre de la misma forma, memorizar las palabras y los pasos del ritual para hacer que penetren en la mente inconsciente. Este proceso de "despertar" el inconsciente llevando a cabo el mismo ritual una y otra vez es lo que nos permite tener acceso a los poderes ocultos de nuestra psique y utilizar estos poderes subconscientes para "hacer magia".

Observa la carta de la Sacerdotisa en el Tarot tradicional, por ejemplo en el Tarot Rider-Waite. Vemos una mujer cubierta con túnicas azules de las que fluye un río que se va alejando. El río y sus túnicas azules representan la mente inconsciente, las emociones y los sueños. En su pecho vemos una cruz con brazos del mismo tamaño, no la cruz cristiana, sino la cruz del sol y la luna, de lo masculino y lo femenino, del día y la noche, que nos habla de unir la mente consciente y la inconsciente, o el id y el ego, para usar términos freudianos. Tiene la Torá en su regazo, parcialmente oculta; la Torá es la base de los rituales y el culto en el judaísmo y el cristianismo, y es el centro de la Cábala hebrea mística. Está oculta porque sólo los devotos que estén dispuestos a estudiar y a esforzarse por seguir el difícil camino espiritual del aprendizaje podrán tener acceso a la revelación de los misterios profundos de la Cábala y la Torá (las revelaciones profundas de cualquier sendero espiritual).

Detrás de la Sacerdotisa hay una cortina sostenida por dos pilares. Son los pilares cabalísticos de Boaz y Jachin, es decir de lo masculino y lo femenino, del día y la noche, de la luz y las tinieblas, del sol y la luna, de la vida y la muerte: Son las columnas exteriores del Árbol de la Vida cabalístico que los místicos hebreos usan como un diagrama para mostrar los poderes con los que Yahvé (Dios) creó al universo. Detrás de este velo está el río que fluye, llevando a la persona hacia los misterios más profundos del espíritu y el propósito. Sólo una persona que tiene la paciencia, el valor y los conocimientos para penetrar el velo, puede avanzar por el río de las tinieblas, del inconsciente, de los sueños y de la intuición, para conocer los misterios interiores.

Un significado de esta carta del Tarot es que la persona debe estar dispuesta a sumergirse en el ritual y a concentrarse con el fin de alcanzar las metas de la magia y el estado de trance. No se puede esperar que esto suceda en un ritual, o incluso a lo largo de una semana o un mes. Al conectarse con los animales tótem es importante entender que podrían requerirse años de trance, de trabajo, de rituales y de estudio. El ritual debe hacerse una y otra vez, penetrando a mayor profundidad en los sueños y en el inconsciente en cada ocasión.

Este ritual te llevará al umbral. Debes estar dispuesto a llevar a cabo el ritual a lo largo de meses o incluso años para llegar a los niveles profundos del reino del oso, donde tus visiones en estado de trance te mostrarán sueños, inspiración, arte y conocimiento. Si estás dispuesto a hacerlo, entonces alcanzarás tu meta.

El ritual de Rosa Roja

Tal vez sea mejor que realices este ritual dentro de la casa para que logres enfocarte y concentrarte, o podrías llevarlo a cabo al aire libre bajo la luz de la luna en una zona muy tranquila. Recuerda que Blanca Nieves hibernaba con su oso dentro de la casa cerca de una fogata cómoda.

Un cuarto acogedor por la noche es el mejor lugar para este trabajo de magia.

Necesitarás:

- Una escoba (los hechiceros y hechiceras dan a la escoba mágica el nombre de *besom*).
- Un tapete o alfombra para sentarte o recostarte cómodamente; la piel de un animal (o una piel sintética) sería perfecta, pero un tapete de lana o una esterilla de tela también estaría bien.
- Un altar sobre el que debe haber:
  - Una varita
  - Un *athame* o cuchillo ritual
  - Una vela
  - Un cáliz (copa) de jugo o de vino, y un platito de pastelillos o rebanadas de pan (cualquier producto horneado está bien)

El círculo se traza de una forma muy sencilla:

Primero se reúnen las personas alrededor del altar y se sientan en silencio. Éste es un ritual muy calmado e introspectivo, de modo que se establece una atmósfera muy tranquila. Cuando todos están listos, el círculo se barre tres veces (lo mejor es que lo haga una mujer, pero si no hay ninguna mujer en el círculo, el varón más joven puede hacerlo), mientras todos entonan lo siguiente:

> "Barre el círculo rodeándolo tres veces,
> despierta al oso que está bajo la tierra
> barre el círculo rodeándolo tres veces,
> despierta al oso que está bajo la tierra
> barre el círculo rodeándolo tres veces,
> despierta al oso que está bajo la tierra".

(Repítelo hasta que se haya barrido todo el círculo tres veces.)

Ahora se traza el círculo tres veces con la varita. La persona que lo traza debe decir:

"Traza el círculo rodeándolo tres veces
para el ser que duerme bajo la tierra
gira el círculo por segunda vez
el ser que duerme despierta en su interior
traza el círculo por tercera vez,
ser que duerme, aparece ante mí".

Ahora mira hacia el este y di:

"Este, aire, nubes de las alturas, guíen nuestros deseos, únanse a nosotros en este círculo".

Mirando hacia el sur: "Sur, fuego que nos calienta en el invierno, enciende nuestra hoguera, únanse a nosotros en este círculo".

Mirando hacia el oeste: "Oeste, agua, sangre y mares, fluyan en nuestros sueños".

Mirando hacia el norte: "Norte, tierra, noche y oscuridad, guíennos hacia el reino de los antiguos".

Vuelve a mirar hacia el este. Luego mira el altar y di:

"Nix, diosa de las tinieblas, únete a nosotros en nuestro círculo. Trae a nosotros la noche y los sueños, la luna y el silencio. ¡Nix, te saludamos!". "Morfeo, dios del mundo interior, dios del estado de trance y de las visiones, acompáñanos en nuestro rito. Trae a nosotros neblina y asombro. ¡Morfeo, te saludamos!". Ahora enciende la vela.

En este momento, todos se sientan frente al altar en una posición apta para la meditación. Está bien si se recuestan, pero no se pongan tan cómodos que se queden dormidos. Si estás haciendo el ritual solo debes leer la meditación que aparece a continuación, y debes conocerla suficientemente bien para realizar los pasos mentalmente. Si un grupo participa en el ritual, se debe elegir a una persona para que hable por el grupo y lea la meditación al círculo. Esa persona empieza la meditación diciendo:

"Nos reunimos esta noche para invocar a un espíritu animal, el oso, para que nos guíe en un estado de trance como en una ocasión guió a Blanca Nieves y a Rosa Roja hacia su tesoro y su destino. Visualiza tu propio tesoro, sin importar lo que sea. Una carrera profesional, un mejor trabajo, estudios, un amor hermoso, una amistad cercana, un hijo dulce que amarás y cuidarás. Independientemente de lo que desees, sea cual sea tu tesoro, pediremos a este espíritu aliado que te guíe hacia él, en sueños y en visiones. Vamos a relajar nuestra mente consciente, a tranquilizar las voces que nos hablan día tras día, y a caminar por el sendero iluminado por la luna hacia el mundo del espíritu, hacia la noche profunda, hacia el bosque donde Rosa Roja vio por primera vez al oso que la guió hacia su tesoro.

"Vamos a nuestro interior por el sendero del aliento. Al respirar, siente cómo tu aliento entra y sale. Sigue tu aliento a través de tu nariz y hasta lo profundo de tu cuerpo. Sigue tu aliento hacia las tinieblas, sintiendo tu respiración como una brisa fresca contra tu piel.

"Ahora sigues viajando, sintiendo tu respiración. Avanzas hacia las tinieblas, al interior de la larga caverna de ti mismo. Sientes la brisa fresca contra tu piel. Avanzas hacia el estado de trance y de sueños. Ahora estás en el túnel largo y oscuro, siguiendo la brisa fresca, confiando en que las tinieblas te guiarán hacia donde ellas lo deseen.

"A lo lejos vez luz, tenue y fluctuante. Caminas hacia este puntito de luz que ahora te está guiando. Es una diminuta brasa encendida, como la primera estrella en el firmamento del crepúsculo. Sientes humedad debajo de ti, y la superficie te afianza en este lugar de la noche y la niebla. Te acercas a la luz. Sientes el frío y la humedad en tu piel, y anhelas sentir calor.

"Ahora la luz parece un destello de fuego. En este momento es más brillante y puedes distinguir las sombras de las formas que danzan al brillo de la luz. Es la luz del fuego y puedes distinguir árboles y matorrales en la cercanía. Percibes el olor de pinos y cedros y sientes el crujir de las hojas y de las agujas de los pinos bajo tus pies. Aquí todavía hay nieve y hielo. Escuchas el canto de una lechuza, el crujido de las ramas cuando se mueve un animal.

"La luz del fuego se asoma por una ventana que está al frente, en una puerta de madera que es parte de una cabaña, y un pequeño sendero que apenas puede verse a la luz de la luna te acerca a ella. Es una cabañita y sientes que ya la has visto antes, tal vez en sueños. Te asomas por la ventana y ves el fulgor del fuego de la chimenea.

"Tocas la puerta y esperas. Aquí hace mucho frío y se siente mucha humedad, pero dentro hace calor y está seco.

"Escuchas movimientos dentro de la cabaña. Se abre la puerta y se asoma el rostro de una niña. Es radiante y hermosa, y parece ansiosa de conocerte. Su cabello es muy negro, como la noche, y sus ojos son de un color azul tan intenso que te sorprendes. Pero espera. Ahora su cabello es de color rojo fuerte, como las hojas de otoño. Y sus ojos son verdes. La niña cambia delante a ti, y observas el cambio con regocijo y sorpresa.

"Viste una larga túnica roja y sostiene una vela en un candelero plateado, iluminando tu camino cuando entras a la casa. Te da la bienvenida primero con ojos azules que muestran calidez cuando te miran, y luego con ojos grises que te observan muy de cerca.

"Entras.

"Frente a ti está el fuego de la chimenea, lanzando luces y sombras intermitentes por toda la sala. Hay una bestia enorme junto al fuego: Es un oso dormido. La niña te indica que te acerques con un movimiento ágil de su dedo. Se acuesta junto a la enorme criatura y se acurruca entre su hombro y su garra. Ahora el cabello de la niña es negro, y sus ojos, azules. Ella sonríe, es la sonrisa más hermosa e irresistible que jamás hayas visto.

" 'Acuéstate conmigo', te dice sonriendo.

"Y te acuestas junto al oso. Te relajas recargándote en él. Siente la piel del oso contra tu piel, y percibe su penetrante olor. Él se mueve y te abraza suavemente acercándote a él. Te rodea su pelaje y sus músculos. Quédate ahí, sintiendo el poder de esta criatura, pero ten cuidado de no dormirte.

"No viniste aquí a dormir. Vas a invocar a esta gran criatura y vas a despertar su espíritu, para que él pueda hablarte y guiarte en tus sueños hacia tu tesoro. Te preparas, porque puede estar tranquilo o furioso cuando despierte.

"Pasa tu mano sobre el pelaje burdo del oso. Siente el pelaje entre tus dedos. Frota tu mejilla contra su cálido rostro. Jala su pelaje suavemente y cántale al oído para despertarlo".

(Todos pueden unirse al canto, cantando muy suavemente)

"Despierta oso, despierta, y escúchame cantar
para que me guíes hacia mis sueños

despierta oso, despierta, y escúchame cantar
para que me guíes hacia mis sueños".

(El canto continúa)

"El oso abre un ojo adormilado y te mira de frente. La niña se mueve cerca de ti, porque ahora ella también está despierta. El oso te acerca a él con sus garras aterciopeladas. Te va a hablar. Siente su cálido aliento. Salúdalo tiernamente. Observa con cuidado al oso y escúchalo hablar".

(Todos siguen cantando. Cada uno visualiza al oso y espera, pidiéndole al oso que le hable. Esto puede llevar algo de tiempo. Deja pasar al menos cinco minutos, tal vez más, para que los miembros del círculo tengan su visión.)

"Agradecemos al oso por su sabiduría. Ha llegado el momento de volver del bosque. Ahora ponte de pie y mira esta sala, donde duerme el oso y donde arde un cálido fuego. Conserva este lugar en tu memoria, pues tal vez lo visites muchas veces y llegues a considerarlo como una especie de hogar.

"Ahora la extraña niña se pone de pie. Quiere que te quedes, pero sabe que debes irte. Prométele que volverás. Pregúntale si quiere que le traigas algún regalo en tu siguiente visita". (La persona que está leyendo hace una pausa.)

"La niña toma su velita y te indica la puerta de la cabaña. Te despides de ella y te preparas para enfrentarte a la noche. Abres la puerta y sales al frío y a la humedad. Camina hacia las tinieblas del bosque.

"Camina por el sendero de la noche. Siente la fría brisa contra tu piel. Sigue caminando, sintiendo la humedad, el frío del viento, a través de las tinieblas. Extiende la mano y siente la pared a lo largo de la cual caminas. Está húmeda, pero te consuela saber que tienes un sendero para tu trayecto.

"La noche es mucho más fría después de haber estado en el calor de la cabaña, cerca del pelaje profundo del oso. Pero sigues caminando, con la guía de la pared que está a tu lado; caminas con la brisa. Escucha mi voz y acércate a ella. Deja que te guíe a casa.

"Ahora percibes una lucecita, la luz de una vela. Puedes ver cómo la luz parpadea y danza. Sientes tu respiración que entra y sale. Sientes el lugar que te rodea ahora, y con los ojos cerrados percibes la luz de la vela danzando.

"Has vuelto a casa. Sientes calor en este lugar iluminado por una vela; tu cuerpo está aquí a salvo, después de tu viaje. La vela arde en tu altar. Tus amigos están aquí, esperando; cada uno tiene una historia que contar.

"Cuando estés listo, abre los ojos y mira la vela, mira a tus amigos y mira este lugar que es tu propio lugar.

"Respira profundamente y descansa aquí. ¡Llévate la sabiduría del oso!".

Ahora, todos se sientan un momento. Cuando estén listos, pueden hablar de lo que vieron durante su visión. Luego el lector continúa:

"Ahora compartamos la comida y la bebida, y démosle las gracias a Nix y a Morfeo por sus sueños y visiones. Bendigamos el vino (jugo) que vamos a compartir.

"Madre de la noche, padre de los sueños
que caminan en el sendero iluminado por las estrellas
tráigannos visión, tráigannos sabiduría,
bendigan la comida que compartiremos hoy".

Todos beben del cáliz y comen pastelillos. Es un buen momento para relajarse, bromear y reír juntos. Dejen una pequeña porción de la comida y bebida para dársela a los dioses más tarde.

Cuando estén listos, apaguen la vela diciendo:

"Nix, te damos las gracias por tu oscuridad esta noche. Morfeo, te damos las gracias por tus sueños y visiones. Nos llevamos a nuestra vida y al mundo lo que nos han mostrado. La magia cambiará nuestro mundo y nos hará fuertes y sabios. ¡Te damos gracias por esto!".

Mirando al este: "Este, aire, nubes de las alturas, les damos gracias por haber estado con nosotros en este círculo".

Mirando al sur: "Sur, fuego que nos calienta en el invierno, les damos gracias por haber estado con nosotros en este círculo".

Mirando al oeste: "Oeste, agua, sangre y mares, les damos gracias por haber estado con nosotros en este círculo".

Mirando al norte: "Norte, tierra, noche y oscuridad, les damos gracias por haber estado con nosotros en este círculo".

Una persona camina en el sentido contrario a las manecillas del reloj alrededor del círculo diciendo:

"Devolvemos este círculo a la noche
reverentemente apagamos su luz
que ilumine nuestro corazón por siempre,
¡alegres nos reunimos y alegres nos despedimos!".

Asegúrate de ofrecer algo de tu comida y bebida a los dioses derramándolos en un jardín, en un bosque, en un área con césped, o en agua corriente, como un riachuelo, un río o un lago.

No te desanimes si esto te lleva algo de tiempo. Repite este círculo según sea necesario hasta que sientas que el oso te responde e inicia un diálogo contigo en este sitio astral, o en este lugar de trance. Tal vez se requiera práctica para hacerlo. Es importante invertir tiempo y paciencia en algo valioso. Aunque vivamos en un mundo donde las cosas como la información y la comida caliente nos llegan al instante gracias a la tecnología y a los hornos de microondas, el ritual es un lugar donde la magia, el estado de trance y las visiones se desarrollan con lentitud, pero se desarrollarán totalmente al paso del tiempo. Es como aprender a jugar un deporte, a tocar un instrumento musical o a entender el arte o la literatura; el ritual y el estado de trance deben perfeccionarse y pulirse constantemente. Las destrezas se desarrollan con la práctica y la experiencia.

Capítulo 3

Hansel y Gretel: La magia de las hadas en el espejo

En "Hansel y Gretel" los Hermanos Grimm cuentan la historia de un niño y una niña que son hermanos; su familia los abandona durante una temporada de hambruna. Siguen a un ave profética y entran a lo profundo del bosque, que en los cuentos de hadas a menudo representa un Inframundo mágico donde se encuentran visiones y acecha el peligro. Vamos a usar sus visiones para aprender videncia usando cristales (cristalovidencia), una forma de magia en la que se usan espejos y reflejos. Las citas del relato se tomaron de la traducción al inglés de Margaret Hunt de la edición de 1802 de Cuentos de la infancia y del hogar.

"Un pobre leñador vivía cerca del gran bosque con su esposa y sus dos hijos. El niño se llamaba Hansel y la niña se llamaba Gretel". Así empieza este extraño relato sobre hambruna, hermanos, aves proféticas y una mujer malvada.

Recordemos la historia según aparece en la colección de los Hermanos Grimm. Es bastante conocida en general, pero hay algunos detalles que tal vez no notaste cuando eras niño.

La familia, que vivía a la orilla del bosque, era desesperadamente pobre. La historia dice que el leñador "Tenía poco que comer y poca leña que cortar, y en una ocasión, cuando una terrible escasez azoló esas tierras, él ya no pudo siquiera conseguir el pan de cada día". El padre comenta esta situación con su esposa (los Hermanos Grimm a veces dicen que es la madre de los niños, y a veces dicen que es su madrastra), y ella decide que necesitan alejarse, deshacerse de sus hijos o los cuatro morirán de hambre.

Pero los niños tienen tanta hambre que no pueden dormir, así que están despiertos y escuchan los planes de su madre. Hansel se pone en acción de inmediato, sale de la casa y se llena los bolsillos de "las piedrecillas blancas que había frente a la casa y que brillaban como si fueran monedas de plata". En la mañana, los niños siguen a sus padres hacia el bosque, pero Hansel deja caer las piedrecillas brillantes a lo largo del camino. Esa noche, los niños pueden seguir las piedrecillas y regresan a casa.

Vuelven los tiempos difíciles y la madre está decidida a deshacerse de los niños que son una carga para ellos. Además era astuta y maliciosa, así que cierra la puerta con llave para que Hansel no pueda salir y recoger más piedrecillas. Cuando salen hacia el bosque ella les da a los niños un pedazo de pan, y Hansel lo usa para marcar el camino. Pero como todos sabemos, las aves se comen las migajas de pan y los niños se pierden en el bosque.

Caminan sin rumbo durante tres días y su temor es que podrían morir de hambre. Pero al mediodía del tercer día, ven un pájaro blanco como la nieve en un árbol; el pájaro les canta. Se va volando y ellos lo siguen; el pájaro los guía a una casa hecha de comida que está en el bosque. De inmediato, los dos niños hambrientos empiezan a comerse la casa.

Una voz les pregunta amenazante por qué se están comiendo su casa, y los niños responden: "El viento, el viento, el viento que nace del cielo", y siguen comiendo. Pero cuando aparece la mujer los niños se sienten aterrorizados. Ella los tranquiliza, les sirve de comer y les prepara unas camitas.

Ahora el narrador nos informa que la mujer es una "bruja malvada" y que la razón por la cual su casa está hecha de comida es atraer a los niños hambrientos para poder comérselos. El narrador también nos informa que esta clase de brujas tienen los ojos rojos y no ven bien, pero que su sentido del olfato es muy agudo (¿Puedes creerlo?). La bruja de inmediato empieza a preparar a Hansel para comérselo; lo engorda mientras pone a Gretel a trabajar en la cocina. Pero Hansel es muy inteligente y como sabe que la bruja no puede ver bien, la engaña: Cuando ella quiere saber si el niño ya ha engordado, él saca un hueso por los barrotes de la jaula para que ella lo sienta. Como cree que el hueso es un dedo de Hansel, lamenta que el niño esté tan delgado, y espera durante semanas para que engorde. Eso hace que los niños tengan tiempo para fortalecerse.

La mujer decide que, gordo o flaco, Hansel será una comida deliciosa. Decide que Gretel será su aperitivo y le pide que se meta al horno para asegurarse de que está encendido. Pero la niña es lista y engaña a la bruja metiéndola en su propio horno, encerrándola ahí para que se hornee. Gretel libera a Hansel y ambos descubren que la casa de la bruja está llena de tesoros. Los llevan consigo y regresan a casa.

Llegan a una masa de agua que no pueden cruzar, pero Gretel llama a una pata que pasaba por ahí para que los ayude a llegar al otro lado; la pata lleva primero a uno de ellos y luego al otro. Cuando llegan a casa se enteran de que su madre ha muerto y comparten sus riquezas con su padre. Ahora todos pueden vivir felices.

El bosque no siempre es lo que parece

El inicio de la historia es interesante: "Un pobre leñador vivía cerca del gran bosque con su esposa y sus dos hijos". En las tradiciones, los mitos y los cuentos de hadas, el bosque representa lo oscuro y lo desconocido. Es el Inframundo, donde la magia acosa y donde las cosas ordinarias del mundo en que vivimos se reflejan, se invierten, se ponen de cabeza… un tema que exploraremos a menudo al hablar de estos cuentos. El hecho de que el leñador y sus hijos vivan "muy cerca" del bosque significa que habitan en ambos mundos. Tienen una vida en nuestro mundo iluminado por el sol, pero siempre están cerca del Inframundo, es decir, del enmarañado bosque.

Ésta es una analogía de la condición humana. Aunque vivimos en el mundo cotidiano de lo que consideramos la realidad, cuando dormimos y soñamos, cuando soñamos despiertos o experimentamos algo profundamente espiritual, cruzamos el umbral hacia el otro mundo, el mundo de la Magia de las Hadas, de las visiones, de la profecía y de las pesadillas.

Los dos niños crecieron aquí, en este límite. Conocen el bosque y saben que si los llevan allá y los abandonan, se van a perder. Éste es un temor que siempre está acosando a Hansel, es un temor tan grande que cuando escucha que su madre tiene la intención de abandonarlos, ya tiene un plan. Sabe que las piedrecillas plateadas que hay fuera de la casa pueden guiarlo y ayudarle a regresar. No pierde tiempo y se llena los bolsillos de estas piedrecillas. ¡Hansel ya había pensado en eso!

La versión de los hermanos Grimm presenta el motivo con toda claridad: La amenaza de morir de hambre. A lo largo de varios siglos, la población de Europa sufrió plagas incontrolables, décadas de guerra y desgarradoras pérdidas de las cosechas. Lo que se conoce como la Pequeña Era del Hielo ocurrió durante el Renacimiento en el norte de Europa, y los cambios erráticos del clima siguieron ocurriendo hasta el siglo XIX. Por ejemplo, después de la devastación de las guerras napoleónicas, en 1816, el "Año sin Verano" hubo nieve hasta mediados de junio. El hielo destruyó las cosechas y el resultado fue un año de hambruna y enfermedades. En Alemania, los lectores habrían estado muy familiarizados con los motivos de la madre de Hansel y Gretel.

Los Hermanos Grimm se centran en la relación entre la madre y los niños. Empiezan la historia diciendo que es su madre, luego le aplican el calificativo de madrastra, pero más tarde vuelven a decir que es su madre. Los Hermanos Grimm eran famosos por cambiar a sus personajes de modo que fueran adecuados para la moralidad de sus lectores; en las versiones más antiguas de esta historia, la madre de Hansel y Gretel abandona a los niños exponiéndolos a morir de hambre.

Así que los niños son abandonados en el bosque, su madre los arrulla; coloca una rama de tal manera que suene como si alguien estuviera aserrando madera cerca de ahí. Pero Hansel había dejado las piedrecillas en el camino, lo que hizo posible que los niños volvieran a casa. Llegaron a la mitad de la noche, y la malvada madre los culpa del incidente diciendo: "Niños traviesos, ¿por qué se quedaron dormidos tanto tiempo en el bosque? Pensamos que nunca volverían". Esto y la rama que parecía estarse aserrando son nuestras primeras claves sobre la maligna astucia de la madre. Pronto diremos más sobre esto.

La hambruna regresa a ese territorio y de nuevo la madre hace planes para abandonar a los niños en lo profundo del bosque. En esta ocasión, toma la precaución de cerrar las puertas con llave para que Hansel no pueda recoger piedrecillas. La madre lleva a los niños al bosque, y Hansel usa migajas de pan para marcar el camino.

Los niños en el inframundo

Ahora vemos el inicio de la relación entre los niños y las aves del bosque. Primero, las aves se comen las migajas de pan de Hansel, dejando a los niños atrapados en el reino del Inframundo. Los hermanos caminan sin rumbo por el bosque durante tres días, hambrientos y cansados.

El tercer día, ven un "hermoso pájaro blanco en una rama"; este pájaro les canta. Su canto los arrulla y ellos lo siguen; el pájaro los guía a una casa hecha de comida.

Ya hemos visto que las aves son criaturas proféticas, y son criaturas que viajan entre nuestro mundo y el Inframundo. Aunque a menudo vemos que las aves de color negro desempeñan este papel, se cree que las aves que son completamente blancas también viajan entre ambos mundos. Se considera que las aves blancas son angélicas, que se parecen a la nieve que cae de los cielos, que unen al Cielo y a la Tierra. No es sorprendente que en las tradiciones de los pueblos las cigüeñas blancas traigan a los niños recién nacidos, ya que se ha dicho que esta ave blanca lleva las almas al Inframundo para que vuelvan a nacer en nuestro mundo.

El pájaro blanco guía a los dos niños hacia un descubrimiento maravilloso: Habían estado perdidos y tenían hambre, pero ahora están frente a una fortaleza de dulce. Hansel le dijo a su hermana: "Nos pondremos a trabajar en eso… y comeremos bien. Yo me comeré un poco del techo y tú, Gretel, te puedes comer parte de la ventana, será dulce". Hansel, que es un niño que tiene los pies en la tierra, planea comerse la parte de la casa que está hecha de pan, mientras que a la angélica Gretel le tocan las áreas dulces y azucaradas.

Pero el bosque es un lugar de encanto, y un lugar donde siempre se invierten los papeles que desempeñamos en nuestro mundo. Hansel y

Gretel fueron educados por una mujer malvada que una y otra vez trató de hacer que murieran de hambre. Ahora los niños se enfrentan a una mujer malvada que intenta alimentarlos demasiado y luego matarlos. Aparece la bruja malvada que los engaña con su dulzura y les ofrece comida y camas. Los niños caen en su trampa y pasan una noche maravillosa celebrando y durmiendo.

Ahora el narrador le dice a la persona que está escuchando el cuento que "la anciana solo fingía ser bondadosa. En realidad era una bruja malvada que atrapaba niños y que sólo había construido su casita de pan con el fin de atraerlos a ella. Cuando un niño caía en su poder, ella lo mataba, lo cocinaba y se lo comía; ése era un día de fiesta para ella". El narrador también expresa algo de una manera muy interesante: "Cuando Hansel y Gretel llegaron cerca de su casa, ella se rio con malicia, y dijo burlonamente: 'los tengo, no volverán a escapar de mí' ". Ésta es una frase extraña. La persona que escucha el cuento percibe que la "bruja" nunca antes ha visto a estos dos niños. ¿Cometió el narrador este error accidentalmente y los Hermanos Grimm se descuidaron y lo reprodujeron en su narración? No olvides esto; volveremos a hablar sobre ello en un momento.

En lo que se refiere a los niños hambrientos, el enemigo es la comida abundante. La mujer mete a Hansel en una jaula y trata de hacer que engorde para poder devorarlo. Le ordena a Gretel que prepare el horno que ella va a usar.

En los registros sobre la tradición de los seres del Mundo de las Hadas, vemos criaturas del Mundo de las Hadas que seducen y devoran a sus víctimas humanas. Ya he mencionado algunos: Reynardine, el hombre zorro que seduce a las jóvenes en las montañas de Escocia y luego se come su carne; Lorelei, la Ninfa del Rin que ahoga a los jóvenes cuando intentan acariciarla; el Glastig, seduce y devora a los cazadores jóvenes. La "bruja" simplemente es este tipo de criatura. Seduce a los niños con algo que los atrae, es decir, con comida y comodidad. Aunque otros seres del Mundo de las Hadas ofrecen las atenciones de un amante, calidez y caricias sexuales, esta mujer les ofrece las atenciones de una madre: Alimento y seguridad. Como en el caso de todos estos seres del Mundo de las Hadas que son asesinos, lo que la bruja ofrece es un engaño, y su papel maternal se invierte cuando ella atrapa a los niños utilizando lo que debería haber sido una relación cariñosa y maternal.

Los Hermanos Grimm son famosos por cambiar a sus personajes, y a menudo transforman un *ser del Mundo de las Hadas* en una *bruja*, la popular villana en la Europa del siglo XVIII y del siglo XIX. Aunque para entonces las grandes cacerías de brujas del Renacimiento ya casi habían pasado a la historia, todavía estaban fijas en la memoria de la gente. Todavía se contaban historias, en especial en las ciudades alemanas de Fulda y Trier, donde sólo un siglo antes cientos de mujeres habían sido torturadas y asesinadas, casi todas quemadas vivas (como morirá la "bruja malvada" de esta historia).

En esta atmósfera de histeria relacionada con las brujas, es probable que los Hermanos Grimm sintieran que una bruja sería una excelente villana; es muy posible que la villana original de "Hansel y Gretel" fuera un ser del Mundo de las Hadas, seductor y asesino, pero los Hermanos Grimm pensaron que no era suficientemente aterrador. Es obvio que ellos en realidad nunca habían visto un ser del Mundo de las Hadas.

En medio de la maldad en que se encuentran los niños, ocurre otra inversión típica del Mundo de las Hadas. Hasta ese momento, siempre ha sido Hansel, el niño inteligente, quien toma la delantera. Él es el que toma las decisiones y el que ofrece consuelo cuando las cosas van mal. Al inicio de la historia, cuando Gretel se siente desesperada, Hansel le da seguridad: "Gretel lloraba amargamente, y le dijo a Hansel: 'Todo se ha acabado para nosotros'. 'No digas eso, Gretel', dijo Hansel, 'no pierdas la esperanza. Pronto encontraré una forma de ayudarnos' ".

Hansel fue el que pensó en dejar caer piedrecillas en el camino, y fue él quien estableció la relación con las aves cuando dejó caer las migajas de pan. En medio de esto, le volvió a dar seguridad a Gretel: "Hansel consoló a su hermanita diciendo: 'Gretel, sólo espera a que salga la luna, y luego podremos ver las migajas de pan que yo dejé caer; ellas nos mostrarán el camino a casa' ". Y Hansel fue quien se deleitó pensando en lo dulce que sería comerse partes de la casa del bosque, cuando Gretel se mostraba cautelosa con respecto a comer.

Pero aquí, en el Mundo de las Hadas, que actúa como un espejo, Gretel también entra en acción. Espera a que llegue el momento adecuado, y engaña a la "bruja" haciendo que entre al horno y la encierra ahí para que se queme viva. Entonces, Gretel libera a Hansel, exclamando: "Hansel, ya nos salvamos. La vieja bruja está muerta".

En ese punto, el lenguaje es interesante: "Entonces Hansel salió de la jaula como lo haría un ave cuando le abren la puerta". Un ave guió a los niños a este lugar, y ahora se compara a Hansel con un ave, cuando ve que su destino está cambiando.

Ahora los niños buscan en la casa y encuentran un tesoro. Como hemos visto, y volveremos a ver, cuando los seres humanos entran a la casa encantada del bosque, sus habitantes, que podrían ser enanos, ladrones, dragones o "brujas", han acumulado tesoros. En parte, esto representa los dones del Inframundo: La profecía, la intuición, y la visión de los seres del Mundo de las Hadas. Quienes hacen este peligroso viaje, vuelven teniendo una gran ventaja, si es que vuelven. En los cuentos de hadas, esto a menudo se muestra como un tesoro más tangible, como el oro, la plata y las joyas.

Los niños llenan sus bolsillos con estos dones, y empiezan su viaje de regreso a casa.

Antes de llegar a la casa hecha de comida, habían caminado sin rumbo por el busque durante tres días. Pero el viaje de regreso a casa es muy distinto: "Después de caminar por dos horas, llegaron a una gran masa de agua". Por supuesto, no hubo una masa de agua cuando se dirigían a la casa de comida. Pero en las tradiciones populares, el viaje hacia el Mundo de las Hadas y el viaje de regreso siempre incluyen cruzar agua. El pájaro blanco guió a los niños al interior del bosque. Este pájaro simboliza el viaje del alma entre los dos mundos. Para regresar, los niños deben cruzar esta masa de agua encantada. Y así como el pájaro blanco los guió hacia el interior del bosque, otra ave les ayudará a salir de él. Aquí en el bosque de las Hadas, de nuevo es Gretel la que toma la iniciativa, pues conoce el hechizo exacto que hará que la pata responda: " 'Y no hay una barca' respondió Gretel, 'pero una pata blanca está nadando ahí. Si se lo pido, ella nos va a ayudar a cruzar'. Entonces ella gritó: 'Patita, patita, ¿no lo ves? Hansel y Gretel te están esperando. No hay a la vista un tablón o un puente; llévanos al otro lado sobre tu blanco lomo' ".

Hansel quiere que la pata los lleve al mismo tiempo, pero una vez más Gretel debe intervenir e insistir en que serían demasiado pesados. Aunque han viajado juntos al bosque mágico y durante su prueba de iniciación, van a cruzar solos, y cada uno de ellos verá lo que está destinado a ver durante el trayecto. Ésa es la naturaleza profundamente personal de la experiencia de iniciación.

Liberados ahora del encantamiento del enmarañado bosque, sólo caminan poco tiempo, y están de regreso ante el umbral de la casa de su padre.

Ahora leemos algo ligeramente extraño: "El hombre no había tenido una hora de felicidad desde que había dejado a los niños en el bosque. Pero la mujer había muerto". No se da ninguna explicación sobre la muerte de la madre. Sólo se menciona el hecho. Pero recordemos la frase que usa el narrador al describir las acciones de la "bruja malvada": "Los tengo, no volverán a escapar de mí". ¿Por qué "volverán"?

En el profundo bosque encantado, la madre, que en nuestro mundo intentó matar de hambre a sus hijos, asume la forma de la bruja-madre, que ofrece nutrir y consolar a los niños; luego intenta matarlos dándoles comida y abundancia. La bruja dice: "no volverán a escapar" porque los niños ya han escapado de ella antes, en el mundo físico. Los atrajo al Inframundo donde una vez más intentará matarlos en una forma muy distinta, que es un reflejo del hambre que ella emplea en nuestro mundo. Y aunque ellos no pueden luchar contra ella en nuestro mundo, aquí en el Mundo de las Hadas, que actúa como un espejo, Gretel tiene la fuerza para destruir a esta malvada mujer. Es quemada viva, un castigo que se daba a las brujas: Pero en un nivel más profundo, se le hornea como si fuera comida, la trampa que ella misma usaba para atrapar y matar a los niños.

El espejo del mundo de las hadas

Esta idea del espejo del Mundo de las Hadas, un Inframundo donde los roles se invierten, no sólo se ve en la figura de la madre, que en nuestro mundo expone a sus hijos a morir de hambre y los abandona, pero que en el Mundo de la Hadas los alimenta en exceso; también se puede ver en los niños. El hermano y la hermana míticos, niño y niña, que son un reflejo uno del otro, pueden verse una y otra vez en las tradiciones populares. En estas tradiciones vemos que las habilidades de los hermanos se complementan y pueden utilizarse para incrementar la perspicacia y la profecía.

Tal vez el hermano y la hermana míticos mejor conocidos, son los dioses romanos Apolo y Diana. Apolo era el dios del sol y también se le consideraba dios de la adivinación. Se creía que las profecías del Oráculo de Delfos brotaban de las visiones inspiradas por el dios del sol. También es un dios de la música y la inspiración artística.

Los poderes de Apolo brotan de su relación con su hermana Diana, la casta diosa de la luna, pues Apolo pudo utilizar sus poderes para tener visiones y percepciones a través de los sueños (en algunos mitos Apolo es hermano de Artemisa o de Selene, que también son diosas castas de la luna). El dominio que Diana ejerce sobre la noche es lo que permite que el brillante Apolo habite en el reino de los sueños, tener acceso a visiones y recibir inspiración musical.

Vemos una relación muy similar en el mito británico sobre la diosa Mab y el dios Mabon. Mab es una oscura diosa del Inframundo que se aparece durante la noche montada sobre una yegua blanca. Su hermano Mabon es el joven dios de las semillas; crece en los campos y se le corta en el tiempo de la cosecha. (Los paganos dan el nombre de este dios a su festival de la cosecha en el equinoccio de otoño.) Cuando la guadaña corta las espigas, y a Mabon con ellas, su hermana Mab recoge su espíritu, cabalgando salvajemente a través del bosque otoñal y lo lleva al Inframundo donde él reposará mientras espera renacer en los sembradíos de la primavera. Su visita al Inframundo, como la visita de Apolo, le entrega sueños y visiones, y lo capacita para dar vida al mundo al llegar la primavera.

En las tradiciones populares de Europa encontramos un par de hermano y hermana que también tienen roles complementarios, aunque sus funciones no están tan definidas como las de ciertas mitologías. En los cantos de Estonia, como el que presentamos aquí, el hermano ha viajado al Inframundo y ahora es invisible para todos menos para su hermana; ella debe descongelarlo y sacarlo del frío Inframundo, para que él pueda retomar su vida terrena (de la misma manera en que Mab gobierna las estaciones permitiendo que la primavera descongele la tierra para que Mabon pueda crecer en los sembradíos).

Ven a la tierra, adorable hermano
¡camina sobre la tierra, hermano querido!
Hermana mía, dulce ave,
¡golondrina con corona de oro!
Mis dedos están congelados, fijos en las riendas,
mis pies están congelados, fijos a los estribos
mi querido hermano menor,
dulzura de mi mente
yo daré calor al baño sauna
y te estimularé con una escobilla de abedul
descongelaré tus dedos apartándolos de las riendas,
liberaré tus pies de los estribos.

Debemos notar que el hermano llama a su hermana *dulce ave,* lo que indica que ella puede asumir la forma de un ave para viajar al Inframundo y buscarlo; de manera muy similar al ave que aparece en la historia de Hansel y Gretel.

Todos estos elementos relacionados con un hermano y una hermana están presentes en este relato. Hansel es el joven Dios de las cosechas y la comida; usa el pan para marcar su camino a través del bosque, y pierde su fuerza en el mundo invernal del bosque. Entonces Gretel, la diosa de los sueños y las visiones, guiada por un ave hacia su destino en el Inframundo, toma el liderazgo. Espera hasta que la intuición le indica que ha llegado el momento adecuado para hacer que la primavera (el equilibrio) vuelva a nuestro mundo. En ese momento ella destruye a la "bruja" y acaba con el poder del invierno y de la hambruna. Ahora debe guiar a Hansel a través del agua, de regreso al mundo donde la imagen del espejo mostrará nuestra realidad. Aquí, en lugar de hambruna y necesidad, Hansel puede producir prosperidad (el crecimiento de los sembradíos) para su padre, el dios viejo: Apolo es hijo de Zeus, el dios que lanza truenos, el padre del firmamento; suponemos que el padre de Hansel es este mismo dios.

La dualidad tipo espejo de lo masculino y lo femenino, del Inframundo y el Mundo Superior, de los sueños y de la vida estando despiertos, produce un equilibrio en nuestro mundo y en nuestra conciencia mítica. Esta unión de masculino y femenino también produce la vida. En los mitos, quienes producen la vida también pueden ser un hermano y una hermana. En el Génesis, Adán y Eva, que son hermano y hermana, son los padres de toda la raza humana. Esto también ocurre en la mitología egipcia donde Isis y Osiris, que son hermanos, representan la vida y la muerte, la noche y el día, la tierra y el cielo.

Mágicamente, las energías masculinas y femeninas se reflejan entre sí en cuanto a sus habilidades. La energía masculina es positiva, tiene luz (como la tiene el día), es activa e intelectual; la energía femenina es negativa (no en un mal sentido, sino en el sentido de la corriente eléctrica), es oscura (como lo es la noche), refleja e intuitiva. Ambas energías deben usarse para lograr un trabajo de magia eficaz.

Lo mismo ocurre con los pequeños Hansel y Gretel. Para vencer a su madre y para crear prosperidad en su mundo, Hansel debe asumir el rol activo e intelectual al planear su viaje hacia el bosque oscuro. Después de que él guía a su hermana hasta el bosque, la intuición y claridad mental de Gretel invierten su realidad, acaban con la hambruna y la necesidad que ellos sufren. Gretel debe guiar a Hansel para que pueda salir del oscuro Inframundo; ella se comunica con las aves acuáticas para que lleven a su hermano sobre las aguas, sobre el espejo de un lago, y así pueda llegar a nuestro mundo. Una vez que regresan, Hansel asume el liderazgo, llenando a su padre, el dios del cielo, con los dones de la prosperidad.

Hansel y Gretel se reflejan uno al otro, como en un espejo, como hombre y mujer, y como entidades mágicas. Pueden ver al interior del Mundo de las Hadas en el oscuro bosque, y pueden salir de él con el don de la prosperidad, utilizando la magia del espejo que ellos poseen.

La magia de los espejos

Espejos de cristal

En "Hansel y Gretel" vemos cómo el espejo acuático del Mundo de las Hadas afecta los sucesos de nuestro mundo. Los espejos son muy importantes en las tradiciones populares relacionadas con las hadas. Las sirenas y las náyades aparecen mirándose en sus espejos, y aunque los marineros consideran que esto es vanidad, el hecho es que estos seres pueden usar sus espejos para predecir un naufragio o un ahogamiento. En vista de que los espejos contienen el encanto de las hadas, las leyendas escocesas nos advierten que nunca debemos levantar un espejo que encontremos en el suelo, en especial si está cerca del mar.

En estos relatos, los espejos son tal como creemos que deberían ser; están hechos de cristal reflejante. Los magos usan espejos reflejantes para la cristalovidencia (videncia usando cristales), o para ver a través de las nieblas del Otro Mundo, con el fin de profetizar o de ver la verdad de una situación.

Si quisieras intentar la videncia usando cristales, tu mejor opción es usar un espejo de cristalovidencia de color negro. Pueden comprarse en tiendas de ocultismo y pueden adquirirse por Internet. Están hechos de cristal de colores, son muy oscuros y reflejan como un espejo estándar.

Si no tienes un espejo de cristalovidencia, puedes usar un plato o charola de cristal color azul cobalto; es muy fácil conseguirlos en tiendas de antigüedades o de segunda mano.

Para trabajar con un espejo de cristalovidencia, necesitas estar en un lugar tranquilo donde nadie te interrumpa. Enciende una vela y usa su luz para iluminar la superficie del espejo con una luz dispersa. Siéntate tranquilo con los ojos cerrados y palpa la superficie del espejo. Lo mejor es empezar con una pregunta o tener en mente una situación. Cuando estés listo para comenzar dices: "Visión de las hadas, visión de las hadas, ¡permíteme ver a través del velo esta noche!" y mira el espejo.

No esperes demasiado: permite que tu visión se nuble y que la superficie del espejo te muestra lo que desee; no intentes ver imágenes específicas. Podrías simplemente tener una sensación o un pensamiento fugaz al mirar el espejo; está bien, confía en tu instinto. El espejo te está dando información; date la oportunidad de creer en ella.

No lo intentes durante demasiado tiempo la primera vez que lo hagas. Unos minutos serán suficientes (¡y te parecerán mucho más largos de lo que en realidad son!). Cuando termines, baja el espejo, cierra los ojos y reflexiona sobre lo que el espejo te haya mostrado. Permite que tu intuición interprete por ti, pero no te limites a un resultado que esperabas tener cuando llevaste a cabo el ritual. Permite que tu intuición te diga lo que el espejo realmente te mostró.

Podrían necesitarse varios intentos antes de que sientas que estás logrando algo. No te des por vencido. La magia es un proceso gradual y se necesita tiempo para dominarla. Nadie es perfecto en la magia la primera vez que intenta usarla.

Espejos de agua

En algunos relatos, el agua se usa como un espejo que lleva hacia el Mundo de las Hadas. Un ser humano siempre debe cruzar el agua cuando viaja al Mundo de las Hadas. Vemos a Hansel y Gretel cruzar el agua para volver al mundo después de haber estado en el bosque de las hadas. Este tema reaparece una y otra vez en los relatos míticos; muchos relatos sobre los seres del Mundo de las Hadas muestran a los seres humanos cruzando ríos o un océano para llegar a una tierra encantada.

Los seres del Mundo de las Hadas a menudo usan el agua para predecir el futuro. Siempre existe una relación entre la famosa Banshee de Irlanda y el agua: Ella pasa el día lavando ropa a la orilla del agua, y puede predecir la muerte mirando el agua.

La historia no nos dice cómo fue que el famoso adivino, Thomas de Ercildoune, que recibió el don de la profecía de la reina de la tierra de los elfos, podía ver a través del velo del tiempo. Pero basándonos en sus profecías, podemos encontrar la clave. Thomas predijo que la familia Haig tendría un control eterno sobre el distrito de Bemersyde en la frontera de Escocia. La profecía permaneció vigente incluso cuando la familia Haig al parecer se había extinguido a finales del siglo XIX; la corona británica entregó este territorio a Douglas Haig, un héroe de la Primera Guerra Mundial.

Lo que hace que esa predicción sea interesante para nosotros es que Thomas se refiere al agua en forma muy específica al hacer sus profecías:

Marea, marea, sin importar lo que suceda,
los Haig estarán en Bemersyde[5]

5 Eyre-Todd, *Byways of the Scottish Border (Senderos de la frontera escocesa).*

Marea, marea, definitivamente es una referencia al mar, y es muy posible que Thomas usara los ritmos del mar para mirar hacia el futuro. Después de todo, él cruzó un mar de agua y un río de sangre para llegar a la tierra de las hadas, según afirma la tradición popular.

Tolkien conocía bien la tradición de los videntes del agua, y en *El señor de los anillos,* Galardiel, la reina de los elfos, utiliza una fuente de agua en lo profundo del bosque de los elfos para practicar la videncia utilizando cristales.

La videncia usando agua es muy similar a la videncia usando un espejo de cristal negro. Se usa un recipiente de color oscuro, como un vaso negro o un tazón de cerámica, y se llena de agua más o menos hasta la mitad. Tal vez quieras ponerle al agua una pequeña cantidad de tinta china para que sea muy oscura. Puedes usar una vela, o mejor aún, el reflejo de la luz de la luna para crear un pequeño reflejo en el agua, y mirar profundamente ese reflejo, notando las formas e imágenes fugaces. Permite que tus ojos se desenfoquen un poco y acepta los pensamientos y las imágenes que podrían llegar.

Éste es un ritual de cristalovidencia (videncia usando cristales) que puede hacer una persona o un grupo pequeño. Este ritual debería hacerse cuando la luna esté muy brillante.

Necesitarás:

- Un altar pequeño (una piedra o una cobija a la intemperie estará bien)
- Una varita
- Un espejo negro para cristalovidencia o un tazón de agua para cristalovidencia

Reúnanse en su círculo en silencio y con gran reverencia. Éste es un ritual muy tranquilo, y debe abordarse con una actitud de quietud.

Lanza tu círculo diciendo una línea en cada vuelta:

"Lanza el círculo bajo las estrellas
en la quietud de la noche
que la luna y el zodiaco
nos guíen en nuestra visión,
nuestro sueño y nuestra intuición
que suscite nuestra luz interior".

Ahora, saluda a cada elemento en esta forma, mirando hacia cada dirección al hablar con cada elemento:

"¡Espíritus del este! ¡Criaturas del aire!
Ustedes que son de pensamiento y cuidado
guíennos en nuestra búsqueda de la verdad.
¡Espíritus del sur! ¡Criaturas del fuego!
Anhelo y deseo
hagan que nos acerquemos a la pálida luz de la luna.
¡Espíritus del oeste! ¡Criaturas del agua!
Hagan surgir arte y orden del caos
para que podamos saber su verdad.
¡Espíritus del norte! ¡Criaturas de la tierra!
Hagan nacer nuestra intuición
para que conozcamos la verdadera visión de la fortuna.

Regresa siempre al este y haz una inclinación cuando lances las direcciones de los elementos para formar un círculo completo.

Ahora siéntate en silencio por un rato, concentrándote en el asunto que deseas ver con claridad. Si estás con un grupo, cada persona del grupo podría turnarse para decir qué asunto desea que se clarifique. Si estás solo, habla en voz alta y menciona en qué te estás concentrando.

Ahora toma tu instrumento para la cristalovidencia (videncia usando cristales) (un espejo o un tazón) y elévalo, presentándoselo a la luna y a los elementos. "Luna brillante, rostro de nuestra Madre, espíritus del aire, del fuego, del agua y de la tierra, ¡aceleren mi visión esta noche!".

Sostén el tazón de modo que capte algo de la luz de la luna o la luz de la vela que está en el altar, y míralo. Permite que se forme cualquier imagen y simplemente acéptalas; las interpretarás más tarde. Cuando hayas visto todo lo que sientes que verás, pasa el tazón a otra persona. Cada miembro del círculo debe ser paciente y permitir que cada persona tome su turno para mirar al instrumento. Utiliza el tiempo de espera para concéntrate en tu pregunta o en lo que te preocupa.

Cuando todos han visto el instrumento, eleva el tazón con una actitud de agradecimiento. "¡Luna, aire, fuego, agua, tierra, les damos las gracias por la visión que nos han dado! ¡Benditos sean!".

Ahora, cada persona debería compartir las imágenes que vio, y lo que siente que significan esas imágenes. Cada miembro del círculo puede ofrecer interpretaciones en forma respetuosa.

Cuando cada persona haya hablado, termina el círculo dando gracias a los elementos.

"Espíritus del aire, gracias por acompañarnos en este círculo. ¡Los saludamos y nos despedimos!".

Repite esto para cada dirección, volviendo al este para formar un círculo completo.

Ahora camina alrededor del círculo en el sentido contrario a las manecillas del reloj diciendo: "Lanzamos este círculo hacia el interior de la tierra hasta que volvamos a necesitar invocar sus energías. ¡Bendito Sea!".

Lleva a cabo este ritual tan seguido como lo desees.

Agua corriente

En la Rede Wicca hay una línea que dice:

Donde las ondulantes aguas de las cascadas van,
tira una piedra y la verdad sabrás.

Hacer cristalovidencia en agua en movimiento, como en un arroyo o un río, es parte de la magia antigua. Los poetas irlandeses dormían cerca de los arroyos para que los espíritus de las hadas del arroyo les enseñaran cantos nuevos.

Éste es un hechizo para saber la verdad sobre una situación:

Encuentra una piedra redonda. El mejor tipo de piedra que puedes usar aquí es una piedra con un orificio hecho en ella por las fuerzas de la naturaleza. Ve a un río, un arroyo o un riachuelo.

Concéntrate por un momento en el asunto que quieres ver en toda su verdad, cierra los ojos brevemente y di:

"Marea, marea,
concédeme la verdad,
¡revélame lo que existe como verdad!".

Lanza le piedra al agua. En un término de aproximadamente dos semanas, se revelará la verdad.

Existen muchas otras formas de hacer cristalovidencia con espejos y reflejos. Usa tu imaginación. Debes saber que lo que funcione mejor para ti está bien, no existen "formas incorrectas".

Capítulo 4

Rosa con espinas (La Bella Durmiente): Buscando inspiración y adivinación en los sueños

En este relato, se lanza una maldición contra una jovencita el día en que nace: Se picará con una rueca y caerá en un sueño similar a la muerte. A pesar de las precauciones que toman sus padres, la profecía se cumple y la joven duerme durante cien años. Usaremos la experiencia del trance y los estados de sueño que se presentan en esta historia para crear un ritual en el que podamos recibir inspiración y guía a través de nuestros sueños. A menos que se indique en otra forma, las citas del relato se tomaron de la traducción de Margaret Hunt de la edición de 1802 de Cuentos de la infancia y del hogar.

Según la leyenda, el Rey Arturo, que está dormido en la Isla de las Manzanas, despertará en el momento en que Inglaterra tenga una gran necesidad. Se dice lo mismo de Carlomagno en Francia, y de Bran en Gales; ambos durmieron durante siglos y se esperaba que despertaran cuando, de una u otra forma, recibieran un llamado. La persona que duerme y que despertará algún día, es un relato que aparece en muchas culturas y a lo largo de los siglos; desde Rip Van Winkle, el estadunidense de ascendencia holandesa, hasta Ossian, el héroe irlandés que viajó al Inframundo durante trescientos años. Aquí, nuestra heroína es Rosa con espinas, o la Bella Durmiente, como la conoce la mayoría, que durmió en una torre en medio del bosque, olvidada por el mundo al paso de los siglos.

En el fondo, la historia de "Rosa con espinas" es la quinta esencia del encantamiento de las hadas. Pero el tiempo y la torpeza de los narradores, incluyendo a los Hermanos Grimm, han llenado este relato simple de detalles que van desde lo torpe y lo absurdo, hasta lo escalofriante y lo perverso. Los elementos que se han entretejido en el relato al paso de su larga historia incluyen la violación, la tortura y el asesinato. Cargas muy pesadas para un pequeño y sencillo relato.

El relato de los Hermanos Grimm empieza con un rey y una reina que lamentan el hecho de no poder concebir un hijo, un tema común en los cuentos de hadas, que también vemos en otros relatos de los Hermanos Grimm, por ejemplo, en "Hans y el Erizo" y en "Rapuznel". Como señala María Tatar: "El hecho de no poder concebir a menudo lleva a las parejas de los cuentos de hadas a hacer promesas insensatas o a entrar en acuerdos extravagantes".[6] En este caso, después del nacimiento de la niña, la pareja decide irresponsablemente, que se les está castigando por su falta de cortesía.

Lo que sucede en este relato, entre los lamentos y el nacimiento de la niña, es interesante. Se nos dice que "en una ocasión, cuando la reina se estaba bañando, una rana salió del agua y le dijo: "Tu deseo se cumplirá, antes de que pase un año tendrás una hija". La reina se está bañando en una poza, un lugar donde podría vivir una rana. Está desnuda, es vulnerable y está en un lugar de la naturaleza; una situación común en las tradiciones populares y los mitos, cuando se trata de relatos sobre el sexo, el amor y la tragedia. Recuerda que Hades vio a Perséfone por primera vez cuando ella se estaba bañando en un río (en algunas versiones de la historia, ella estaba cortando flores cerca de una poza), y la obsesión mortal de David hacia Betsabé empezó cuando él la vio bañándose. En este relato, una rana se acerca a la reina, que está desnuda y sensual en un claro del bosque. La rana predice que ella tendrá una hija (el resultado de su sexualidad manifiesta).

6 Tatar, "Introducción a Blanca Nieves", en *Cuentos de la infancia y del hogar* (edición de 2004), 232 p.

En este relato, la rana es un símbolo de la fertilidad y el nacimiento. Estos animalitos aparecen al inicio de la primavera, cuando la tierra se llena de verdor después de estar dormida, casi muerta, durante el invierno. Y las ranas sufren una asombrosa metamorfosis que empieza con el huevo, se convierte en renacuajo y llega a ser un anfibio de patas fuertes. De modo que parece apropiado que una rana le transmita a la reina la extraña noticia de que ella está embarazada.

Pero antes de que este simbolismo te llene de entusiasmo, recuerda que en versiones más antiguas de este relato, no es una rana, sino un cangrejo el que sale de las profundidades de las prístinas aguas para dar esta profecía a la reina. Aunque parezca extraño, esto tiene mucho sentido. El agua representa la emoción y los sueños, y el cangrejo es una criatura con concha, lo que representa la unión entre los sueños y los deseos. En el Tarot, la carta de la luna muestra precisamente una escena de este tipo: Un lobo (deseo salvaje) y un perro (interacciones sociales controladas) están en las orillas opuestas de un lago, como el lago en el que la reina pudo estarse bañando. La luna llena manipula sus emociones, lanza una red de sueños sobre el salvaje lobo cazador y sobre el perro doméstico, el mejor amigo del hombre que aún tiene sus instintos salvajes. Un cangrejo sale de las profundidades y está entre el lobo y el perro, lo que indica que los impulsos más profundos y las visiones de las pesadillas acechan en las profundidades internas. Cada ser responderá de acuerdo a su naturaleza: Con la violencia salvaje del lobo o con el control cuidadoso del perro.

En el Tarot, el cangrejo también representa el habla: Una palabra es una unidad de sonido (una concha) que contiene un significado (la carne del cangrejo). Las palabras son la unidad básica de la comunicación, pero cada palabra, con sus numerosos matices de significado, puede usarse para bien o para mal, para sanar y para dañar. A lo largo de este relato, las palabras se usarán para bendecir y para maldecir. De hecho, aquí el cangrejo hace estas dos cosas: Bendice a la reina con un deseo que se hará realidad, pero que llevará a ciento cincuenta años de dificultades.

Así, el cangrejo aparece ante la reina, que está desnuda, para decirle que sus deseos más profundos, el anhelo de dar vida, serán fructíferos. Ella está feliz, y cuando regresa a casa, comparte su alegría con el rey. Poco después nace una niña. En la versión de los Hermanos Grimm se llama *Dornröschen,* literalmente "Rosa con espinas". En versiones más antiguas, se llama Talía, lo que significa "niña floreciente".

Ahora empieza el problema. En una serie de explicaciones para dar marcha atrás y con un estilo narrativo torpe que no es muy común, los Hermanos Grimm nos informan que la pareja real ofrece una fiesta para celebrar el nacimiento de la niña. Desean invitar a "las mujeres sabias para que ellas, se muestren bondadosas y bien dispuestas hacia la niña". Esto es un eufemismo bastante obvio y nos damos cuenta de que estas mujeres son brujas; además, en el reino hay trece brujas o "mujeres sabias". Pero al parecer, el rey sólo tiene doce platos de oro. En lugar de mandar hacer otro plato de oro, o de comprar un juego de trece platos de plata, el rey invita a cenar a doce de estas mujeres sabias, pero le dice a la décimo tercera que simplemente se quede en casa.

Se les pide a las mujeres sabias que bendigan a la recién nacida con dones mágicos, y cada una de ellas le otorga una virtud o una característica física deseable: "Una le dio virtudes, otra belleza, la tercera le dio riqueza, y así sucesivamente: Todo lo que se podría desear en el mundo". (La belleza, la riqueza y la virtud son características que concuerdan con el modelo de la joven perfecta que se tenía en esa época.) Pero de pronto aparece la bruja que no fue invitada y maldice a la niña, declara que cuando cumpla quince años se picará con la aguja de una rueca y caerá muerta. Afortunadamente, la última de las brujas que sí fue invitada todavía no había dado su bendición, y en la segunda explicación "para dar marcha atrás" que encontramos en este relato, esta bruja puede alterar (pero no deshacer) la maldición: La chica no morirá, sino que dormirá durante cien años. Personalmente, me parece muy extraño que la bruja que no fue invitada no pudiera esperar a que las doce brujas que sí fueron invitadas hubieran terminado de dar sus bendiciones antes de aparecer mágicamente. Elegir el momento oportuno es vital.

Esta porción del relato, lleno de torpezas en la secuencia de la narración y de arreglos extraños introducidos por los Hermanos Grimm, aparece en versiones más antiguas en una forma mucho más coherente. Quienes le dan dones a la niña son hadas (en la versión de Perrault en 1697, leemos que "las madrinas de la princesa eran todas las hadas que sus padres pudieron encontrar en todo el reino"), y en recompensa por sus dones, la niña debe servir como esclava al Mundo de las Hadas, y debe viajar allá cuando llegue a la madurez sexual. En la mitología, un viaje al Reino de las Hadas que parece durar una noche resulta ser de cien años, cuando el viajero vuelve a nuestro mundo, y el tiempo no parece afectar a la persona que está dormida durante su viaje a través de regiones encantadas. Pronto hablaremos más de eso. Por el momento, regresemos a la historia como la narran los Hermanos Grimm.

El rey está muy preocupado por la maldición y ordena que se quemen todos los husos que hay en el reino. Nos preguntamos cómo pudo la gente tener ropa durante los quince años siguientes, pero eso nunca se explica. Por el contrario, la narración se salta quince años, con esta extraña declaración: "Sucedió que el día que ella cumplió quince años, el rey y la reina no estaban en el palacio, y ella se había quedado ahí sola".

No sé lo que tú pienses, pero si mi hija estuviera amenazada por una maldición según la cual ella moriría el día que cumpliera quince años, yo no la dejaría sola en el castillo precisamente en ese día. Esto es como una película de terror en la que la niña dice: "¡Voy a salir!" y todo el público piensa: "¡No salgas!". Bueno ahora nuestra Rosa con espinas está sola en el castillo el día en que cumple quince años y decide explorarlo. ¿Y qué encuentra? Bueno, un cuarto cerrado con llave que nunca antes había visto. ¿Y qué hay ahí? Por supuesto, ¡un vieja con un huso!

Rosa con espinas siente curiosidad, pues ella nunca ha visto un huso, y lo toca. De inmediato se pica el dedo y cae en un sueño profundo. La versión de los Hermanos Grimm nos dice: "ella cayó sobre la cama que había ahí", lo que es muy conveniente. Me imagino que el rey ordenó: "Quemen todos los husos, pero en caso de que un huso se las arregle para entrar al cuarto secreto del piso de arriba que está cerrado con llave, asegúrense de que haya ahí una cama para que mi hija caiga sobre ella".

Así que Rosa con espinas cae en un sueño profundo, y justo en ese momento el rey y la reina regresan de su viaje, tan extrañamente programado, y también caen en ese mismo sueño profundo, lo mismo que todas las demás personas que hay en el castillo. Los Hermanos Grimm añadieron algo que consideraron un popurrí de cortesanos dormidos, incluyendo a varios animales y a un cocinero que estaba punto de jalarle las orejas a un niño.

Pasa el tiempo y varios príncipes intentan rescatar a la Bella Durmiente del Bosque (en realidad éste es el nombre del relato en francés), pero todos los que lo intentan son atrapados por las espinas que crecen alrededor del castillo. El relato original de los Hermanos Grimm incluía la mórbida descripción de la muerte de cada pretendiente, pero esto se eliminó en las ediciones posteriores (lo cual es sorprendente). El trayecto a través de las espinas nos hace recordar a los pretendientes de Rapunzel que murieron a causa de las espinas. En ese relato, el verdadero amor, que quedó ciego, después sanó y volvió a reclamar su premio (como veremos en un capítulo posterior).

Después de escuchar todas las advertencias, el hijo de un rey decide que no tiene miedo y se dirige al bosque. Pero su osadía nunca será desafiada, pues el día que él se dirige al castillo se cumplen los cien años de la maldición. "Pero para entonces los cien años se cumplieron, y había llegado el día en que Rosa con espinas despertaría. Cuando el hijo del rey estaba cerca del seto de espinas, en lugar de espinas había flores grandes y hermosas que se apartaban para abrirle paso al príncipe y asegurarse de que no corriera ningún peligro; luego se iban cerrando detrás de él formando un seto.

El relato más antiguo: Lino y violación

Este hermoso relato es muy distinto a las versiones más antiguas, y tiene un final muy distinto al de los que le siguieron. Las versiones escritas se remontan al siglo XIV, cuando a Rosa con espinas se le da el nombre de Talía (Thaleia), que en griego significa "La que florece" (lo que nos recuerda la palabra ninfa). En esa versión mucho más antigua del relato, Talía es hija de un rey que les pide a un grupo de sabios y astrólogos que hagan predicciones sobre su futuro.

Ellos se entristecen al decir que ella sufrirá mucho a causa de un pequeño trozo de fibra de lino. El rey ordena que se destruyan todas las ruecas, ya que la fibra de lino es lo que se usaba para hilar telas de lino.

Cuando Talía cumple quince años, por casualidad ve pasar a una mujer que está hilando lino. La chica siente curiosidad por este proceso que nunca antes había visto y le pide a la mujer permiso de intentar hacerlo.

Una astilla de la fibra de lino se clava entre el dedo y la uña de Talía, ella cae en un sueño profundo y parece estar muerta.

El rey está desolado y no puede soportar la idea de sepultar a su hija; en lugar de hacerlo la coloca en una habitación en su finca campestre (de manera muy similar a Blanca Nieves en su féretro de cristal).

Un rey joven que pasaba por la campiña llega a la finca y al explorarla ve a la niña dormida. Como no puede despertarla, le hace el amor: "Cuando él la miró, trató de despertarla. Le pereció tan hermosa que no pudo evitar desearla, y empezó a enardecerse con un deseo sexual. La tomó en sus brazos y la llevó a la cama donde le hizo el amor. La dejó sobre la cama, salió del palacio y regresó a su ciudad, donde, al paso del tiempo, sus numerosas presiones de negocios hicieron que olvidara el incidente".[7]

Talía siguió dormida y estando así dio a luz a unos gemelos, un niño y una niña. Los gemelos crecen y maman del pecho de su madre, pero el niño no puede encontrar su pecho y chupa el dedo de Talía. Al hacerlo hace salir el trocito de fibra de lino que estaba atorado en él, y ella despierta.

Mucho tiempo después el rey vuelve a buscar a Talía; la encuentra despierta y cuidando a sus hijos, a quienes dio los nombres de Sol y Luna. Ahora sabemos que este rey necrófilo también es adúltero: "Este joven rey ya tenía una esposa, que había sentido sospechas cuando él no volvió a casa de una cacería durante varios días; luego lo oyó decir nombres extraños cuando estaba dormido y se llenó de ira y de celos".[8]

La esposa se entera de la existencia de Talía y sus hijos. En un arranque de ira y de celos, ordena que Talía sea torturada y asesinada; también ordena que los niños sean cocinados y que se le sirvan a su esposo en un guisado. Pero una cocinera de buen corazón salva a los niños; y cuando la reina está torturando a Talía, el rey escucha sus gritos y rescata a su amada. La reina acaba quemada y hecha cenizas en el fuego donde ella había ordenado que quemaran a Talía. Ahora que su celosa esposa ha quedado eliminada, el rey se casa con Talía y educa a sus hijos.

Bueno, si pensaste que la historia de Rosa con espinas era un poco extraña y aterradora, ¿qué opinas de esta versión del relato? Ésta es una visión muy diferente de la Bella Durmiente, en la que una niña "florecien-

---

7 Basile, "El Sol, la Luna y Talía", *Il Pentamerone* (historia 32).

8 *Ibid.*

te" es víctima de violación estando dormida, luego es torturada por una reina justamente celosa, y escapa a la muerte. La salva su frívolo amante quien asesina a su esposa por amor a Talía. Éste no es exactamente un argumento para Disney, ¿o sí?

En 1911, Macmillan and Company publicó la versión en inglés de E. F. Strange, tomada del relato "Sol, Luna y Talía" escrito por un colector de cuentos del siglo XVII, el italiano Gianbatista Basile. Es interesante que Strange haya omitido la violación; además dice que los niños andaban errantes y encontraron a Talía dormida: "Mientras tanto, dos gemelitos, un niño y una niña, que eran tan hermosos como joyas, llegaron al palacio de un lugar desconocido y encontraron a Talía en un trance. Al principio sintieron miedo porque trataron en vano de despertarla, pero perdieron el miedo y la niña tomó suavemente el dedo de Talía y la metió a su boca con la intención de morderlo y así despertarla; entonces sucedió que la astilla de lino salió del dedo de Talía".[9] En este relato también vemos, como en los relatos de los Hermanos Grimm, ciertos arreglos para ocultar los elementos más desagradables de este aterrador cuentito.

La joven dormida

En el centro de todas estas narraciones tenemos varios elementos básicos: Un rey y una reina que pensaban que nunca podrían tener hijos, tienen una hija; por lo tanto, esta niña es muy especial pues representa todo lo tierno y hermoso que hay en una niña. Cuando nace, un grupo de seres encantados, que originalmente eran hadas, la bendicen o adivinan su futuro, lo que crea o presagia un elemento de prueba, de muerte y de esterilidad. La niña llega a la madurez a los quince años y cae en un trance o en un hechizo que hace que se duerma. Durante este periodo en que ella está dormida vemos señales de que ella ha florecido en el aspecto sexual. En el relato más antiguo, es tan atractiva estando dormida, que un rey que ya está casado la viola, pues la desea más que a nadie (incluyendo a su propia esposa). En el relato más moderno, muchos jóvenes están dispuestos a enfrentarse a la muerte y a la desesperación con el fin de encontrar a esta joven que es tan deseable.

9 Basile, "Sol, Luna y Talía", *Relatos del Pentamerone*.

En ambos relatos, un hombre que tiene una posición de poder, un rey o un príncipe, encuentra a la joven y la posee sexualmente. Al final, después de algo de violación y tortura en una versión, ella llega a ser su amante, su esposa y la madre de sus hijos.

Justo antes del nacimiento de nuestra heroína, e inmediatamente después, vemos el elemento de la profecía. En la versión de los Hermanos Grimm, una rana le dice a la reina, que se está bañando, que está embarazada. En las versiones más antiguas, se lo dice un cangrejo. En cuanto la niña nace, ciertos seres encantados, ya sean hadas, brujas o astrólogos, pueden predecir el destino de la recién nacida. A partir de esto sabemos que "Rosa con espinas" es un relato de sueños y adivinaciones, de cosas que nos conectan al inconsciente, que es el pozo más profundo de la mente y produce imágenes inexplicables, premoniciones e instintos.

Al observar de nuevo la carta de la luna en el Tarot, vemos un cangrejo que sale del agua cuando hay luna llena; el lobo y el perro responden a las visiones y sentimientos que esta criatura trae de lo profundo de estas aguas turbias e inexploradas. Son visiones y sentimientos sorprendentes que surgen espontáneamente. Todos los experimentamos. Todos tenemos sueños que nos desconciertan, sentimientos que presagian daños, que nos llenan de temor y de los que no podemos escapar. Todos tenemos emociones que quisiéramos no sentir y que llevan consigo una tristeza desesperada o una ira repentina. Al igual que el perro que aparece en esta carta, aprendemos a vivir en sociedad a pesar de estos impulsos tan profundos, y no nos permitimos actuar de manera inapropiada cuando surgen estos sentimientos. Claro que quisieras ahorcar a tu jefe o a tu maestro, gritarle a tus padres que están ausentes y te han abandonado, decirle a tu ex pareja que destruyó tu confianza cuando te dejó para seguir adelante con su vida y buscar el éxito... pero no lo haces. A diferencia del lobo, a quien se le permite aullarle a la luna llena y destrozarle el cuello a su presa, nosotros debemos vivir entre la gente "civilizada", así que aprendemos, desde la infancia, a llevarnos bien con otros, a ocultar nuestros sentimientos, y a ser agradables y productivos. Las personas que no aprenden a hacerlo, son relegadas, se les evita o se les encarcela.

Pero esos impulsos nos acosan. Seguimos adelante con nuestra vida normal teniendo esos impulsos tenebrosos, esos sueños y esas visiones que nos acechan, como el cangrejo, justo debajo de la superficie de nuestra capacidad consciente. Esta dualidad puede verse en el arquetipo de Rosa con espinas; estas realidades opuestas de oscuridad y tinieblas viven constantemente en su interior. Aunque ella representa el modelo de la joven perfecta de esa época, bendecida por la riqueza, la belleza y la virtud, nuestra heroína vive con la amenaza de una fatalidad inminente todos los días de su vida: La profecía de que ella será destruida al "florecer" como mujer. Debajo de una superficie que parece tranquila y normal, yace el conocimiento constante de que a los quince años de edad ella experimentará desolación y muerte. Sabemos que los sueños y el Inframundo tendrán un gran impacto en esta historia, justo desde el principio.

El cangrejo (o la rana) hace su predicción. Cuando nace la niña, se le da el nombre de Thaleia o Talía, en los relatos más antiguos. En Alemania se llama "Rosa con espinas" y en Francia se llama La Bella Durmiente del Bosque. Todos estos nombres tienen algo en común: Son una paradoja. Talía, "la que florece", habla de la niña como de una flor que se abre, en la flor de la vida. Pero desde el segundo párrafo de la historia sabemos que la joven será destruida en cuanto pueda florecer. El nombre que Basile le da al relato, "Sol, Luna y Talía", también nos da la idea de que esta joven es tanto el día como la noche, la luz y la oscuridad, y que estas cualidades opuestas se desarrollarán a partir de su florecer sexual a lo largo de la historia. Como el sol y la luna, nuestra niña dormida también es verano e invierno; el florecer del verano y la cadavérica palidez dormida del invierno, cuando todo muere en nuestro mundo. Ella lleva en el interior tanto la vida como la muerte.

Ese concepto de luz y oscuridad, de verano e invierno, de espinas y flores, se refleja en el nombre que se le da a la chica en alemán, *Dornröschen*, "Rosa con espinas". Aquí vemos que la joven tiene la belleza y la alegría de una flor, de la rosa, pero en lo profundo de su ser acechan las zarzas, esas ramas de espinas que cubren el bosque, que penetran en la piel y que son muy visibles en el invierno, cuando las flores y las hojas mueren. Esto también se refleja en el nombre que se le da en francés: *La Belle au Bois Dormant* (literalmente, "la Belleza en el Bosque Dormida(o)"), que podría significar: La belleza está dormida en el bosque, o la belleza en el bosque dormido, lo que implica que la hermosa niña yace en el bosque durante el periodo en que éste duerme en la oscuridad del invierno. De hecho, en la versión de los Hermanos Grimm vemos que su doble naturaleza se refleja en el bosque que la rodea. Las zarzas, o espinas, que son parte de su nombre, y que crecieron mientras ella estaba en el oscuro Inframundo, se convierten en flores hermosas cuando ella despierta y está lista para una relación sexual. ("Cuando el hijo del rey se acercó a las zarzas, lo único que encontró fueron flores hermosas".)

Por tanto, al igual que el perro y el lobo en la carta del Tarot, esta belleza tiene en su interior oscuridad y luz, verano e invierno, desarrollo y muerte. Aunque el mundo en general no puede verlo, los seres encantados: Hadas, astrólogos y brujas, pueden verlo claramente y se lo revelan a los padres de la niña. Cuando ella llega a su madurez sexual, a los quince años, mostrará las tinieblas que hay en su interior; viajará al Inframundo y parecerá estar muerta, ante todo el mundo, durante cien años.

Dormir durante cien años

Hace varios siglos, en los bosques de Francia y Alemania, los quince años habrían sido una edad muy típica para llegar a la madurez sexual. Las jovencitas se casaban poco después de empezar a menstruar, lo que ocurría más tarde de lo que ocurre actualmente entre las jovencitas de nuestro país. Aunque en el judaísmo la madurez se celebra a los trece años, en el mundo hispano la madurez de la mujer se celebra a los quince años. La fiesta de la *quinceañera* posiblemente se remonta a la época de los antiguos aztecas, que consideraban que una jovencita de quince años estaba lista para ser madre. Este mismo ritual, con diversos niveles de matices sexuales, existe en a lo largo de América del Sur, de América Central y en las comunidades de habla hispana en Estados Unidos. En México, el ritual recibió la influencia de la cultura francesa del siglo XIX, pues Francia gobernó a México durante varios años (lo que muestra que el narrador francés habría visto a nuestra Rosa con espinas como una joven madura a los quince años). Uno de los elementos más importantes de la fiesta de la quinceañera en México es que su padre le cambia los zapatos de piso por zapatos de tacón, lo que por tradición muestra que él entiende que su hija ya es sexualmente atractiva para los jóvenes y está dispuesto a permitirle buscar una relación sexual con su futuro esposo, cuando ella se case.

A los quince años, Rosa con espinas habría asumido el papel de una mujer madura, y además de la madurez sexual, esto habría significado que ella podía hacerse cargo del trabajo de una mujer adulta. Esto se simboliza con el huso, o con la fibra de lino que se transformaría en hilo con el trabajo de la hilandera. El instrumento que Rosa con espinas habría usado para tomar su lugar como jefa de familia, se volvió en su contra y se le clavó en un dedo, o se quedó clavado en su uña, lanzándola a un periodo en que estuvo dormida.

En el capítulo 1, que trata sobre Blanca Nieves, se dijo que el dormir es un símbolo del invierno, de la vida latente y de la muerte. En los cuentos de hadas, el elemento de dormir cien años es muy significativo: La idea de que el mundo físico sigue su curso a nuestro alrededor mientras nosotros exploramos el Inframundo, o el mundo inconsciente de los sueños, buscando una visión que nos dará plenitud. Esto trae a nuestra mente los rituales que pueblos como las tribus amerindias y las tribus de los nativos australianos han llevado a cabo a lo largo de muchos siglos. Entre los nativos australianos, este ritual es la famosa "Caminata" (Walkabout), un periodo en que los adolescentes que están llegando a la edad adulta se apartan del resto del grupo y se van solos a "encontrarse a sí mismos", valiéndose por sí mismos durante varios meses (que puede llegar a ser un año). Esto es como la búsqueda de un sueño, un periodo en que el mundo físico de la vida cotidiana de la comunidad se pierde de vista mientras los adolescentes viven una experiencia solos, y en cierto sentido deben luchar con el concepto de llegar a ser un perro o un lobo cuando el cangrejo salga de las oscuras profundidades.

Aunque tenemos cierta información sobre la iniciación de los jóvenes en el Walkabout (y si deseas más información sobre este tipo de iniciaciones para muchachos, consulta mi libro *La vara floreciente [The Flowering Rod]*), en las culturas indígenas, las jovencitas también participan en este tipo de rituales relacionados con la búsqueda de los sueños. Entre los navajos, cuando las jovencitas cumplen trece años y tienen su primera menstruación, tienen una iniciación hacia la madurez como mujeres a través de un hermoso ritual de cuatro días que se llama Kinaaldá, que es parte de la Ceremonia para Bendecir el Camino que llevan a cabo los navajos. La traducción literal de Kinaaldá es "ceremonia de pubertad", y este término puede intercambiarse para referirse a la jovencita o a la ceremonia.[10]

Este tipo de ritual existió en otras tribus, como en la de los indios quinault de Washington. Ahí, cuando las jovencitas tienen su primera menstruación, se les aparta durante cinco meses, después de los cuales "termina el periodo en que la jovencita estuvo en la oscura celda". Entonces se le consideraba apta para el matrimonio y normalmente se casaba poco tiempo después.[11]

Estos rituales son comunes para los jóvenes de ambos sexos en los pueblos indígenas, y han llegado a nosotros a través de rituales como el de la quinceañera, el bar mitzvah, e incluso la fiesta de la jovencita que cumple dieciséis años, que tanto se ha comercializado en algunos países. Aunque la mayoría de estos rituales han perdido sus elementos de sexualidad y de reclusión, muchos jóvenes todavía sienten que estos rituales son señales de que ellos han madurado. Dan a los adolescentes una sensación de confianza al iniciar una nueva fase de su vida.

El hecho de que Rosa con espinas se haya quedado dormida, representa este tipo de ritual de aislamiento antes de llegar a la edad adulta. En su caso, es una búsqueda de sueños, un periodo de aislamiento como el que vivían las jovencitas en las tribus de los navajos o los quinault. La Rosa con espinas anda sin rumbo en el Inframundo de los sueños, donde vive el cangrejo, buscando en los sueños una señal que le permitirá madurar y asumir el papel de una mujer adulta. De hecho, en el relato más antiguo, su visión realmente le permite llegar a ser una mujer adulta y tener hijos. A pesar de lo escalofriante que es este relato, los nombres de sus hijos nos da la idea de que nacieron durante su experiencia de sueños: Luna es la hija de un reino de sueños, un reino de la noche; Sol es el hijo que vuelve a llevar a Talía al mundo cotidiano, donde volverá la realidad.

Estos nombres también representan a los hermanos Diana y Apolo, que como ya hemos visto, otorgan intuición y capacidad profética. En la versión de Basile para este relato, Talía despierta, pero sigue recluida durante cierto tiempo educando a sus hijos, hasta que el mundo viene a rescatarla en la persona del rey que es un mujeriego. Entonces ella debe

10 Amrani, "La Ceremonia Kinaalda-Una danza hacia la madurez femenina"
11 Olson, *Los indios quinault*, 105-106.

someterse a una prueba de iniciación venciendo a la celosa reina y así ganarse el lugar que le corresponde como mujer adulta y reina de su mundo. La reina celosa toma el lugar de la madrastra malvada que desafía la identidad de la joven y la obliga a madurar. En cierto sentido, ella es la sacerdotisa que le ofrece a Talía su iniciación en una prueba de fuego. ¡Literalmente!

El ritual de la Rosa con espinas

Este ritual es un poco diferente si se le compara con los que hemos hecho antes. Es un ritual muy introspectivo y está diseñado para que lo haga una sola persona, o tal vez puedas hacerlo con alguien que sea tan cercano a ti que podrían dormir en la misma cama. La única forma de hacer el ritual con más de dos personas sería programarlo para que cada quien llevara a cabo el ritual en diferentes lugares al mismo tiempo, para luego compartir su experiencia.

Necesitarás una bajara de Tarot, y lo mejor es usar una baraja con las imágenes tradicionales del Tarot, como la de Rider-White, la baraja Thot, la baraja Royal Fez Moroccan o la baraja de Marsella. Otras bajaras pueden usarse para la adivinación, pero aquí queremos que aparezcan imágenes muy específicas en las cartas del Tarot.

También necesitarás:

- Una varita
- Una vela blanca en un candelero de cristal
- Una libreta en blanco (para usarla como diario)
- Incienso, sal, aceites y agua de lluvia o agua de nieve derretida (que se usará para purificar el baño ritual)

Vas a hacer este ritual la noche anterior a una luna nueva, a la hora en que normalmente te preparas irte a la cama por la noche (habrá un seguimiento en la siguiente luna nueva).

Podrías prepararte para el ritual tomando un baño purificador: En un baño iluminado por velas, llenas la tina de agua. Bendices el baño derramando en el agua las sales y los aceites (el aceite de rosa sería perfecto). Luego les pides a los elementos que se unan a ti, de la siguiente manera:

Esparces incienso sobre la tina de baño diciendo: "Espíritus del aire, bendigan este baño y concédanme intuiciones y pensamientos profundos".

Mueve una vela sobre el agua: "Espíritus del fuego, enciendan en mí la chispa de la inspiración".

Pon algo de agua de lluvia o agua de nieve derretida en la tina: "Espíritus del agua, permitan que yo vea visiones y sueños".

Pon sal en la tina: "Espíritus de la tierra, resguárdenme y denme calor cuando yo duerma".

Ahora métete a la tina de baño, relájate y di: "Rosa con espinas, que caminaste en los mundos de los sueños, ¡ven a mí! Deseo seguir tu camino hacia el Inframundo de los sueños y la emoción. Rosa con espinas, acompáñame esta noche, y camina conmigo en el sendero de la luz de la luna".

Quédate en la tina de baño tanto tiempo como quieras. Cuando quieras salir, pídeles a los elementos que te sigan hasta tu cama.

Cuando te hayas preparado para acostarte en la cama, coloca la vela blanca en su candelero y ponla en tu mesita de noche o en una superficie segura cerca de la cama. (Asegúrate de que nada esté tan cerca que pudiera quemarse mientras duermes, habiendo dejado la vela ardiendo, y asegúrate de que la vela esté en una superficie plana y que no pueda caerse. Confía en mí, hablo a partir de la experiencia.)

Ahora, busca estas cartas en la baraja de Tarot: La carta de en medio será la de la Luna, la carta número dieciocho. La primera carta debería representarte a ti, frente a lo que estás buscando en los sueños: Si eres mujer, podría ser la Sacerdotisa, la carta dos, una joven que busca secretos en el Inframundo y se esconde detrás de una sábana ante la cual está sentada. Si eres hombre, podría ser la carta del Mago, la carta uno; el mago desea aprender magia y profecía. La tercera carta serás tú en plenitud: Si eres mujer, el Mundo, la carta veintiuno, una bailarina que tiene seguridad y confianza. Si eres hombre, será el Ermitaño, la carta nueve, un alpinista robusto que lleva la luz del conocimiento a la cumbre de la montaña.

Enciende la vela en el candelero de cristal de modo que arda toda la noche sin el riesgo de que algo se queme. Ahora ponte cómodo en la cama, en la posición en que te vas a dormir.

Coloca las tres cartas del Tarot que has elegido sobre las cobijas frente a ti. Estudia la primera carta: Estás buscando un sueño, estás buscando intuición y conocimiento en tu viaje hacia el oscuro Inframundo. Mira directamente a los ojos de la Sacerdotisa o del Mago. Esa figura eres tú, preparado y fuerte, pero todavía no conoces los misterios más profundos que hay en ti o en tus sueños. Estudia esta carta durante unos minutos, y cuando sientas que te ha dado comprensión o perspicacia, escribe eso en tu diario (usa una frase corta, no dediques mucho tiempo a escribir).

Ahora toma la carta de la Luna. Mira la luna llena, que es la guía en los sueños. El cangrejo que está en la parte inferior de la carta es tu guía y te llevará a las profundidades oscuras del dormir y del olvido. Debes decirle algo al cangrejo; pídele que te guíe, pídele su adivinación. Escribe en tu diario lo que le pedirías al cangrejo.

Ahora toma la última carta, el Mundo o el Ermitaño. Quieres conocer, cómo es este personaje, los misterios más profundos, para predecir hacia dónde te llevará tu camino. Conserva la imagen de esta carta en tu mente durante unos minutos, luego prepárate para dormir. Cuando te estés quedando dormido, repite este cántico en tu mente:

Rosa con espinas, Talía, la que duerme
llévame por el camino que tú has recorrido
muéstrame los secretos que hay en mis sueños
permíteme ver lo que tú has visto.

Ahora todo depende de tus sueños. Pero cuando despiertes, en los segundos en que todavía no has despertado totalmente, escribe en tu diario cualquier cosa que esté en tu mente, sin importar lo extraña o trivial que parezca, y sin importar que sólo la recuerdes a medias.

Lleva este diario de tus sueños todos los días hasta la siguiente luna nueva. Luego guárdalo durante otro mes, de luna nueva a luna nueva. Después léelo (si hiciste este ritual programándolo con un uno o varios amigos o amigas, lean sus diarios juntos). Cuando lo hayas leído, escribe en él tus observaciones o intuiciones sobre los sueños y las visiones que hayas tenido.

Repite este ciclo de ritual después de varios meses, una y otra vez. Empezarás a tener sueños vívidos y a descubrir en ellos visiones que te serán útiles.

Capítulo 5

Escobita (La Bella y la Bestia): Las escobas y su magia

"La Bella y la Bestia" podría ser el cuento de hadas más popular en nuestra cultura (¡al menos estaría empatado con "Caperucita Roja!"). Ha habido películas, programas de televisión, obras de Broadway, e incluso personajes de libros de historietas. En este relato, un hombre hace un trato con una nefasta criatura encantada: Su hija a cambio de su propia vida. La hermosa hija de este hombre debe vivir con la bestia, que la visita cada noche en las habitaciones que ella tiene en el majestuoso castillo de la bestia. La joven está desgarrada entre su deber hacia su padre y su relación con esta monstruosa criatura. En este capítulo vamos a comparar la versión de los Hermanos Grimm, que data de 1812, y que está tomada de Cuentos de la infancia y del hogar *con la versión compilada por Ludwig Beckstein, otro coleccionista de tradiciones populares, que se publicó en 1845 en el libro* Deutsches Märchenbuch (Libro de cuentos tradicionales alemanes). *Luego hablaremos sobre un instrumento de magia que no se entiende muy bien, la escoba, y aprenderemos algunos hechizos y usos de este útil instrumento.*

La Bella y la Bestia. Casi podríamos asegurar que todos los niños de nuestra cultura crecieron con esta historia de amor, intriga y lealtades divididas. Los adultos jóvenes de la década de 1980 disfrutaron la serie de televisión que ubicó el relato en una escuálida ciudad moderna, y los niños de la década de 1990 se emocionaron con la película de Disney y sus diversas ramificaciones (incluyendo una secuela navideña).

Lo Hermanos Grimm compilaron el relato como "El Jardín del Verano y el Invierno", que en su tiempo era un cuento muy antiguo y se había contado y compilado en toda Europa. Veremos su versión y la compararemos con la versión de Ludwig Bechstein, un coleccionista alemán. Él compiló cuentos en la misma época que los Hermanos Grimm, durante la primera mitad del siglo XIX, y era el coleccionista más popular entre la gente común de entonces. A diferencia de los Hermanos Grimm, él conservó las historias casi tal como las coleccionaba; no cambiaba a los personajes, ni transformaba a las madres en madrastras. Así que el relato podría ser ligeramente más complicado y en ciertos lugares podría no ser muy lógico. Así es como lo contaba la gente, Vamos a explicar esto más adelante.

La versión de Bechstein tiene un título extraño, "Escobita". El título se refiere a un personaje secundario de la historia; también trataremos de explicar eso.

El relato empieza en forma muy parecida a la que usó Disney. Un mercader tenía tres hijas; las dos mayores eran bastante groseras y egoístas, pero la más joven era hermosa, modesta y piadosa. En esta versión, la más joven se llamaba Nettchen, que es una variante alemana del nombre hebreo Ana, que significa "Dios fue generoso". Por tanto vemos que la bondad y la piedad de la chica están presentes en su nombre. En otras versiones, la chica se llama Belle (en francés) o Bella (en italiano), y de ahí proviene el nombre del título que conocemos para esta historia.

En el segundo párrafo encontramos una pequeña diferencia con la versión de los Hermanos Grimm; se nos dice que "Nettchen tenía una amiga muy querida que era muy pobre, pero que como ella, era bella y virtuosa. Era hija de un fabricante de escobas, y por esa razón, tanto los viejos como los jóvenes, la llamaban Escobita. Estas dos chicas tenían el mismo corazón y la misma alma. Se confiaban sus pequeños secretos y no le daban importancia a las diferencias de clase social. Esto hacia que las hermanas mayores de Nettchen se enfurecieran, pero ella ignoraba sus regaños y a pesar de ellos seguía queriendo a Escobita.

Ahora la historia sigue adelante como la versión de los Hermanos Grimm. Su padre va a hacer un largo viaje y les pregunta a sus hijas qué quieren que les traiga. Las dos hijas mayores le piden de todo, pero la pequeña Nettchen le asegura que tiene todo lo que ella necesita. Su padre insiste y ella finalmente le pide "tres rosas en un solo tallo", pero está segura de que no las va a encontrar en lo más crudo del invierno.

Cuando su padre ya venía de regreso a casa, vio un jardín amurallado que colindaba con un castillo; en el jardín crecían rosas en medio del invierno. Su padre encontró tres rosas en un solo tallo y las cortó. De inmediato se presenta ante él una bestia, que el narrador describe diciendo que tiene una larga trompa, pelaje espeso y varias otras cualidades desagradables. La Bestia le dice que pagará con su vida por haber cortado esas rosas. El hombre ruega por su vida y le explica a la Bestia la razón por la cual cortó la rosa. La Bestia llega a la conclusión de que la hija de este hombre debe ser muy especial y lo obliga a prometerle que, a cambio de su vida, el padre debe entregar su hija a la Bestia "dentro de siete meses".

El hombre vuelve a casa y no le dice nada a Nettchen, pero a las dos hermanas mayores les habla de la Bestia y de la promesa que le hizo. Según el relato, las hermanas se alegran con esta noticia.

Llega el tiempo en que este hombre debe cumplir su promesa. El carruaje de la Bestia llega a su casa, pero el mercader decide engañar a la Bestia: Manda a Escobita en lugar de mandar a Nettchen. Pero la Bestia de inmediato se da cuenta del engaño. Manda a Escobita de regreso en su carruaje y sus sirvientes dejan a la campesina y se llevan a Nettchen.

Como es comprensible, Nettchen está asustada, pero es valiente y enfrenta la situación. La llevan a un castillo muy hermoso donde le sirven un suntuoso banquete. En silencio, las sirvientas la acompañan a una habitación bellísima, donde ella dice sus oraciones y se acuesta a dormir. Pero cuando despierta, la Bestia está acostada junto a ella. La Bestia se levanta y sale de la habitación en silencio, dejando a Nettchen pensando en lo que está sucediendo.

Al parecer la situación no le preocupa mucho. De hecho, la Bestia duerme con ella todas las noches, y ella cada vez tiene menos miedo. La Bestia la acaricia; "y ella acariciaba su pelaje espeso e incluso permitía que la Bestia le tocara los labios con su trompa larga y fría". Comparemos esto con la forma en que el oso trataba a Blanca Nieves y a Rosa Roja.

En este punto, esta versión del relato condensa sucesos que son mucho más extensos en la versión de los Hermanos Grimm: Una noche la Bestia no aparece y Nettchen se preocupa mucho. Descubre que no puede dormir sin la Bestia, y se da cuenta de que se ha encariñado con él.

En "El Jardín del Verano y el Invierno", la versión de los Hermanos Grimm, pasan semanas y meses de cortejo, pero un día Bella recibe la noticia de que su padre está a punto de morir porque la extraña terriblemente. La Bestia le permite volver a casa para ver a su padre, pero le pide que le prometa regresar. Ella regresa con la Bestia, pero encuentra que se está muriendo en el sembradío de coles. Así es como los Hermanos Grimm narran este pasaje de la historia: "Ella buscó a la Bestia pero no estaba ahí. Lo buscó por todas partes pero no pudo encontrarlo… Entonces se sintió doblemente triste y no sabía cómo consolarse. Muy triste, se dirigió al jardín donde vio una pila de coles. Eran viejas y estaban podridas, y ella las hizo a un lado. Después de quitar algunas coles, pudo ver a su querida Bestia. Yacía debajo de las coles y estaba muerto". En esta versión, Bella revive a la Bestia con agua, y en ese momento la Bestia se transforma en un apuesto príncipe.

Pero en la historia de "Escobita" que narra Bechstein, faltan algunos detalles: la Bestia simplemente no llega a dormir. La joven camina sin rumbo hasta que llega a un hermoso jardín donde encuentra a la Bestia medio muerta cerca de una poza. Entonces hay comentario sobre el pecho de la joven (un amargo dolor penetró en su pecho y ella lloró por la muerte de la pobre Bestia), pero sus lágrimas despiertan a la Bestia y hacen que se transforme en el apuesto joven que ya conocemos.

Entonces la Bestia le explica a Nettchen que ella acaba de salvarlo de una maldición: "Mi padre quería que yo me casara con una mujer que yo no amaba. Me negué rotundamente y en su enojo, mi padre hizo que una hechicera me transformara en un monstruo. La transformación duraría hasta que una virgen inocente se enamorara de mí a pesar de mi horrible aspecto…" Nettchen libera a la Bestia y él le pide que se case con él.

Aquí vemos la bondad de la Bestia; se niega a casarse sin amor y prefiere enfrentar un terrible destino antes de traicionar sus principios. Se supone que el lector debe perdonarlo por haber amenazado de muerte a un hombre y por secuestrar y violar a una jovencita, cuando se revelan sus motivos.

Pero espera, aún hay más

El cuento de los Hermanos Grimm termina aquí, pero la historia de "Escobita" sólo está a la mitad.

Nettchen no podía volver a casa de su padre sino hasta pasado un año. Pero ahora se nos dice que ella consigue un espejo (muy conveniente) en el que puede ver lo que sucede en su casa. En el espejo puede ver que sus hermanas están bien, pero que su padre sufre por su ausencia. También puede ver que Escobita la extraña desesperadamente. Al final, el espejo le revela que su padre está muriendo y que a sus hermanas no parece importarles.

El joven que antes había sido la Bestia le dice que en su jardín hay una hierba medicinal que es capaz de salvar vidas, y que como ya casi ha pasado un año, ella puede ir por su padre, por su amiga y por sus malvadas hermanas y traerlos al castillo donde su padre recibirá la atención necesaria para recuperar la salud, La joven regresa con todos al castillo. Su padre se cura, y ella y Escobita vuelven a disfrutar de su amistad. Pero la historia de sus hermanas es muy distinta: "Nettchen sabía perdonar de corazón, y a pesar de lo mucho que sus hermanas la habían lastimado, ella quería compartir su buena fortuna con ellas. Por lo tanto, las invitó a visitarla y les mostró sus riquezas. Sin embargo, el esplendor hizo que sus hermanas se enfurecieran y decidieron matar a su hermana que ahora era tan feliz. En una ocasión, cuando estaban en el baño hundieron a Nettchen bajo el agua y la ahogaron".

Bonito, ¿no? Pero entonces, "una figura femenina muy alta" surge del agua y le devuelve la vida a Nettchen. Es la hechicera que antes había hechizado al joven. Está muy enojada. Le pregunta a Nettchen qué quiere que se haga con sus hermanas. Nettchen ruega por sus vidas, pero la hechicera no está dispuesta a ceder. Le dice a la joven que sus hermanas deben recibir un castigo: "Serán transformadas en columnas y así se quedarán hasta que un hombre se enamore de ellas, pero eso nunca pasará".

Las dos hermanas sufren esa transformación, y se nos dice que hasta la fecha siguen siendo columnas de piedra en el jardín, ya que nadie puede enamorarse de una joven que tiene corazón de piedra.

La historia termina así: "La bondadosa Escobita siguió siendo la amiga más fiel de Nettchen. Ella sigue compartiendo su buena fortuna con su amiga, y lo hará mientras ninguna de ellas muera".

Cosas de bestias

Nos enfrentamos a varios acertijos en esta historia; en primer lugar tenemos simplemente el relato básico de la Bella y la Bestia: ¿quién es la Bestia y por qué se presenta cuando alguien corta una rosa? ¿Y por qué es Nettchen (o Belle, o Bella) la única que puede hacer que se trasforme en un joven príncipe? ¿Y por qué se desarrollaron los sucesos adicionales de este relato, como el hecho de que Nettchen muriera ahogada y que sus hermanas fueran transformadas en columnas de piedra? Y finalmente, ¿quién es Escobita y por qué aparece en esta historia? De hecho, ¿por qué se le da su nombre al relato a pesar de que ella es un personaje secundario que figura poco en la trama?

Ya sé lo que estás pensando: Deja de hacerme tantas preguntas. Muy bien, intentemos responder algunas de ellas.

En primer lugar, miremos a la Bestia. Es obvio que se trata de un ser encantado que vive en un casillo rodeado por un jardín amurallado y que aparece cuando alguien corta una rosa. Vemos esta misma trama en "Tam Lin", una balada tradicional escocesa sobre un ser del Mundo de las Hadas que se presenta cuando una hermosa jovencita llamada Janet corta una rosa y que luego llega a ser su amante (prácticamente de un momento a otro). En otras versiones de La Bella y la Bestia, lo que la hija le pide al padre no es una rosa sino una "varita de nogal", pero volveremos a hablar de eso cuando abordemos la historia de "La Cenicienta"; las avellanas están hechizadas y pueden hacer que se presenten los espíritus del Mundo de las Hadas. De modo que la Bestia es un Ser del Mundo de las Hadas o un ser cambiado que merodea un castillo secreto o prohibido, y al igual que Tam Lin, se presenta cuando alguien corta una rosa u otra planta encantada.

Comparemos a la Bestia que aparece en esta versión con la criatura de otras versiones. En este relato se describe a la Bestia simplemente como un monstruo peludo de trompa larga que viste un abrigo. En otras versiones es un oso o un caballo, y en unas cuantas es una serpiente (una serpiente de tres cabezas, para ser exacto). Esto nos recuerda a Eva y a la serpiente, que también se relaciona con un jardín amurallado o protegido en el que hay una planta prohibida (un fruto prohibido que crece en un árbol); y también se presenta un amante monstruoso, la serpiente, y un apuesto amante humano, Adán. La versión del oso nos recuerda la historia de "Blanca Nieves y Rosa Roja" en el que las niñas cuyos nombres aparecen en el título de la historia tienen un romance con el amoroso oso y con un amante humano que es un príncipe. Y la versión del caballo es similar a un relato turco sobre "El Caballo y la Bruja", en el que un Shah les pide a sus tres hijas que alimenten a su caballo más valioso mientras él sale de viaje lejos de casa por un tiempo. Las dos hijas mayores tratan de alimentar al caballo, pero éste no acepta el alimento que ellas le ofrecen (lo que nos recuerda a las dos hijas mayores que aparecen en el relato de la Bella y la Bestia). La hija menor alimenta al caballo sin dificultad. Cuando su padre vuelve a casa y se entera de esto, obliga a su hija menor a casarse con el caballo. Cada noche, el establo se transforma en un jardín de rosas (otro jardín secreto y amurallado) y el caballo se transforma en un apuesto joven.

Todas las versiones de esta historia tienen una deuda con leyendas y mitos muchos más antiguos en los que mujeres aparentemente hermosas se ven atraídas hacia amantes monstruosos. De inmediato podemos ver que el relato de "La Bella y la Bestia" es similar al antiguo mito griego de Cupido y Psique.

En ese mito, Venus está muy celosa de una mujer mortal llamada Psique que es asombrosamente bella (como nuestra Nettchen o Belle). Venus manda a su hijo Cupido a matar a la chica, pero Psique es tan hermosa que cuando Cupido entra a su habitación y la ve dormida, comete un error y se clava su propia flecha, y en esa forma se enamora de la jovencita que está dormida. Él quiere casarse con ella, pues se ha convertido en su bella obsesión, pero Venus, locamente celosa, se opone a la unión, así que Cupido alberga en secreto a Psique en un hermoso castillo para protegerla de su madre, la Diosa que desaprueba esa relación.

Cupido visita a su amada cada noche, pero le advierte que debe mantener las lámparas apagadas para que así ella no pueda verlo. Psique supone que él es un monstruo horrible, y aunque hace el amor con él, se siente aterrorizada. Esto sigue sucediendo durante mucho tiempo: Cupido visita a la joven por las noches, en una oscuridad absoluta, y Psique cree que está teniendo sexo con una detestable bestia.

Al final, Psique no puede resistir la tentación de encender una vela durante sus momentos de pasión. La enciende y descubre la verdadera identidad de Cupido. Para poder casarse con su amado, Psique debe visitar la región de Hades, terminando así su vida para poder volverse inmortal. Al final, Zeus le otorga a Psique el don de la inmortalidad y ella se casa con Cupido y da a luz a Voluptas, la curvilínea semidiosa de cuyo nombre viene la palabra *voluptuosa*.

Éste es un relato sobre la percepción: primero, la percepción que Venus tiene de sí misma como la criatura más hermosa del universo que se ve amenazada cuando una joven mortal parece ser más hermosa que ella. Ésta es una página sacada directamente de "Blanca Nieves". Al igual que la madre de Blanca Nieves, la diosa está dispuesta a acabar con la jovencita para conservar su percepción de sí misma como el ícono de la belleza.

Encierran a Psique en la torre de un castillo para protegerla, donde llega a ser una especie de esclava del amor, y Cupido sólo la visita en medio de las tinieblas más profundas. Su percepción es que Cupido, que en realidad es la epitome de la belleza masculina, es un monstruo detestable. Hace el amor con él noche tras noche, pero se imagina que si lo mirara quedaría aterrorizada. Este pensamiento, por supuesto, no la deja en paz hasta que corre el riesgo de encender una vela; en ese momento puede ver al Dios Cupido, que es asombrosamente apuesto. ¿Qué chica no querría tener a alguien así?

Bestias, dioses y hadas

La historia de Cupido y Psique comparte el tema de los amantes monstruosos con una balada tradicional inglesa sobre los seres del Mundo de las Hadas titulada "El Rey Enrique". En esta balada una monstruosa hada atrapa un Rey Enrique ficticio en un pabellón de caza y le exige que mate a todos los animales que lo acompañan en sus cacerías, sus caballos, sus perros y sus águilas, para saciar el hambre de la monstruosa hada, y luego lo obliga a acostarse con ella y llenarla de placer. Pero cuando él lo hace, ella se transforma en la "dama más hermosa jamás vista". En este relato, una vez más, la percepción de Enrique cambia cuando se acuesta con la monstruosa hada.

En el relato que estamos estudiando ahora, ciertamente hay una presencia de seres del mundo de las hadas. La Bestia satisface todos los requisitos de un ser del Reino de las Hadas que se ha cambiado por un ser humano: Tiene dominio sobre un castillo embrujado; aparece cuando alguien corta una rosa o una ramita de nogal, seduce a jovencitas castas y hermosas. En esta versión, también tenemos a la "hechicera" que al final surge del agua con su varita mágica y controla la vida y la muerte. De hecho, el narrador alemán utilizó una palabra que equivale a *hechicera*, porque como dijimos en el capítulo 3, sobre "Hansel y Gretel", las brujas eran las villanas más comunes de la época. Pero esta mujer encantada parece ser una Nixie, un hada del agua, como las que a menudo se mencionan en los cuentos de los Hermanos Grimm. Aquí vemos a una Nixie clásica: Surge del agua, toma seres humanos para intercambiarlos y puede salvar a Nettchen cuando se ahoga. La "hechicera" también hace un papel como el de Venus, a quien se debe aplacar para que Cupido pueda casarse con Psique.

Pero espera, al parecer la propia Nettchen también es un ser cambiado, ¿no lo crees? En casi todas las versiones de la historia, ella se entrega a cambio de la vida de su padre. En todos los relatos clásicos sobre personas cambiadas, se trata de seres humanos que son trasportados al mundo de las hadas y recluidos ahí. A menudo, se da un intercambio y un ser del mundo de las hadas toma su lugar. En este caso, el Padre entra al mundo de las hadas, el jardín amurallado, y por lo tanto está en los dominios de las hadas: Ahora una vida humana debe ofrecerse si él quiere volver a su mundo. Bella casi siempre acepta irse voluntariamente, ansiosa de salvar a su padre; en este relato ella es arrebatada cuando Escobita no resulta ser una buena suplente. Escobita no lleva la sangre del padre de Bella, así que probablemente no califica para ese intercambio.

Lo que es fascinante es lo que ocurre cada noche cuando Nettchen/Bella está en el castillo. "Después de decir sus oraciones, ella se quedó dormida. Cuando despertó, vio aterrorizada que un asqueroso monstruo peludo estaba acostado a su lado. Pero estaba tan tranquilo que ella no lo perturbó". Esto es exactamente lo que le pasó a Psique en el castillo de Cupido; lo que les pasó a Blanca Nieves y a Rosa Roja con su oso; y lo que le pasó a la hija más joven en el relato de El Caballo y la Bruja"; en cada uno de estos relatos, la chica lleva una vida relativamente normal durante el día, pero en la noche, cuando duerme, recibe la visita de su demoniaco amante.

En el capítulo 1, "Blanca Nieves", hablamos del dormir, de los sueños y de nuestra conexión con el Inframundo a través de ellos. Para Blanca Nieves y para Nettchen, la visita de cada noche al Inframundo incluye situaciones que la chica no se permitiría durante el día. No sólo tiene sexo con un ser bestial y repugnante (algo que ciertamente no haría una chica dulce y piadosa; sin embargo, tal vez es algo que ella podría soñar que haría). Parece disfrutarlo lo suficiente como para repetir la experiencia noche tras noche; y todos los días ella despierta sin traumas, y vive durante el día como si nada anormal hubiera pasado.

En nuestra cultura usamos la frase "amante de ensueño". La Bestia es literalmente un amante de ensueño, pues invade los sueños de Nettchen cuando se manifiesta cada noche, y puede dormir con ella, abrazarla, penetrarla. Ésta es la puerta que utiliza el ser del mundo de las hadas (Bestia, caballo, oso, serpiente) para entrar al mundo en que vive la jovencita y para llegar a ser su amado mortal.

El espejo de las hadas vuelve a aparecer

Nosotros hemos escuchado este relato desde que éramos niños y sabemos algo que Nettchen no sabía: Que la Bestia es en realidad un apuesto príncipe. Sabemos que el caballo se transformará en un caballero durante la noche, que el oso guiará a Rosa Roja y a Blanca Nieves a un tesoro antes de asumir una atractiva forma humana, y que la serpiente del jardín del Edén le dará a Eva el conocimiento de su sexualidad para que pueda tomar como esposo a su hermano Adán y dar origen a la raza humana. Estamos tan familiarizados con estos relatos (u otros similares) que tenemos plena confianza en que la Bestia desaparecerá y que la chica tendrá a su apuesto príncipe.

¿Pero qué pasaría si esto no sucediera? En otras palabras, ¿qué pasaría si estas criaturas del Reino de las Hadas, cubiertas de pelaje, escurridizas, burdas y musculosas, fueran la forma real del amante? ¿Qué pasaría si el "apuesto príncipe" sólo fuera un sueño, una estratagema, una imagen glamorosa a la que se da forma para hacer que quienes escuchan el relato se sientan más cómodos? Recuerda que al hablar de "Blanca Nieves y Rosa Roja" dijimos que en muchas versiones el oso es simplemente un oso (¿qué habla y duerme con niñas humanas?).

En estos relatos vemos el umbral donde el mito, en forma de sueño, puede cruzar hacia el mundo real. ¿El amor que Netchen siente por la Bestia le permite recuperar su forma humana? ¿O resulta que él está de acuerdo con asumir esa forma durante el día, volviendo a su forma real durante la noche para satisfacer su deseo sexual y su adoración por su amada?

Mientras Nettchen está dormida, ella vive en el mundo de las hadas, donde puede ver la verdadera forma de su amado. En este estado, ella está cómoda y acepta el aspecto de bestia que él tiene; entrando en una intimidad con su desagradable amante.

Pero si Nettchen y la Bestia desean volver al mundo cotidiano, las cosas deben cambiar.

Con frecuencia hemos visto relatos sobre seres cambiados en los que el ser cambiado vive en nuestro mundo durante cierto tiempo, pero debe volver a su propio mundo, el reino de las hadas o el Inframundo, para que la transición sea permanente, para asumir la forma que corresponde en el mundo de los mortales. Un lugar donde vemos esto claramente es en el relato de Rhiannon, tomado del *Mabinogión*. Recordarás que en ese relato Rhiannon entra a nuestro mundo como una mujer que parece humana para casarse con Pwyll, un hombre mortal. Pero cuando un ser del mundo de las hadas toma a su hijo para intercambiarlo por un potrillo, Rhiannon, un Hada equina, debe llevar jinetes sobre sus espaldas y usar una arnés y una silla de montar; debe vivir como caballo, que es la forma que tiene en el Inframundo.

El hecho de volver a su personaje del Inframundo es lo que permite que al final le devuelvan a su hijo, y le permite vivir como una mujer humana. Vemos esto en un relato más cercano a "Escobita", cuando Psique, que ha hecho el amor con alguien que ella cree es un monstruo horrible, descubre la verdadera forma de Cupido; ahora ella debe aventurarse entrando al Inframundo de Hades para salir de él como un ser inmortal y tener a Cupido en su forma atractiva, como Dios del Amor. (Debemos preguntarnos cuál es el aspecto que Cupido tiene allá.)

Aquí es donde vemos que la extraña versión aumentada del relato de "Escobita" empieza a tener algo de sentido. Al igual que Psique, Nettchen debe viajar al Inframundo y entregar su vida mortal para estar con su esposo, la Bestia. Aunque ahora la Bestia tiene el aspecto de un apuesto príncipe, sigue siendo una criatura encantada que vive en un castillo recóndito. Las hermanas de Nettchen llevan a cabo la función de darle a Nettchen un empujoncito, en sentido literal y en sentido figurado, para que vuelva a visitar el mundo encantado en el que ha vivido cuando sueña, donde puede tener sexo con su amado encantado. Pero ahora viaja al mundo de las hadas a través de la muerte y vuelve con la ayuda de la Nixie de los ríos que le devuelve la vida (y que es como la Venus del mito griego).

Pero la Nixie debe tomar una vida a cambio. Toma a las dos hermanas que se describen como personas tan taimadas y manipuladoras que a quienes escuchan el cuento no les molesta el intercambio. Después de todo, una vida humana es como cualquier otra para un ser del mundo de las hadas. De modo que dos hermanas a cambio de una Bestia y una niña bonita es un intercambio justo.

El acertijo final

Todavía nos queda un acertijo final: ¿Qué está haciendo Escobita en la historia? De hecho, ¿por qué la historia lleva su nombre?

Escobita es una niña campesina que vive más cerca de la naturaleza que Nettchen y sus hermanas, que son de una clase más acomodada. En el relato leemos: "Ella era hija de un fabricante de escobas y por esa razón tanto los jóvenes como los viejos la llamaban Escobita. Ambas chicas tenían el mismo corazón y la misma alma. Se confiaban sus pequeños secretos y no le daban importancia a las diferencias de clase social. Esto hacia que las hermanas mayores de Nettchen se enfurecieran, pero ella ignoraba sus regaños y a pesar de ellos seguía queriendo a Escobita".

El padre de la chica es un fabricante de escobas (y en ese caso, la hija también podría trabajar en su taller haciendo escobas). Para fabricar escobas este hombre debía cultivar sorgo, cortar madera para los palos de las escobas, y usar un ingrediente secreto: La bellota que se oculta en la unión entre la escoba y la madera.

En Wicca y en otras religiones paganas, existe una conexión mágica entre una jovencita y una escoba. Las brujas dan a sus escobas el nombre de *besom*, y tienen una relación tan cercana con esta herramienta mágica que normalmente se les representa montadas en sus escobas.

El honor de usar la *besom* para barrer el círculo mágico se otorga, por tradición, a la mujer más joven en un grupo de seguidores de Wicca. Podría considerarse que Escobita era una jovencita muy mágica, la mujer más joven que custodia los misterios de la escoba. Escobita tendría este poder increíble en su interior, la chispa de la fertilidad que representa la escoba en las mujeres más jóvenes del aquelarre, las cuales, al no haber perdido todavía muchos de sus óvulos a través de la menstruación, tienen mayor capacidad para crear la vida. Ésta es una magia muy antigua, es un poder asombroso que sólo tienen las jovencitas. Quienes escucharon esta historia en la Europa medieval habrían entendido esto en cierta medida.

También se nos dice que las dos chicas "tenían el mismo corazón y la misma alma". Nettchen comparte esta magia antigua; es más, a través del amor que siente por Escobita, está consciente de esta magia. Eso le permite aventurarse y viajar al mundo de las hadas sabiendo que no sufrirá ningún daño.

En la mayoría de las versiones de "La Bella y la Bestia", los lectores sienten que la vida del padre se intercambia por la vida de Bella. Después de todo, la Bestia insiste una y otra vez que sólo le perdonará la vida al padre si Nettchan/Bella es llevada al castillo para tomar el lugar de su padre. ¿Pero recuerdas a Tam Lin y su rosa? (Te dije que volveríamos a tratar este tema.) La rosa habría hecho que Tam Lin se presentara prácticamente ante cualquier persona, pero era Janet, y solamente Janet, quien podría llevar en su seno al hijo de Tam Lin y salvarlo de su destino de llegar a ser un sacrificio para el Infierno a manos de la Reina de las Hadas.

Ahora imaginemos que la Bestia, como Hades cuando vio a Perséfone, había puesto sus ojos (en un estado de sueño) sobre Nettchen y la había deseado a ella y solamente a ella. Él sabía que el padre de la chica pasaría por ahí, así que hizo que esa rosa apareciera en su jardín en lo más crudo del invierno (por eso el cuento de los Hermanos Grimm lleva el título de "El Jardín del Verano y el Invierno"). El padre calló en la trampa, pero la trampa se planeó para Nettchen, no para su padre.

Ahora, la Bestia debe dejar una joven encantada en el lugar de Nettchen. Bueno, esa joven es Escobita, ¡la niña mágica que tiene encerrados en su interior los misterios innatos de la escoba que son capaces de crear vida! Ya es una criatura del mundo mágico, el padre de Nettchen se la lleva pensando que nadie va a extrañar a la humilde hija del fabricante de escobas (en la versión de los Hermanos Grimm, por cierto, se lleva a la hija del molinero). Pero la Bestia la regresa y se lleva a Nettchen.

En los intercambios de los seres del mundo de las hadas, normalmente se deja en nuestro mundo una vida del mundo de las hadas. La inteligente Bestia ha previsto que el padre de Nettchen le mandará a una chica que ya tiene un pie en el mundo encantado. ¡Fantástico! La Bestia devuelve a Escobita y lleva a cabo el intercambio que lo libera para poder tomar a Nettchen sin tener repercusiones en el Inframundo. El Inframundo está satisfecho. La mágica Escobita puede vivir en nuestro mundo mortal mientras que se retiene a Nettchen en un recóndito castillo.

Al final de este relato, Escobita acompaña a su amiga al castillo de ensueño. Después de todo, el Inframundo es su hogar lejos del hogar. Y ahora ella puede compartir con Nettchen un vínculo mágico que tal vez antes no habría podido ser posible. Aunque sabemos muy poco sobre ella, se le menciona en forma prominente en el último párrafo: "La bondadosa Escobita siguió siendo la amiga más fiel de Nettchen. Ella sigue compartiendo su buena fortuna con su amiga, y lo hará mientras ninguna de ellas muera". ¿Morir? ¿Estas chicas? Algo muy poco probable en el mundo de las hadas que es este recóndito castillo.

Las escobas y la magia de las escobas

En "Escobita" vemos que una rosa en un jardín amurallado guía a Nettchen (Bella) hacia la Bestia. Pero en realidad hay dos plantas mágicas en este relato: La otra es el sorgo la planta con la que se hacen las escobas, que está implícito en el nombre del personaje que aparece en el título, y cuya magia se expresa en sus habilidades relacionadas con la fabricación de las escobas.

En muchos sistemas, se considera que la escoba es un instrumento de magia muy poderoso. La escoba contiene tanta magia en las leyendas populares que las brujas míticas se ven volando por los aires montadas en sus escobas. Por lo visto, los hechiceros modernos también hacen buen uso de sus escobas: Los seguidores de Harry Potter conocen muy bien la imagen de Harry jugando Quidditch en su Nimbus 2000.

¿Cómo fue que la escoba, o *besom*, llegó a ser un instrumento tan relacionado con las fábulas, y cómo podemos usarlo en los rituales y en la magia?

Para entenderlo, analicemos la estructura de una escoba y lo que representan sus partes.

En primer lugar, existen diferentes tipos de escobas. La escoba tradicional de las brujas es una escoba para el hogar, hecha con ramas de sorgo y con un palo de fresno. El sorgo se conoce técnicamente como *Sorghum vulgare*, y es un tipo de planta, tipo hierba, que se usa para hacer melaza. Parece un cereal comestible cuando crece y se cosecha como el trigo o plantas similares, de modo que representa la cosecha, un rito sagrado en el paganismo y en la brujería. La cosecha está bajo el patrocinio de dioses como Baco y Dionisio, Saturno y Mabon; y de diosas como Ceres, Pomona, Demeter y Mab. De modo que la escoba es sagrada para cada una de estas deidades.

El fresno que se usa en el palo de la escoba es el fresno europeo, *Fraxinus*, una familia que incluye al fresno o fresno de montaña. En Irlanda se conoce "rowan" o como "árbol de mayo" porque es el primer árbol que florece en mayo, lo que indica que la primavera y la temporada de la siembra han comenzado. Los paganos modernos celebran la festividad de la primavera el 1 de mayo, pero en Irlanda se celebra cuando el "rowan" tiene sus primeras flores. En el pasado, el fresno se usaba para hacer las lanzas que se utilizaban en la cacería, de modo que este árbol es sagrado para dioses como Herne, Cernunnos y Lugh, y para diosas como Artemisa y las Flidais de Irlanda.

Cuando se hace una escoba tradicional, las cerdas de sorgo se sujetan con mimbre y se cosen al palo de fresno. Oculto en esta unión, donde la escoba se sujeta al palo, hay una bellota. En el ámbito de la magia, las cerdas de sorgo de la escoba representan los órganos sexuales femeninos, y el palo de fresno representa el órgano sexual masculino. La unión crea la vida, y la bellota oculta en ese punto representa al óvulo fértil que está en el interior de la mujer. Por eso, en las tradiciones de Wicca, a menudo una niña o una mujer muy joven (llamada sirvienta o doncella) usa la escoba, pues los seguidores del Wicca tradicional creen que ella tiene el mayor potencial para concebir la vida.

En especial para una mujer, barrer el círculo y sentir la energía de la fertilidad de la escoba puede producir una asombrosa experiencia de magia y poder, aunque en base a mi experiencia puedo decir que un hombre también puede sentir esa energía. Muchos paganos modernos podrían sentir que barrer el área de un ritual con la escoba elimina la energía negativa, pero entre los seguidores de Wicca éste no es el propósito de barrer: Al barrerse el círculo se esparce la energía de la fertilidad que usará el grupo para crear la magia.

En un ritual de Wicca, la doncella tiene el derecho de barrer el círculo, pero una mujer o un hombre de mayor edad también pueden hacerlo, en especial si no hay una jovencita presente en el grupo. En otras tradiciones Paganas, cualquier miembro del grupo puede barrer. Barrer es una de las primeras acciones de un ritual, y ayuda a unir a quienes asisten al círculo que se están concentrando en esa área, pues la acción de barrer la define. El círculo se barre tres veces con un movimiento lento y circular alrededor del exterior del círculo. Las personas que están dentro del círculo entonan una bendición o un canto mientras se lleva a cabo la acción de barrer. A continuación se presenta el canto que se entona en mi grupo. Nótese que las palabras se relacionan con los materiales de la escoba y con la forma en que se van a usar mágicamente.

Sorgo de la escoba dorada
atado bajo la luna.
Palo de fresno, encanto de la bellota
dancen en la magia, alejen el mal
tejan bien el círculo
tejan bien el encantamiento
barran bien el círculo
barran bien el círculo
(Kenny Klein, del CD Roble y Fresno, 2006)

Después de barrer el círculo, la escoba se pone en el suelo en la orilla este del círculo, este sitio representa la juventud y el nacimiento. En ocasiones, la doncella sostiene la escoba durante ciertas acciones en las que se requiere elevar la energía de la magia para realizar un hechizo; esto normalmente se hace cantando y danzando, y la doncella canta y danza con la escoba, lo que ayuda a dirigir la energía del grupo. Ésta es una práctica que tal vez ayudó a formar el estereotipo de las brujas viajando en sus escobas.

Cómo conseguir una escoba

Si quieres intentar algo de magia con escobas, o si simplemente quieres tener una escoba en tu arsenal de magia, será necesario que la compres o que la hagas. Si eres hábil, puedes hacer tu propia escoba. Existen guías excelentes en Internet, y hay algunos manuales impresos. Recomiendo altamente *Sorgo y escobas* (*Broom-Corn and Brooms*), un tratado escrito en 1887 que se acaba de publicar como parte de la Serie de Reimpresiones Clásicas de la casa editorial Algrove Publishing.

Si no eres muy hábil, en Internet puedes encontrar lugares excelentes donde se pueden conseguir escobas; también pueden conseguirse en ferias y festivales de artesanías. Personalmente, he comprado varias escobas en las Ferias del Renacimiento. También puedes encontrar artesanos que hacen escobas en el sur de Estados Unidos, donde la fabricación de escobas sigue siendo popular. Si puedes hablar personalmente con el artesano, asegúrate de que las cerdas sean de sorgo, y si puedes conseguir un palo de fresno, mejor. Si el artesano está dispuesto a hacerte una escoba a tu gusto (y la mayoría están dispuestos a hacerlo), pídele que ponga una bellota en la unión entre la escoba y el palo. Tal vez desees encontrar una bellota que sea especial para ti y llevarla contigo cuando vayas a hablar con el artesano.

Una última palabra sobre la compra de una escoba: Los seguidores de Wicca creen que cuando uno compra un instrumento mágico, debe pagar exactamente lo que se le pida como precio justo; nunca trates de regatear. Negociar para conseguir una "ganga" niega la magia del instrumento y devalúa el trabajo artesanal de la persona que la hace. Lo mejor es pagar exactamente el precio que se te pide (claro que eso es exactamente lo que haces si la compras con una tarjeta).

Bendecir tu escoba

En cuanto tengas tu hermosa *besom*, querrás consagrarla (bendecirla). Éste es un ritual para bendecir una escoba. Invocaremos a Escobita, el personaje de nuestra historia; debes tener en mente su intensa magia y su viaje entre nuestro mundo y el Inframundo mientras te preparas para llevar tu escoba al ritual.

Necesitarás:

- Una vela blanca
- Una vela roja
- Un platito de sal
- Agua (de preferencia agua de lluvia o nieve derretida) en un plato pequeño o en un tazón.
- Incienso
- Tu varita

Coloca tus instrumentos en el altar: El incienso en el este, la vela roja en el sur, el plato de agua en el oeste y el plato de sal en el norte. Coloca la vela blanca en el centro del altar. Enciende ambas velas y el incienso.

Sostén tu escoba nueva cerca de tu pecho, cierra los ojos y siente la energía de la escoba. Piensa en los materiales con los que está hecha y en los lugares de donde vinieron: El sorgo crece en la tierra, piensa en el palo de fresno cuando era parte de un árbol del bosque; piensa en los trabajadores y en los artesanos que cosecharon los materiales y los prepararon.

Ahora, sostén la escoba hacia el este y di:

"Al igual que Escobita, quiero usar la magia de la escoba. Escúchame, espíritu de Escobita; tu escoba te llevó entre los mundos. ¡Ahora yo sostengo esta escoba y te pido una bendición!".

Sostén tu escoba sobre el incienso:

"Espíritus del este, les pido su energía y su deleite juvenil como una bendición para esta escoba. Que siempre me traiga alegría".

Camina hacia el sur del altar y sostén tu escoba sobre la vela roja (no tan cerca que pueda quemarse). Di:

"Espíritus del sur, les pido su pasión y su decisión rápida como una bendición para esta escoba. Que siempre me ayude a pensar en aquello que yo debería desear".

Camina hacia el oeste y pon una gota de agua en tu escoba:

"Espíritus del oeste, les pido su empatía y la profundidad de sus emociones como una bendición para esta escoba. Que siempre me traiga simpatía y satisfacción".

Camina hacia el norte y pon unos granos de sal en tu escoba:

"Espíritus del norte, les pido su firmeza y su profunda sabiduría como una bendición para esta escoba. Que siempre me traiga descanso y paz".

Camina de nuevo hacia el este y presenta la escoba en silencio, sosteniéndola en alto hacia el este. Luego mira el centro del altar. Sostén la escoba sobre la vela blanca que está en el centro (de nuevo, ten cuidado de no quemar la escoba):

Diosa y Dios de los cereales y los granos, Señor y Señora de todo lo que crece en la Tierra. ¡Deméter y Dionisio, Saturno y Pomona, Mab y Mabon, bendigan esta escoba para que yo pueda usarla con el fin de realizar sólo la magia que es correcta, buena y verdadera para mi uso! ¡Que este instrumento me traiga perspicacia, inspiración y alegría! Que así sea".

Ahora barre tres veces alrededor del círculo en la dirección de las manecillas del reloj, repitiendo este cántico mientras lo haces:

"Teje bien el círculo
teje bien el encantamiento
barre bien el círculo"

Cuando termines, siéntate en el este y pon la escoba en tu regazo. Siente su energía y trata de percibir si la energía de la escoba ha cambiado ahora que ya ha sido consagrada. Trata de determinar la diferencia; tener sensibilidad para la energía cambiante es un aspecto muy importante de la magia.

Cuando termines, agradece a los dioses y a las diosas, y apaga la flama de la vela del centro. Ahora camina alrededor del círculo con tu escoba y da las gracias a los espíritus del este, del sur, del oeste y del norte. Cuando vuelvas al este, baja la escoba y di:

"El círculo ha terminado, se cumplió mi voluntad".

Tradiciones relacionadas con las escobas

Además de usarse para barrer el círculo ritual, la escoba es un antiguo talismán para la fertilidad. En algunas partes de Europa y África, las escobas se han usado a lo largo de los siglos como un símbolo del matrimonio y como un instrumento en las ceremonias matrimoniales.

En Ghana, se ondean escobas sobre la cabeza de la pareja matrimonial para pedir fertilidad en el matrimonio. En toda Europa, las ceremonias del matrimonio incluían saltar sobre una escoba, una costumbre que se llevó al sur de Estados Unidos. De hecho, en varias culturas la frase "saltar la escoba" significa casarse, y parece que entre los Gitanos de Europa y en las comunidades de Gales e Irlanda en el siglo XIX, una pareja sólo necesitaba saltar sobre una escoba para que se considerara que estaban legalmente casados. Según una costumbre, el miembro de la pareja que sea el primero en caer al brincar sobre la escoba, será el que mande en la familia.

Después de casados, la pareja solía colgar la escoba sobre la cabecera de la cama como un talismán para que llegaran los hijos. Al paso del tiempo, si una pareja tenía todos los hijos que deseaba, bajaban la escoba (aunque estas comunidades consideraban que las familias grandes eran una bendición, era raro que quitaran la escoba de su lugar).

Mientras que para las familias de las granjas la fertilidad se relacionaba con tener muchos hijos, para nosotros también podría significar un flujo creativo, ideas que pueden usarse en nuestro trabajo o en nuestros estudios, en la inspiración o en la adivinación. Ahora que ya tienes tu escoba, pon un par de clavos grandes sobre la cabecera de tu cama y coloca ahí la escoba cuando no la estés usando en un ritual. Si estás luchando con algún problema; por ejemplo, si quieres tener una idea en el trabajo, encontrar un tema para un artículo o un informe, tomar una decisión sobre tu situación o tu relación, o si necesitas inspiración y guía, toca la escoba antes de acostarte por la noche. Pídele a la escoba que te guíe y te dé sabiduría. Al quedarte dormido, siente la energía de la escoba sobre ti.

Permite que el instrumento te ayude a encontrar respuestas mientras duermes; deberías despertar con la idea perfecta o la decisión correcta.

Buscar al señor buena escoba

Las escobas son instrumentos que representan a la fertilidad, y pueden significar sexo, amor y romance. Si realmente estás buscando una relación romántica, éste es un hechizo sencillo.

Muchos de nosotros, cuando éramos más jóvenes, nos acostábamos y abrazábamos la almohada imaginando que era un ser amado. Obviamente, a nadie le gusta admitir que lo ha hecho, pero todos lo hicimos. Bueno, en este hechizo lo vas a hacer con tu escoba.

Prepárate para este hechizo imaginando que te vas a reunir con tu amante ideal en tu habitación. Vístete como te vestirías en esas circunstancias: Una túnica, calzones provocativos o no te pongas nada. Si actúas tal como eres en realidad al reunirte con una persona que te ama y te desea, el hechizo será más eficaz.

Luego acuéstate en la cama con tu escoba a tu lado. Abrázala con ternura, como abrazarías a un amante (hacerlo con algo que va más allá de la ternura depende de ti). Habla con tu escoba y dile lo que le dirías a tu pareja:

"En lugar de tenerte a ti, escoba, yo quisiera tener aquí junto a mí a un amante fuerte, apuesto y cariñoso". O "En lugar de tenerte a ti, escoba, yo quisiera tener aquí junto a mí a una amante curvilínea, sensual y apasionada". (Captas la idea.) Ahora di: "Escoba, ayúdame a lograr lo que deseo. ¡Derrama tu fertilidad en mi vida y atrae hacia mí a la persona para quien yo soy la persona adecuada! Así lo deseo, escoba, ¡qué así sea!".

Toca tu escoba y siente su energía (si quieres hacer algo más, depende de ti y de tu escoba). Cuando termines, vuelve a poner la escoba sobre la cabecera de tu cama (o ponla a debajo de la cama) y duérmete sabiendo que la escoba va a guiar a ti a la persona adecuada.

¡Dulces sueños!

Capítulo 6

Cenicienta: Ritual para hacer que los deseos se manifiesten

La madre de una chica muere, y su padre vuelve a casarse con una mujer nefasta que tiene dos hijas nefastas. La niña huérfana queda reducida a la categoría de sirvienta, pero nunca pierde la esperanza. La guía el espíritu de su madre y consigue la ayuda de un árbol encantado y de un ave que concede deseos. Al final, ella llega a ser la persona que estaba destinada a ser, y se casa con un príncipe. Vamos a explorar un ritual para hacer que los deseos se manifiesten; este ritual se basa en el tema mágico del árbol y el pájaro. Las citas del relato se tomaron de la traducción de Margaret Hunt de la edición de 1802 de Cuentos de la infancia y del hogar.

Si mencionas el título de La Cenicienta a cualquier persona que haya crecido con Disney, ella de inmediato pensará en los temas más conocidos del relato: Un hada madrina que concede deseos y una calabaza mágica que se convierte en un carruaje conducido por ratones transformados en cocheros y ranas transformadas en lacayos. Pero si le echas un vistazo al cuento como lo compilaron los Hermanos Grimm, ¡podrías notar que ninguno de estos dos elementos aparece en la historia!

El hada madrina llegó a la versión de Disney a partir de otras fuentes tradicionales. En un relato irlandés muy similar, "Bonita, Morena y Temblorosa", una mamá gallina le otorga a Temblorosa su deseo de ir a una fiesta; y en los relatos de Noruega y de Georgia, la que concede un deseo es una vaca mágica. La colección de cuentos de Charles Perrault llegó a ser parte de los libros publicados por Andrew Lang (y él fue quien añadió una moraleja al final de cada relato). Perrault es quien cuenta que Cenicienta recibió la ayuda de una madrina (aunque no menciona que fuera un hada).

Pero la Cenicienta de los Hermanos Grimm nos da otros elementos mucho más antiguos: El árbol de avellanas sabio y el pájaro profético que guía a la dulce heroína hacia la justicia y el amor.

"La Cenicienta" empieza con la promesa de una madre en su lecho de muerte. La mujer le promete a su hija que la protegerá, incluso más allá de la tumba. Pero el padre de la niña se vuelve a casar, y ella tiene que aceptar a dos hermanas nuevas. Las hermanastras obligan a la niña a desempeñar el papel de una sirvienta. Ella no tiene una cama y tiene que dormir en las cenizas junto al fuego; siempre está cubierta de cenizas y por eso la llaman Cenicienta. Las hermanastras también tienen el hábito de lanzar al fuego los chícharos y las lentejas de Cenicienta, lo que produce un sonido extraño, pero eso podría llegar a tener sentido más tarde. Te lo aseguro.

Un día, el padre de la niña se está preparando para ir al mercado y le pregunta a cada una de las chicas qué les gustaría que él les trajera. Las hermanastras quieren ropa y joyas caras. Pero por extraño que parezca, Cenicienta pide una rama de árbol. El padre le trae a cada niña lo que pidió, y Cenicienta planta la rama del árbol junto a la tumba de su madre, regándola con sus lágrimas.

Ahora vemos una escena extraña: Cenicienta se sienta junto al árbol todos los días, y aparece un pájaro que le dice que le dará todo lo que ella desee.

Igual que en la versión de Disney, el hijo del rey organiza un baile y las hermanastras reciben una invitación. Le dicen a Cenicienta que tiene que quedarse en casa porque está sucia y no tiene ropa presentable. Cenicienta les suplica, y las hermanastras le encargan una serie de tareas que parecen imposibles de cumplir, y de nuevo lanzan chícharos al fuego de la chimenea. Cenicienta termina las tareas pidiéndoles ayuda a las aves que viven en su jardín. Las palomas ayudan con gusto a Cenicienta en una serie de tareas incluso más difíciles, pero la madrastra le niega a Cenicienta la oportunidad de ir al baile.

Pero Cenicienta es una chica emprendedora y le pide al pájaro que está en el avellano que le dé un vestido y se las arregla para verse bonita. Al igual que en la película, ella capta la atención del príncipe más que ninguna otra jovencita, y él está fascinado con ella. A diferencia de la versión cinematográfica, Cenicienta debe encontrar formas para esconderse cada noche para salir del baile; una noche se esconde en la casa de unas palomas, otra noche en un enorme peral. Finalmente, la tercera noche de la celebración, el príncipe le pone una trampa: Pone brea en las escaleras. Cuando ella sale corriendo se le cae un zapato y el príncipe empieza su famosa búsqueda para encontrar a la doncella que le quede ese zapato.

Cuando llega a la casa de las tres chicas, permite que las hijastras se prueben el zapato. Cada una de ellas tiene la esperanza de casarse con el príncipe, pero el zapato es demasiado pequeño para ellas. Tienen que cortarse una parte del pie para que les quede el zapato, y llenan el zapato de sangre. A pesar de eso, el príncipe se lleva primero a una y luego a la otra, pensando que ha encontrado a su verdadero amor. En cada ocasión tienen que pasar frente al avellano. El pájaro del árbol le hace ver que no es la joven que él estaba buscando. El pájaro le dice al príncipe que todavía no ha encontrado a la hermana correcta: "Hay sangre en el zapato, el zapato le queda chico; tu verdadera novia te está esperando".

El príncipe vuelve a la casa de las jovencitas y pregunta por la tercera hija. El padre niega tener otra hija, y que sólo está "una cocinera pequeña y raquítica". El príncipe insiste en que esa chica tiene que probarse el zapato, y cuando el zapato le queda a la perfección, el príncipe la reconoce y sabe que es la doncella del baile.

Cuando Cenicienta y el príncipe se van, las aves del avellano le aseguran al príncipe que su elección es correcta: "No hay sangre en el zapato, el zapato no le queda chico; la verdadera novia viaja contigo", y se posan en el hombro de Cenicienta. Luego están presentes en su boda y cuando las hermanastras se le acercan, las aves les sacan los ojos.

Si analizamos la versión de "Cenicienta" de los Hermanos Grimm, encontramos un tesoro de mitos y de tradiciones antiguas relacionadas con las hadas. Dediquemos un momento a analizar cada uno de estos elementos, que en ocasiones llegan a ser complejos.

Huérfana y abandonada

Esta historia, como muchos de los relatos de los Hermanos Grimm, empieza con una niña que queda huérfana. El niño huérfano o abandonado es un personaje familiar que vemos en los cuentos de los Hermanos Grimm, como en "Blanca Nieves", cuya madre murió después de su nacimiento; en cuentos como "Hansel y Gretel" o en el relato menos conocido que lleva el título de "Hermano y Hermana", que empieza en forma muy parecida a "Hansel y Gretel". Este tema es tan universal en los cuentos de los Hermanos Grimm que llega más allá de los huérfanos humanos. En "Los Músicos de Bremen", cuatro animales son abandonados y deben encontrar su camino en el mundo.

Los reatos de niños abandonados son comunes por varias excelentes razones. Una es que eso en realidad sucede. En la Edad Media, los europeos sufrieron una hambruna catastrófica y guerras espantosas, y a menudo los niños se quedaban sin padres y sin hogar. Esto continuó a lo largo de los siglos. Oliver Twist, de Charles Dickens, y Cosette de Víctor Hugo, fueron huérfanos, víctimas de la guerra y la pobreza, hace menos de dos siglos. (Y las guerras de Afganistán, Irak y Somalia están creando huérfanos hoy en día.) Nuestro corazón se compadece de estos niños. Sentimos compasión por el héroe o la heroína de una historia: Un niño o niña indefensos que se han quedado solos. Deseamos ver a estos personajes superando sus circunstancias y poniendo a prueba su ingenio y su valentía, como lo hacen los protagonistas de estos cuentos. Queremos que estos niños tengan éxito, que superen sus dificultades y encuentren justicia en sus desventuras.

En realidad, Cenicienta no está sola. Ella tiene a su padre y el relato nos dice que era rico. Pero cuando empieza la acción, lo vemos muy poco. De hecho, él prácticamente abandona a su hija desde que se vuelve a casar. No hace nada para defenderla cuando sus hermanastras la agreden. En un punto de la historia, habla de Cenicienta diciendo que es "una cocinera pequeña y raquítica que dejó mi difunta esposa". Percibimos que el padre no ama a su hija (y tomando en cuenta lo que dijo, incluso podríamos imaginar que sospecha que ella no es su hija biológica). De hecho, al final de la historia y cuando la justicia castiga a las malvadas, la madrastra y las hermanastras, ni siquiera se menciona al padre.

El padre es un espectro; la pobre Cenicienta es una víctima de las circunstancias; está sola ante abusos muy reales, y no hay nadie que la proteja o la apoye. Excepto su madre muerta que en su lecho de muerte prometió amar a su hija incluso después de la muerte: "La esposa del hombre rico enfermó, y cuando sintió que se acercaba su fin, pidió que su hija única viniera a su lecho de muerte y le dijo: "Querida hija, sé buena y piadosa, y el Buen Dios te protegerá siempre, y yo te cuidaré desde el cielo y estaré cerca de ti".

Otro factor relacionado con el principio de la historia es que nunca se nos dice el verdadero nombre de la Cenicienta. Tenemos muy poca información sobre ella; a diferencia de Blanca Nieves, que sabemos que "es blanca como la nieve, roja como la sangre y que su cabello es tan negro como el ébano", y a diferencia de la "Novia del Ladrón", que se nos dice que era "hermosa", o de Caperucita cuyo guardarropa conocemos tan bien, casi no sabemos nada sobre Cenicienta en las primeras líneas de la historia; sólo sabemos que su padre es rico, que su madre ha muerto y que ella es "piadosa". Se nos da un ejemplo de su piedad en el hecho de que ella visita la tumba de su madre todos los días, supuestamente mientras su padre busca a otras mujeres.

Llega la malvada madrastra

La búsqueda tuvo buenos resultados, pues "cuando el sol de primavera había borrado los rastros de la nieve, el hombre se había vuelto a casar". La esposa trae a sus propias hijas a la casa de su esposo, y como todos sabemos, las dos hermanastras de inmediato empiezan a atormentar a Cenicienta.

A lo largo de las tradiciones populares vemos este tema del padre, la madre o los hermanos o hermanas falsos. Gwion Bach es perseguido por Cerridwen, su madre sustituta que al final lo devora. En el mito griego y romano de Cupido y Psique, Venus (Afrodita), la madre de Cupido, desprecia a Psique por su belleza, y la maldice. Pero Cupido (Eros) se enamora de la joven y la esconde en una fortaleza para protegerla de su celosa madre. (La unión de Cupido y Psique hace que Venus sea la suegra de esta muchacha.)

En las baladas, no tienes que buscar mucho para encontrar el tema de una madrastra malvada. En la balada escocesa, "La dama de Willie", a la madre de Willie no le agrada la novia de su hijo y lanza un hechizo para que la novia, que está encinta, siempre esté en trabajo de parto, pero nunca dé a luz. Willie tiene que encontrar la forma de revertir el hechizo antes de que su esposa muera por los dolores de parto. En otra balada escocesa, "La famosa flor de los siervos", a la madre de una joven noble no le agrada su esposo y manda asesinos a su casa en medio de la noche a matar a su familia:

Mi madre me deseó la muerte
pues mandó ladrones en las tinieblas de la noche
mataron a mi señor, asesinaron a mi hijo
nos lastimaron y se fueron
(Tradicional)

Al final de este trauma, la joven se corta el pelo y finge ser un hombre:

Me corté los rizos y me cambié de nombre
de ser la bella Eleanor cambié a ser el dulce William
fui a la corte a servir a mi rey
entre lo más selecto de los hombres que le sirven.

Llegó a ser una de las personas favoritas del rey. Como era un soldado joven muy apuesto, le dieron como apodo el título de la canción. Tiempo después, el rey se entera que es mujer y se enamora de ella. Entonces puede contarle su historia, y le pide que ordene la muerte de su madre por sus malas acciones.

Por supuesto, los cuentos de hadas están llenos de estos padres desconfiados, descuidados y nefastos: Padres que matan de hambre a sus hijos ("Hansel y Gretel", "Hermano y Hermana"), padres que permiten que sus hijos vaguen errantes en el bosque ("Gorrita Roja" que nosotros conocemos como "Caperucita Roja"), y por supuesto, padres, madres, madrastras o padrastros que tratan de matar a sus hijos ("Blanca Nieves").

¿Por qué encontramos esto con tanta frecuencia en estos cuentos? ¿Qué hace que nosotros respondamos a una historia sobre padres de familia descuidados u homicidas? ¿Qué es lo que sacamos de esto exactamente?

Para empezar, en el interior de cada niño acecha un miedo profundo y primordial de que sus padres lleguen a abandonarlos algún día o dejen de responder a sus necesidades. Los niños dependen totalmente del cuidado de sus padres, y el temor de que podrían perder el amor y la protección de sus padres es el temor a la muerte que es parte de nuestro instinto de supervivencia. Todos los niños saben, en lo profundo de su ser, que si sus padres de pronto dejaran de cuidarlos, ellos morirían. Y aunque racionalmente, la mayoría de los niños saben que sus padres los aman, este miedo irracional surge de vez en cuando, como surgen todos los miedos irracionales.

Los niños también temen que sus padres los dejen al cuidado de una persona en quien ellos no confían (una "madrastra malvada"). Tal vez una nana o un miembro de la familia no sea capaz de responder a las necesidades de un niño con la misma diligencia con que lo hacen los padres. O tal vez no respondan a sus necesidades en absoluto. Todos sentimos ansiedad cuando vemos una película en que la niñera distraída está escuchando música en sus auriculares o se entretiene con su novio, mientras la vida del niño está en peligro en la habitación contigua.

¿Y qué pasa si el padre o la madre mueren? ¿Quién cuidará del niño o la niña?

Los niños pueden procesar estas ansiedades si las escuchan expresadas en las tradiciones populares, y si se enfatizan mediante héroes infantiles que pueden superar estas situaciones y triunfar al final. El hecho de que Blanca Nieves, o Hansel y Gretel superaron sus tribulaciones, consuela a un niño o niña. Tal vez, sólo tal vez, si alguna vez les pasara algo así, ellos también podrían superarlo.

A lo largo de estos relatos está presente la idea de que el héroe o la heroína de alguna manera han cambiado de lugar, han caído de la situación que les corresponde y sin culpa alguna de su parte, llegan a ser una víctima del destino. Cenicienta debería haber sido la niña consentida y feliz de una madre que la adoraba y de un padre adinerado, pero el destino le negó la presencia de su madre y el amor de su padre. Su posición en la vida pasó a manos de sus hermanastras, que no se la merecían. Lo mismo puede decirse de Blanca Nieves: Ella debería haber sido la hija amada de su padre, pero los celos de su madre se lo impidieron. Su madre se obsesionó con la idea de tomar el lugar de Blanca Nieves en el afecto de su padre, y Blanca Nieves fue desterrada y quedó a merced de las agresiones de la Dama Fortuna.

La madrastra o las hermanastras malvadas, no sólo son gente mala; son agentes de un destino cruel y desempeñan su pequeño papel en una tragedia más grande en la que la persona exclama: "Esto es un error; esto no debería haber pasado", pero debido al papel que les impone la madrastra o padrastro (el papel de huérfano, de sirviente, de una víctima del descuido), nadie cree en ellos. Sus gritos no son escuchados y el mundo sigue su rumbo a pesar de este horrible giro de la fortuna.

Para corregir este error cósmico, la heroína debe vencer al usurpador (en el caso de Cenicienta, sus hermanastras) y al hacerlo, reclamar sus derechos. Esto aparece en las mitologías una y otra vez. Cada héroe debe vencer o destruir al falso heredero que está usurpando la posición que legítimamente le corresponde. Zeus debe matar a su padre, Cronos, para reclamar su lugar como Rey de los Dioses del Olimpo, Arturo debe comprobar su identidad sacando la espada de la piedra, para poder reemplazar al Rey Pendragon como rey de Gran Bretaña. Moisés debe abandonar al Faraón, su padre adoptivo, para mostrar su fidelidad a su verdadero padre, Jehová, y llegar a gobernar al pueblo hebreo. En un mito más moderno, Luke Skywalker debe enfrentarse a su maligno padre, Darth Vader, para traer la paz a la galaxia y llegar a ser el heredero legítimo del título de Caballero Jedi.

En cada relato, se le niega al personaje la posición a la que tiene derecho y debe reclamarla desplazando a la persona que la ha usurpado. Los niños podrían tener este miedo, especialmente cuando un hermanito nuevo llega a la familia. El niño podría preguntar: ¿Me van a querer mis padres cuando llegue el nuevo bebé? ¿Dejarán de quererme? Los hermanitos discuten por sus juguetes, por los espacios de la casa y por la atención de sus padres, de sus abuelos, de sus amigos, de sus hermanos mayores, y más tarde podrían competir por la atención romántica, o por recursos como la comida, los amigos, el coche, el canal de televisión. En cada caso, cada niño piensa que merece lo que sus hermanos le han usurpado.

En un sentido mítico, la heroína debe luchar contra el destino para reclamar lo que por derecho le corresponde. Eso es algo que todos sentimos a un nivel muy profundo. Si interrogas a un contador o a una secretaria legal, te dirán que estaban destinados a ser astronautas, estrellas de rock y conductores de coches de carreras. Y hasta los astronautas, las estrellas de rock y los conductores de coches de carreras luchan contra "la fortuna impía el porfiador rigor". La enfermedad, el destino y la guerra acosan incluso a quienes son más exitosos en la vida; cosas sobre las que al parecer tenemos control. Por ejemplo, la lucha de Lance Armstrong contra el cáncer, o si nos remontamos un poco en la historia, encontramos la terrible vida de Charles Lindbergh, la "estrella" de los aventureros; su hijo fue secuestrado y asesinado. Respetamos al héroe que puede elevarse por encima de los terribles obstáculos que el destino pone en su camino. Estamos hablando por Cenicienta porque sabemos que podríamos estar en su lugar.

Chícharos y lentejas

Empecemos a ver la lucha diaria de Cenicienta. Se nos dice que tiene que dormir en las cenizas de la chimenea, y de ahí viene su nombre: Como nunca se nos dice su verdadero nombre, definimos a Cenicienta a partir de la evidencia de su tormento. Conforme se desarrolla la historia, la vemos en un ciclo desesperado de abusos: Está desaliñada y sucia porque la obligan a dormir en las cenizas, y cuando quiere participar en las actividades de la familia le dicen que no puede hacerlo porque está desaliñada y sucia.

Al parecer, una de las estratagemas de los miembros de su nueva familia es destruir los chícharos y las lentejas de Cenicienta, ambos son productos alimenticios. Es interesante que en la versión del relato de los Hermanos Grimm menciona estos chícharos una y otra vez; al principio del relato leemos: "Las hermanas le causaban todo tipo de daños: Se burlaban de ella, echaban sus chícharos y lentejas a las cenizas, para que tuviera que sentarse y recogerlos". Más tarde, tiene que aplacar la ira de la madrastra sacando los chícharos y las lentejas del fuego: "Pero como Cenicienta insistía, la madrastra finalmente le dijo: 'Vacié un plato de lentejas en las cenizas para que las recojas; si en dos horas ya terminaste de recogerlas, puedes ir con nosotras'". Esta escena vuelve a repetirse cuando la madrastra no permite que Cenicienta vaya a la fiesta.

La razón de este extraño escenario se menciona vagamente al inicio de la narración, cuando vemos que el padre sale al mercado. Les pregunta a las niñas qué quieren que les traiga. Las hermanas quieren ropa y joyas. Pero Cenicienta dice: "Padre, corta para mí la primera rama que choque contra tu sombrero cuando vengas de regreso a casa". Es extraño que le pida algo así, hasta que nos enteramos de que lo primero que chocó contra el sombrero de su padre fue una rama de avellano. Se la lleva a la hija que él tanto descuida; ella la siembra junto a la tumba de su madre y la riega con sus lágrimas.

...Y el avellano

Según la tradición popular europea, el avellano es un árbol muy poderoso que se usa para la sabiduría y la profecía. Una leyenda dice que si pides un deseo cuando llevas en la cabeza una corona de ramas de avellano, tu deseo se hará realidad. Se usan ramas de avellano para practicar la radiestesia o para "encontrar agua mediante la magia", un método muy exitoso para encontrar manantiales subterráneos. En Inglaterra a veces la gente se refiere al "Halloween" como "noche para cascar nueces". Esa noche se usan avellanas en un hechizo para predecir quién será el futuro amante de alguien (en forma muy parecida a la magia que usa la doncella en "La víspera de Santa Inés" de Keats).

El avellano también es una protección poderosa contra los seres del mundo de las hadas. En un relato irlandés, los seres del mundo de las hadas secuestran a una joven, la mujer que fue cambiada le dice a su esposo que traiga una vara de avellano y la use para golpear al caballo que ella está montando durante la Cabalgata Salvaje de las Hadas para cruzar un río. En esa forma, ella se cae del caballo y se libera del dominio que los seres del Reino de las Hadas ejercen sobre ella.

En las tradiciones de los druidas, al avellano se le da el nombre de *coll*, el árbol de la sabiduría. Según un mito irlandés, un salmón que vivía en un lago se comió nueve avellanas que se habían caído al agua desde el árbol que estaba en la orilla. Cada avellana se convirtió en una mancha en el costado del salmón. Un ermitaño quería comerse el salmón para obtener la sabiduría del árbol, y le pidió a un muchacho llamado Finn McCool que le cocinara el salmón. Pero Finn se quemó el dedo accidentalmente con el salmón mientras lo estaba cocinando e instintivamente se metió el dedo a la boca. Él, y no el ermitaño, obtuvo la sabiduría del avellano (éste es otro mito en el que un muchacho vence a un falso heredero, el ermitaño, para recibir algo a lo que él tiene derecho, la sabiduría del avellano). Tal vez ésa es la razón de que el nombre de este muchacho sea McCool, es decir Mac (hijo de) Coll (el avellano).

Al paso del tiempo, los elementos paganos de las tradiciones relacionadas con el avellano fueron remplazados con elementos cristianos, pues todos los narradores alemanes eran cristianos en la época de los Hermanos Grimm. Éste es un relato relacionado con el avellano que los Hermanos Grimm encontraron en los bosques de Alemania:

> *Una tarde, el Niño Jesús se había acosado en su cuna y se había quedado dormido. Entonces su madre se acercó a él, lo miró llena de felicidad y dijo: Hijo mío, te acostaste a dormir. Duerme tranquilo, mientras tanto, yo voy a ir al bosque para traerte un puñado de fresas, porque sé que te gustarán mucho cuando despiertes. Afuera, en el bosque, ella encontró un lugar donde crecían las fresas más hermosas, pero cuando estaba a punto de cortar una, una serpiente salió de entre la hierba. Ella se alarmó, dejó las fresas en su lugar y se alejó rápidamente. La serpiente se lanzó tras ella, pero la señora, como seguramente lo entenderás, sabía qué era lo que tenía que hacer. Se escondió detrás de un avellano y se quedó ahí hasta que la serpiente se había alejado. Luego recogió las fresas, y cuando ya iba regreso a casa, dijo: "Como el avellano me protegió en esta ocasión, en el futuro también protegerá a otras personas". Así, desde las épocas más remotas, una rama verde de avellano ha sido la mejor protección contra las serpientes, las víboras y todo lo que se arrastre por la tierra.*[12]

12 Grimm (Traducción de Hunt) *Cuentos del Hogar*, cuento 148.

Otro relato sobre el avellano que incluye personajes bíblicos nos dice después del pecado, se le dijo a Adán que podría crear el animal que quisiera si golpeaba el mar con una rama de avellano. Adán creó un cordero. Por su parte, Eva creó un lobo que devoró al cordero de Adán. Entonces Adán creó un perro, que mantuvo al lobo a raya con el fin de restaurar el orden. En este relato también vemos el tema intenta crear animales que pueden vivir en armonía con los seres humanos; para lograrlo, tiene que frustrar los esfuerzos de Eva por crear animales que se comen a los animales domésticos. Con el perro, Adán toma su lugar como patrono de los animales domésticos. Como se relaciona al avellano con este relato, por tradición se ha usado para hacer el callado de los pastores.

En cierta forma, Cenicienta sabe que su padre le traerá un avellano. Y también sabe cómo plantarlo cerca de la tumba de su madre. Las avellanas le darán sabiduría y tienen un vínculo con las otras semillas que ella debe recoger, los chícharos y las lentejas. Todas ellas son símbolos del potencial que tiene Cenicienta para liberarse de las desgracias que le impone el destino, para "florecer" y así alcanzar la vida que ella está destinada a tener. En su libro, *La Diosa Blanca,* Robert Graves escribe: "En las leyendas celtas, la nuez siempre es un emblema de sabiduría concentrada; es dulce, compacta y nutritiva, y está dentro de una cáscara dura". Este significado se relaciona con las nueces en todas las tradiciones populares de Europa.

Estas tres semillas: Los chícharos, las lentejas y las avellanas, se relacionan con el potencial que hay en el interior de Cenicienta; son como la semilla de lo que ella llegará a ser; esa semilla debe crecer y llevarla al lugar que le corresponde en la vida. Las semillas yacen bajo la superficie de la tierra, en el Inframundo, y crecen atravesando la tierra para llegar a nuestro mundo: Cada año vemos que el mundo renace después del invierno (la muerte), cuando las plantas brotan y nos traen vida. La imagen de los chícharos en el fuego refleja el sufrimiento de Cenicienta, lo que le da más determinación y más capacidad. También son la imagen del ave fénix, que surge de las ardientes cenizas.

Éste es un lugar para las aves

Cuando crece el avellano que Cenicienta sembró junto a la tumba de su madre, las aves vuelan y se posan en él, para hacer que los deseos de Cenicienta se vuelvan realidad. Al parecer, el número de aves que hay en el árbol cambia constantemente; primero es un ave en particular: "un pajarito blanco siempre venía al árbol y si Cenicienta expresaba un deseo, el pajarito le daba lo que ella había pedido". Más tarde, varias palomas le ayudan a Cenicienta a recoger los chícharos del fuego. Sin embargo, una vez que Cenicienta recupera la posición que le corresponde y cabalga al castillo del príncipe, leemos: "Cuando pasaron cerca del avellano, las dos palomas blancas gimieron... las dos llegaron volando y se posaron en los hombros de Cenicienta, una a la derecha y otra a la izquierda, y ahí se quedaron". Así que nos seguimos preguntando cuántas aves había en el árbol en realidad.

La razón por la cual el número no es constante se relaciona con la clase de aves que tenemos aquí. No son aves ordinarias, sino criaturas encantadas.

Las aves encantadas aparecen en todas las tradiciones populares europeas. Vimos una en Hansel y Gretel.[13] Los relatos rusos hablan de un ave encantada llamada Sirin. Estos relatos cuentan que sólo los santos pueden entender el canto del Sirin; otras personas enloquecen con ese canto y al final mueren. Esto refleja la habilidad de Cenicienta para comunicarse con sus aves. En el relato francés titulado "Espinita Blanca", la protagonista a quien se refiere el título camina desnuda y sin rumbo, llega a un campo en una mañana de mayo y camina hasta cierta planta (lo que nos recuerda el avellano de Cenicienta). A partir de ese momento, ella puede entender el lenguaje de un ave encantada que la guía para que pueda reclamar la fortuna que le corresponde a su familia, pero que se le ha negado (algo muy similar a las circunstancias de la historia que estamos analizando aquí).

Al igual que el Edén o Avalón, Cenicienta crea un refugio para sí misma en la tumba de su madre, a la sombra del avellano que le da sabiduría y bajo la protección del pájaro mágico que le concede sus deseos. Se nos dice que ella va a este bosquecillo, que es su refugio, tres veces al día y reza (una referencia a su piedad). Éste es el refugio de Cenicienta, pero también representa al Inframundo. En este lugar encantado Cenicienta no es

13 Graves, *La Diosa Blanca*, p. 181.

"una cocinera pequeña y raquítica". Aquí las aves, su madre, el árbol y su Dios, la reconocen como la verdadera heredera del lugar que su madre tenía en el mundo. Aquí, ella puede comunicarse con el Inframundo (representado por las avellanas y por sus chícharos y lentejas), lo que le ayuda a recuperar su lugar.

En ese mismo párrafo nos enteramos de que el príncipe ha organizado un baile, y todos sabemos que ésta será la oportunidad para que Cenicienta recupere el lugar que le corresponde. Las hermanas reciben su invitación, pero como se nos informa más tarde, el príncipe ni siquiera está enterado de la existencia de Cenicienta, así que ella no recibe una invitación. Ella no se desanima y pide que se le permita ir, pero su madrastra le dice: "Puedes ir al festival, Cenicienta, cubierta de polvo y sucia como estás. No tienes ropa, ni zapatos, pero puedes bailar". Podemos ver la lógica circular de su opresora: Cenicienta está cubierta de polvo y mugre porque su madrastra y sus hermanastras la obligan a estar así para negarle los derechos que le corresponden. Usan su situación difícil, que ellas han provocado, como una excusa lógica para excluirla y no permitirle ir al baile.

Pero como los chícharos que están en el fuego, Cenicienta se ha templado. Esto se muestra en la prueba que le pone su madrastra: Si ella puede recoger los chícharos que la madrastra ha echado al fuego en el periodo que menciona la madrastra, podrá ir con sus hermanas al baile.

Aquí vemos la clase de interacción que se dice que los santos tienen con Sirin, pues Cenicienta llama a las aves encantadas y les pide ayuda; ellas recogen los chícharos mucho antes de que termine el tiempo límite. La naturaleza que las aves comparten con las hadas también se enfatiza por el hecho de que las aves no se comen los chícharos, como la haría un ave normal. Ellas tienen una tarea y saben que los chícharos son el medio para que Cenicienta se salve.

Pero la madrastra no es confiable, y como ya sabemos, no cumple su promesa. Aquí se comprueba la rectitud de Cenicienta, pero se le niega la recompensa que se ha ganado.

Aquí, las acciones de la madrastra podrían ser una alusión velada al relato bíblico sobre Pedro: En el capítulo 13 de San Juan, Cristo le advierte que lo negará tres veces. Pedro le asegura a Jesús que no lo va a negar, pero cuando los guardias romanos lo rodean, Pedro hace lo que Jesús había pronosticado. Cuando Pedro niega a Jesús por tercera vez, canta un gallo. Esto enfatiza la naturaleza profética de las aves que vemos en esta historia. La madrastra niega al Dios de la Biblia al prometer una recompensa a la piadosa Cenicienta y luego, como Pedro, se la niega. Al igual que el gallo de la Biblia, las palomas son testigos de la traición de la madrastra.

Cuando la madrastra finalmente le niega el permiso a Cenicienta varias veces (imaginamos que en las versiones más antiguas del relato fueron tres veces), la desafortunada joven se refugia en su arboleda que es para ella como un Edén. Éste es un escenario muy distinto al de la versión de Disney con la que crecimos: En ella Cenicienta se da por vencida, se sienta y llora. Sus lágrimas atraen a un hada, una madrina que ofrece ayudarle. La moraleja parece ser que si no tienes éxito, te sientas y lloras, y alguien viene a ayudarte.

Ir al baile: Palomas y peras

Pero nuestra verdadera heroína no se da por vencida. Ella ha cultivado fielmente el área que rodea la tumba de su madre y ha plantado en ella el jardín del avellano. Se pone en acción, sabiendo que las aves encantadas son sus aliadas.

"Como ahora no había nadie en casa, Cenicienta fue a la tumba de su madre, bajo el avellano, y exclamó: 'Tiembla y agítate, arbolito, derrama plata y oro sobre mí'. Entonces el pájaro dejó caer hacia ella un vestido de oro y plata, y unas zapatillas bordadas con oro y plata".

Notemos que ella en realidad no se dirige al pájaro, sino que habla con el árbol. Las fábulas a menudo nos advierten de los riesgos de desear algo por un capricho. Los deseos de Cenicienta deben templarse con sabiduría, así que le pide al sabio avellano "plata y oro", y recibe de su pájaro encantado un vestido hermoso y unas zapatillas, que tienen la plata y el oro que ella pidió´. Existe una interacción compleja entre Cenicienta, el árbol y el pájaro, guiados por su madre.

En el relato se nos dice que el baile es una boda y que las festividades duran varios días (tres para ser exacto, ese número mágico que aparece con tanta frecuencia en los mitos y en las fábulas). Cenicienta tiene que ocultar su verdadera identidad hasta que el sabio avellano le permita revelarla. Ella baila con el príncipe esa primera noche, y luego escapa a la casa de unas palomas, recurriendo una vez más a las aves, sus aliadas, para que la oculten de modo que el príncipe no se entere de su condición humilde. En cualquier relato de este tipo, es importante que el protagonista pruebe sus méritos antes de revelar sus problemas. En esa forma, nadie lo amará o se preocupará por él por lástima, sino en base al orgullo y la gratitud. Cenicienta deba ganarse el amor verdadero del príncipe antes de revelarle totalmente su identidad. En cierto sentido, ella debe conservar su castidad hasta que él le prometa comprometerse con ella, entonces podrá entregarse sexualmente a él por completo.

Ya sabemos que las aves son las aliadas de Cenicienta, y que las palomas la ocultan en su casa para que el príncipe no la vea. Las aves también representan el vuelo o la huida; Cenicienta todavía no se ha comprometido con el príncipe, y por eso puede huir de él, pues debe conservar su castidad.

La segunda noche vuelve a presentar el mismo escenario. El pájaro le da a Cenicienta un vestido aún más hermoso que el primero, y ella vuelve a bailar con el príncipe, Cuando llega la hora en que tiene que irse, escapa de él escondiéndose en un peral.

La pera es una fruta suave y blanda y su forma es similar a la forma de una mujer. A menudo decimos que cierto tipo de mujeres tienen "forma de pera", una frase que con frecuencia se usa en los medios y en el ámbito de la moda, y aunque esto podría tener una (inmerecida) connotación negativa en la actualidad, en Europa se ha considerado una forma atractiva en diversas épocas. Miremos, por ejemplo, pinturas como *La Grande Odalisque* de Ingres, el retrato de Eva que pintó Hugo van der Goes en 1482, la *Venus de Urbino* de Ticiano, o cualquiera de las modelos de Renoir. Cada una de estas mujeres de belleza exquisita puede compararse con el delicado fruto del peral, con sus curvas suaves y su atractiva base.

En la historia de "La Cenicienta", las peras incluso se describen en detalle, se dice que son "unas peras estupendas". Indudablemente, la belleza de las peras es una alusión a la hermosura de la sutil forma de Cenicienta. Aunque la primera noche Cenicienta escapó del príncipe escondiéndose en la casa de unas aves, que representan el vuelo o la huida, ahora le muestra que desea que él pase una larga noche solitaria soñando con sus curvas y con la promesa que se oculta bajo su hermoso vestido. Se dice que ella sube al árbol con agilidad, como una ardilla; podemos imaginar la sutil belleza de Cenicienta, su forma flexible y su paso suave, mientras trepa por el peral con su brillante vestido.

Aquí sucede algo muy inusual; el padre de Cenicienta aparece en la historia y por extraño que parezca, el príncipe parece saber que él es su padre: "Él esperó hasta que llegó el padre de la joven, y le dijo: 'La joven desconocida escapó de mí, y creo que se subió al peral'. El padre pensó: 'Podría ser Cenicienta'. Mandó traer un hacha para tirar el árbol, pero ahí no había nadie". El padre ha estado totalmente ausente de la vida de la joven hasta este momento; ha permitido que la torturen y la ataquen. Ahora derriba el árbol donde ella se ha ocultado. Esto podría simbolizar el hecho de que él ha cortado todos sus vínculos con ella, y ahora ella está libre y puede casarse. O tal vez él esté tratando de sofocar el encanto sexual de la joven, que representan las peras; no puede hacerlo, pues ella lo ha esquivado y ha escapado del árbol.

Hay que notar que en ambas noches, los lugares donde se oculta Cenicienta acaban destruidos: La casa de las palomas "es hecha pedazos" con un hacha, y el peral también es derribado. Se nos muestra que la vida anterior de Cenicienta como sirvienta se está destruyendo, y si ella juega bien sus cartas, iniciará una nueva vida.

La hermandad del zapato viajero

En la tercera noche de la festividad, el escenario vuelve a repetirse, pero en esta ocasión, el príncipe está preparado:

"Pero el hijo del rey utilizó una trampa; había ordenado que se recubriera toda la escalera de brea, entonces, cuando ella corrió escalera abajo, su zapatilla izquierda se quedó atorada. El hijo del rey la recogió; era pequeña y delicada y era totalmente de oro. A la mañana siguiente, fue a ver al padre de doncella, llevando consigo la zapatilla, y le dijo: 'solo me casaré con la doncella a la que le quede esta zapatilla'. Las hermanas se alegraron, pues tenían pies hermosos".

Una vez más, el príncipe parece saber quién es el padre de Cenicienta, aunque su propia familia no tiene idea de lo que ella está haciendo. Además, recuerda que la historia de los Hermanos Grimm afirma que el baile era una boda; es muy posible que el príncipe esté dispuesto a abandonar a la mujer que supuestamente sería su esposa después de haber visto a Cenicienta, y ahora sólo la quiera a ella. Éste sería otro momento en que Cenicienta está reclamando, ante una usurpadora, el lugar que por derecho le corresponde.

En este punto de la historia, vemos un cambio importante en el enfoque, y tal vez represente una especie de fetiche sexual.

Y hablando de cambios de enfoque, ¿qué edad tiene Cenicienta? Como muchos de los personajes de los Hermanos Grimm, la edad de Cenicienta parece casi una interrogante. Al inicio del relato, se nos dice claramente que Cenicienta es una niña. A lo largo del relato, vemos a la niña y a sus hermanastras como niñas que dependen de su madre y de su padre ausente. No se menciona su edad. Pero de pronto, el relato se vuelve muy romántico, y cada una de las chicas compite por captar la atención del príncipe. ¿Y cómo compiten? No con su rostro o su figura, ni siquiera por su encanto femenino: ¡la sexualidad de las jovencitas se revela a través de sus pies!

Los pies indudablemente tienen atractivo sexual. Existe una clase de erotismo que enfatiza estas torneadas extremidades, y esta clase de erotismo existe desde tiempo inmemorial. Es una parte torneada del cuerpo de la mujer que puede mostrarse públicamente, adornarse en forma sensual, ponerse de punta y arquearse con gracia, sin violar ningún tabú social o moral.

Los pies tienen un papel importante en lo relacionado con mostrar la incipiente sexualidad de una jovencita. En la fiesta de la quinceañera, el padre le quita a la festejada los zapatos de piso y los remplaza con zapatos de tacón, lo que significa que él ve a su hija como un ser sexual que tiene la edad suficiente para seducir a un hombre con el que podría casarse. En las comunidades hispanas de muchos países, esta demostración pública de la adoración por los pies es un ritual para celebrar el hecho de que una jovencita ha llegado a la madurez. En las culturas occidentales, muchas jovencitas que ya han pasado la pubertad dejan de usar zapatos de niña, como los zapatos cerrados o los mocasines, y empiezan a usar medias y zapatos de tacón alto, al explorar la feminidad que acaban de descubrir. El ritual de pintarse las uñas de los pies también es un rito de madurez en muchas culturas de América.

El giro fetichista del relato de Cenicienta empieza con el peral: Cenicienta debe subirse al peral con gran agilidad llevando puestas las zapatillas de oro. El narrador centra nuestra atención en los pequeños y torneados pies de Cenicienta y en sus delicadas zapatillas que se mueven con agilidad entre las peras con todo su encanto femenino. Quizás, cuando su padre derriba el peral él corta su lazo con ella, como en el rito de la quinceañera, destruyendo el lugar donde han estado sus pies. Así muestra que la sexualidad de su hija ya no le pertenece, sino que le pertenece al hombre que ella ama, al príncipe.

La siguiente noche, el príncipe, que no puede dejar de pensar en Cenicienta saltando de rama en rama, ordena que se recubra la escalera con una brea tan pegajosa como la resina. Cuando Cenicienta corre con agilidad huyendo de él, su zapatilla se atora, y ella tiene que correr descalza por los caminos y los prados para llegar a su casa. El príncipe recoge la zapatilla, que el narrador describe diciendo que es "pequeña, delicada y hecha totalmente de oro", el sueño de un fetichista. Va directamente a la casa de Cenicienta y pide que todas las jovencitas que viven ahí se prueben la zapatilla. Eso les agrada a las hermanas, "porque tienen pies hermosos". Esta también es una visión muy diferente a la versión de Disney, con la que nosotros crecimos. En ella las hermanas son ligeramente grotescas, y estamos seguros de que el príncipe jamás se fijaría en ellas. Pero aquí el narrador nos da a entender que las hermanas son bonitas, al mencionar que tienen pies hermosos. Si no supiéramos su secreto, el hecho de que estas muchachas agreden a su hermana, podríamos verlas simplemente como dos chicas hermosas. Así las ve el príncipe, y cree que en esta casa vive su futura esposa.

Cada una de las hermanas se prueba la zapatilla, pero tienen que cortarse parte del pie para que les quede. Existe una frase antigua que dice: "Córtate la nariz para dañar tu rostro"; estas chicas dañan su belleza (sus pies hermosos) para ganarse el amor del príncipe. Al dañar su belleza, cada una de ellas da a entender a los lectores que no merecen el amor. Sólo Cenicienta, cuya belleza está oculta detrás de las cenizas, tiene pies hermosos y la zapatilla le queda a la perfección.

Como dije antes, el príncipe acepta a cada una de las hermanas cuando se prueban la zapatilla. A diferencia de la versión de Disney, estas chicas son razonablemente hermosas, y el príncipe cree que la zapatilla les quedó. Pero el pájaro encantado que está en el avellano alerta al príncipe, señalándole que está cometiendo un error: "No obstante, tenían que pasar por la tumba, y ahí, en el avellano, había dos palomas que gimieron: 'voltea y mira, voltea y mira, hay sangre en el zapato, el zapato es demasiado pequeño para ella, la novia verdadera te está esperando' ". El príncipe y su novia falsa tiene que pasar por la tumba, donde la madre de Cenicienta puede protegerla desde el Inframundo. Su agente, el pájaro Sirin, hace que el príncipe se fije en el pie de la mujer que lo acompaña; el pie es el símbolo de su belleza, y ahora él puede ver que no es hermoso, está herido. En cada ocasión, él vuelve a la casa y pide que otra doncella se pruebe la zapatilla.

En el tercer intento, el príncipe pregunta si hay otra hija. Aquí el padre nos muestra la forma en que ha abandonado totalmente a Cenicienta cuando comenta que ella es "una cocinera pequeña y raquítica". Pero el príncipe entiende que la niña huérfana es la doncella que él está buscando, y que detrás de su vergüenza, ella es hermosa. Hace que la llamen para que se pruebe la zapatilla, pero la madrastra enfatiza su apariencia externa diciendo: "No, no; está demasiado sucia, no puede presentarse aquí". El príncipe insiste y traen a Cenicienta.

Pero ahora el príncipe está listo para hacer un compromiso. Cenicienta se lavó la cara y las manos, y su belleza casi se reveló en su totalidad. El último paso es el ritual en el que ella se prueba la zapatilla: "Entonces ella se sentó en un banco, sacó su pie del pesado zapato de madera y lo introdujo en la zapatilla, que le quedó a la perfección".

Debemos hacer notar que cada una de las dos hermanas se probó la zapatilla en un cuarto separado de la casa, donde el príncipe no podía verlas. Fue como si se estuvieran desnudando en una habitación privada y luego se presentaban, completamente vestidas, mostrando sólo lo que ellas querían que viera el príncipe. Pero Cenicienta se sienta frente al príncipe; no tiene miedo de que el príncipe la vea "desnuda". Se quita el zapato de madera que ocultaba su hermoso pie a los ojos del mundo. Extiende su pie desnudo, revelando su belleza. El pesado zapato de madera representa la opresión bajo la que ella vive: En un sentido práctico, ya que es un zapado de trabajo, no es el zapato de una heredera rica, y como su tamaño ocultaba la belleza de su pie, también representa su belleza secreta, una belleza que nadie ha visto hasta ahora, excepto su madre. El zapato protegía a esa belleza y no permitía que sufriera daños a causa de la ceniza y el fuego. Pero la hermosa zapatilla, hecha a la medida para ella, muestra la verdadera belleza de Cenicienta, y es la promesa de su sexualidad. Al desnudar su pie frente al príncipe, no en un cuarto privado, ella da a entender que le entregará su sexualidad.

Cuando ella se quita el zapato de madera, muestra un pie hermoso y se pone la zapatilla, el príncipe está convencido: "Y cuando ella se puso de pie y el hijo del rey miró su rostro, él reconoció a la hermosa doncella que había bailado con él y exclamó: '¡Ella es mi verdadera novia!'. La madrastra y las dos hermanas se horrorizaron y palidecieron de rabia. Pero él se llevó a Cenicienta en su caballo y se alejó de ahí con ella".

Te darás cuenta de que aunque Cenicienta se había lavado la cara, el príncipe no la reconoció sino hasta que ella desnudó su pie y se probó la zapatilla. En ese momento el cuadro está completo: Ella es la verdadera heredera a quien corresponde el amor del príncipe (aunque la forma en que lo narran los Hermanos Grimm es un poco extraña).

Un final feliz... bueno, para algunos

El lugar que le corresponde a Cenicienta en la vida se confirma cuando el príncipe pasa por la tumba por tercera vez; cada vez que lo hizo, esa acción nos hizo recordar que la madre estaba protegiendo a su hija: "Cuando pasaron cerca del avellano, las dos palomas blancas exclamaron: 'voltea y mira, voltea y mira, no hay sangre en el zapato, el zapato le queda bien, la verdadera novia viaja contigo'. Y después de decir esto, las dos palomas se acercaron volando y se posaron en los hombros de Cenicienta, una a la derecha y otra a la izquierda, y se quedaron ahí".

Date cuenta de que son dos palomas. Esto podría significar que el pájaro que la madre de Cenicienta había llamado ya no necesita cuidar a su hija, y que las dos palomas representan a Cenicienta y al príncipe y ahora pueden alejarse del avellano y del jardín que rodea a la tumba, y deben bendecir ese matrimonio.

Estas aves no son seres dulces y tiernos; les sacan los ojos a las hermanastras, uno cuando llegaron y el otro cuando se fueron. Pensarías que después de entrar a la iglesia, ser atacada por un ave y perder un ojo, te resistirías a salir por el mismo camino, pero las hermanastras parecen estar menos preocupadas de lo que deberían, y acaban ciegas. Su ceguera representa el hecho de que fueron incapaces de ver el verdadero lugar que le correspondía a Cenicienta como heredera de la fortuna de su padre y del amor de su madre. En cierto sentido, las hermanastras siempre estuvieron ciegas y no supieron ver a la verdadera Cenicienta. En lugar de usar su sentido de la vista para percibir los derechos que tenía Cenicienta por naturaleza, intentaron robárselos, y ahora su castigo corresponde a su crimen.

En esta versión, la madrastra no recibe un castigo, aunque en otras versiones muere en una hoguera o la devoran las aves. El padre simplemente desaparece totalmente del relato. Su papel parece ser muy tenue; sólo está presente en la historia para darle a Cenicienta una nueva familia que es horrible, y para darle el instrumento mágico que ella va a necesitar, la rama de avellano. Además, tiene la oportunidad de derribar árboles y otras cosas.

Tenemos una huérfana a la que se le niegan sus derechos legítimos, una madre sustituta, un profeta que guía, un árbol de la sabiduría, un fetiche relacionado con los pies, y un padre que no vale la pena: De pronto, Cenicienta parece ser un mito muy complejo. Lo es, pues brotó de las tradiciones populares más antiguas sobre los seres del mundo de las hadas. Como muchos relatos de los Hermanos Grimm, lleva la semilla de los mitos, la magia y la sabiduría a lo más profundo de la belleza de los cuentos de Disney.

El ritual de Cenicienta

Éste es un ritual para llevar a cabo un cambio en el mundo físico; es decir, un cambio en la forma de ser de las cosas. Los cambios internos ocurren cuando modificas la forma en que actúas o te comportas. Deseamos cambiar nuestro lugar en el mundo que nos rodea. Ya sea que quieras tener un nuevo trabajo, una casa, una promoción, un nuevo amor o un cónyuge, este ritual cambiará la forma en que el mundo te percibe, y la forma en que el mundo trabaja para ti.

Mucha gente dice que esto puede lograrse a través de la oración. Técnicamente, eso no es cierto. La verdadera oración, a través de la Misa Católica o rezando el Rosario, las reuniones de Oración de los Protestantes, el ritual de Wicca, los círculos paganos o los servicios religiosos Judíos, son formas de culto. En la oración, independientemente de la forma que tenga en tu vida, deseas ante todo unirte a la divinidad, ya sea que la veas como los Dioses, como Jesús, Alá, el Universo, la Fuerza, un Poder Superior o el Bien Común. Sin importar a cuál de ellos consideres una Influencia Divina, la oración significa que te das una oportunidad de sentir la presencia de la Divinidad en tu vida.

Cuando percibes la Divinidad y luego le pides que te ayude a alcanzar una meta, estás presentando una petición (o dicho simplemente, un deseo). Estás pidiendo o solicitando que esa fuerza, que es más grande que tú, te ofrezca ayudarte a crear una nueva realidad. Para que tú tengas resultados positivos, otros elementos del mundo deben cambiar. Por ejemplo, para que recibas una promoción, alguien que tenga una posición superior en la empresa tiene que reconocer que la mereces. A menudo eso significa que alguien debe dejar su puesto y crear una vacante. Muchas cosas tienen que cambiar para que tú recibas ese premio. Por esta razón una petición es algo muy complicado y debe abordarse con reverencia y cuidado.

La rama de la magia que se relaciona con realizar cambios a través de rituales mágicos se llama Magia Ceremonial. Quienes trabajan con la Magia Ceremonial podrían ser paganos, cristianos, judíos, o dedicarse a otro tipo de estudios espirituales, pero cada uno de ellos lleva a cabo rituales para crear un cambio en el mundo. El mago ceremonial cree que está trabajando con una energía mágica universal y lleva a cabo lo que los magos ceremoniales llaman "la Gran Obra", un término que significa hacer el bien a nivel universal a través de rituales personales y grupales. Uno de los grupos más notables que practican la Magia Ceremonial hoy en día, es la Orden del Amanecer Dorado. Muchos de los magos rituales más importantes del siglo pasado han pertenecido a esta orden, y existen muchos libros excelentes que se concentran en la magia y los rituales que se llevan a cabo en esta orden.

Existe un antiguo refrán que dice: ¡Ten cuidado con lo que deseas, porque podrías obtenerlo! Cualquier mago ceremonial te dirá que cuando pides algo, debes estar muy seguro de que lo que estás proyectando es lo que realmente quieres. En la historia de "La Cenicienta", el avellano le aconseja a Cenicienta mediante su sabiduría, y el pájaro representa la fuerza Divina que ayuda a Cenicienta a cambiar el mundo que la rodea. Pero Cenicienta debe aportar el trabajo necesario para asistir al baile y escapar hasta que llegue el momento adecuado para revelar su identidad. Al igual que Cenicienta, tú debes prepararte para manejar responsabilidades y trabajar arduamente; si tu deseo es tener mejores calificaciones en tus estudios, debes ponerte a estudiar; si deseas tener más amistades o una pareja fiel, debes hacer lo que te corresponde en esa relación y ser un amigo sincero (una amiga sincera) y una pareja confiable. Si al final no estás dispuesto a hacerlo, ¡tal vez no tuviste cuidado al decidir lo que deseabas!

Por esta razón, deberías dedicar algo de tiempo a prepararte para hacer este ritual. Necesitas pensar con cuidado lo que deseas. Lleva un diario por lo menos durante tres meses (o más). Escribe en él todos los días acerca de lo que deseas e incluye tantos detalles como sea posible. ¿Cómo vas a reaccionar cuando lo obtengas? ¿Cómo será tu vida cotidiana cuando eso ocurra? Por ejemplo, es probable que la vida de Cenicienta como esposa del príncipe haya sido muy diferente a la vida que tenía cuando era la sirvienta de sus hermanastras. ¿Estaba preparada para sus responsabilidades como esposa y como la señora de un hogar? Tendría bajo sus órdenes a un equipo de sirvientes. ¿Su vida como sirvienta la habría preparado para esto? En pocas palabras, hacer magia es un asunto serio y debe abordarse en esa forma. Si quieres cambiar tu vida, prepárate para las consecuencias.

En la historia de Cenicienta, la sabiduría del avellano guía a la joven; el árbol representa la guía Divina. En el ritual usaremos avellanas para representar el árbol y su sabiduría. También representaremos la sabiduría Divina con la carta número tres del Tarot, la Emperatriz.

En este relato, Cenicienta recurrió al pájaro encantado para que le ayudara en la magia. El pájaro, como el Mago con su bastón, pudo transformar las energías naturales alrededor de Cenicienta para darle lo que ella necesitaba; en este caso, vestidos hermosos. Usaremos la carta número uno del Tarot, el Mago, para representar esta fuerza de ayuda. El Mago usa su voluntad y también las fuerzas universales Divinas (que en la carta aparecen como rosas) para cambiar el mundo que le rodea. Esto es lo que trataremos de hacer en este ritual. El nombre que le daremos a la fuerza Divina en nuestro ritual, es "Los Dioses" o "el Señor y la Señora". Puedes sustituir estos nombres con la expresión de la Divinidad con la que te sientas cómodo; si no practicas el paganismo o la Wicca, puedes decir Dios, Jesús, Alá, el Universo, la Fuerza, mi Poder Superior, o la Gran Obra, cuando en el ritual se usa Dioses o Señor y Señora. Si no tienes seguridad en lo relacionado con tus creencias, puedes decir: "Aquello que es más grande que yo".

Este ritual debe hacerse en la luna llena. Prepararemos un altar estándar con doce velas, una vela pequeña para encenderlas y una varita. También necesitarás nueve avellanas, la carta número tres del Tarot, la Emperatriz, y la carta número uno del Tarot, el Mago; vas a ponerlas sobre el altar. Necesitarás colocar un plato en el altar, está bien usar un plato sencillo de la casa, pero tal vez prefieras un plato especial, como el plato de una vajilla antigua o un plato de plata. También debes tener una copa o un cáliz de vino o de jugo de fruta, si no tomas vino. (Aunque el vino es un poderoso instrumento de magia, si eres demasiado joven o si has tenido problemas relacionados con el abuso de sustancias, ¡tomar vino podría violar la magia de esta bebida! Trata con respeto todos tus instrumentos de magia, así trabajarán a tu favor.)

Éste es un ritual poderoso, pero también es un ritual alegre, y puedes llevarlo a cabo individualmente o con otras personas. El hecho de que otras personas trabajen contigo puede incrementar la energía que usarás para cambiar tu mundo, y podría hacer que este ritual sea más poderoso (aunque llevarlo a cabo individualmente también está bien, y cuanto más en serio tomes la ceremonia, más poder encontrarás en ella).

Prepara tu altar dentro o fuera de la casa, con un mantel blanco si es posible. Coloca nueve velas alrededor del borde formando un círculo y pon una avellana cerca de cada vela; luego coloca las otras tres velas formando un triángulo en el centro del altar. La vela central puede encenderse antes de iniciar el ritual. Coloca las dos cartas del Tarot cerca de las velas del centro, y pon tu varita donde puedas tomarla con facilidad. El plato debería estar cerca del centro del altar. El diario que escribiste acerca de lo que deseas, también debería estar a la mano, tal vez debajo del altar.

Empieza encendiendo la vela del centro y cerrando los ojos. Imagina aquello que estás pidiendo tan vívidamente como puedas. Por ejemplo, si es una promoción, mírate sentado ante tu nuevo escritorio, llevando a cabo las tareas que realizarías en este puesto; si lo que deseas son mejores amigos, mírate en una actividad diaria con estas personas. (¡Pero nunca, nunca, nombres a personas específicas cuando trabajes con la magia! Puedes decir: "Personas con las cualidades que veo en fulano o fulana".) Si quieres una casa mejor, visualízate viviendo en ese nuevo lugar.

Ahora enciende la vela pequeña y ponte frente el centro del círculo diciendo:

"Avellano, guíame con tu sabiduría como guiaste a Cenicienta
en la fábula. Emperatriz, sombra de la Señora, ¡dame la
sabiduría para alcanzar lo que deseo!".

Enciende la vela que está a la izquierda de la vela del centro.

"Pájaro de la magia, criatura encantada. Tú cantaste para los
sabios y le diste a Cenicienta regalos que ella atesoró,
¡ayúdame a crear magia hoy! Mago, ayúdame, ¡y que ocurra
lo que yo deseo!".

Enciende la vela que está a la derecha de la vela del centro.

Ahora toma tu varita. Camina tres veces alrededor del círculo diciendo:

"Lanza el círculo rodeándolo tres veces,
una vez por la semilla que está bajo la tierra
camina por el círculo una segunda vez
por el sol y las nubes de lluvia que están en lo alto
lanza el círculo, camina a su alrededor por tercera vez,
¡con la sabiduría del avellano!".

Regresa a tu lugar en el círculo. Saca tu diario y lee un pasaje o dos de los que has escrito sobre lo que estás pidiendo. Entre más sean los detalles, la pasión y las palabras descriptivas que uses, más poderoso será tu ritual. Si estás en el círculo con otras personas, cada una de ellas debe leer una porción de tu diario de deseos (si no es demasiado personal, y si pueden entender tu letra).

Ahora explica espontáneamente, con palabras que no hayas ensayado, por qué quieres lo que estás pidiendo. Usa tus propias palabras para expresar lo que quieres y lo que vas a hacer con ello. Si hay otras personas contigo, pídele a cada una de ellas que diga por qué quiere esto para ti, y pídeles que bendigan tu esperanza de obtenerlo. Caminen alrededor del círculo y permite que cada persona se tome el tiempo necesario para hacerlo.

Ahora toma la avellana que esté más cerca de ti. Sostenla en tu mano, y al hacerlo, usa la vela pequeña para encender la primera vela (si estás con otras personas en el ritual, ellas pueden encender cada una de las velas, mientras tú sostienes la avellana en tu mano). Sostén la avellana contra tu pecho y cierra los ojos.

> "Ahora, estoy en el jardín como era en un principio, antes del inicio del tiempo. Aquí no hay nada, solo yo y las rosas de la vida y la creación. Esas rosas crecen en lo profundo de mi interior. Le pido al avellano que me ayude a sentir el poder que hay dentro de mí, como le ayudó a Cenicienta".

Ahora pon la avellana en el plato que está en el altar.

Toma la siguiente avellana en el sentido de las manecillas del reloj (en la magia usamos la palabra deosil, o la frase "en la dirección del sol" para referirnos a este movimiento). Sostenla cerca de tu pecho y enciende la vela cercana a ella.

> "Ahora siento que el poder de la creación surge en mi interior. Como el Mago, sé que soy parte de la energía universal, de la magia del tiempo y el espacio. El Señor y la Señora trabajan a través de mí, como han trabajado a través de todos los seres vivos desde el principio de los tiempos. ¡Reclamo este poder como mío, como propio!".

Pon esta avellana en el plato y pasa a la siguiente avellana y a la siguiente vela. Sostén la avellana y enciende la vela:

"Sostengo la avellana, mi varita, en el aire, como
Cenicienta sostuvo la rama de avellano. Mi energía
fluye a su interior, fluye a través de ella hacia el mundo.
¡Señor y Señora creen a través de mí!".

Pon esta avellana en el plato y pasa a la siguiente, sosteniendo la avellana y encendiendo la vela.

"Invoco el espíritu de los elementos: El viento y el sol, el agua y
la tierra, para que me ayuden. Así como Cenicienta se sentó
sobre el suelo y las flores, en medio del aire y el rocío, junto a la
tumba de su madre, yo ahora invoco al aire, al agua, al fuego y
a la tierra. ¡Ayúdenme, y que ocurra lo que yo deseo!".

Pon esta avellana en el plato y pasa a la siguiente, sosteniendo la avellana y encendiendo la vela.

"Invoco al Señor y a la Señora para que me ayuden, así como
Cenicienta invocó al pájaro que era su aliado. Poderes que
crearon el universo, lo femenino y lo masculino de la verdadera
Divinidad, ¡fluyan en mi interior! y que ocurra lo que yo deseo!".

Pon esta avellana en el plato y pasa a la siguiente, sosteniendo la avellana y encendiendo la vela.

"¡Veo en el centro de mi ser que obtendré lo que deseo!
Puedo verme con ello ahora, feliz y apasionado, con el
corazón lleno de su alegría. ¡Que ocurra lo que yo deseo!".
Toma un momento para visualizar lo que deseas.

Pon esta avellana en el plato y pasa a la siguiente, sosteniendo la avellana y encendiendo la vela.

"Doy gracias al Señor y a la Señora por escucharme. Doy gracias a los elementos: El aire, el fuego, el agua y la tierra, por su ayuda. Siento su poder moviéndose a través de mí; agradezco su presencia en mi vida. Los llevo conmigo como Cenicienta llevó a las palomas sobre sus hombros al iniciar su nueva vida. ¡Benditos sean!

Pon esta avellana en el plato y pasa a la siguiente, sosteniendo la avellana y encendiendo la vela.

"Doy gracias a todos los que están en este círculo (dices esto aunque sólo estés tú; después de todo, los Dioses, los elementos y los espíritus están contigo). Ahora dejo la avellana y permito que la magia tome forma. Mi voluntad se ha enviado al mundo para que me traiga felicidad, amor y libertad. ¡Benditos sean!".

Luego tomas la copa o cáliz que tiene la bebida y lo presentas a los Dioses.

"Yo lucho por conseguir los dones que ustedes me han dado hoy, como Cenicienta, que nunca flaqueó sino que luchó por la libertad y la alegría. ¡Benditos sean. Brindo por los Dioses!".

Bebe y comparte la bebida con todos los que participaron en el ritual. Ahora ponte frente al centro del círculo. Toma la carta de la Emperatriz y colócala boca abajo:

"Te doy las gracias, avellano, la Sabiduría Divina Femenina que me guía en la vida. ¡Bendito sea!".

Apaga la vela que está cerca de esta carta. Toma la carta del Mago y colócala boca abajo.

"Doy las gracias al pájaro encantado y a la energía de la magia que se manifiesta en mi vida, a la Voluntad Divina de la regeneración masculina que me renueva. ¡Benditos sean!".

Apaga esta vela.

Camina una vez alrededor del círculo, en el sentido contrario a las manecillas del reloj, diciendo:

> "Lanzo de nuevo este círculo devolviéndolo a la tierra hasta que necesite invocar sus energías una vez más. Así como Cenicienta logró el deseo que más deseaba, yo también quiero lograr el mío. ¡Que la energía vuelva a la tierra y ponga la magia en movimiento! ¡Bendita sea!".

Relájate, come algo y siente que la magia que hay en tu interior empieza a trabajar. Si sientes que lo necesitas, repite el ritual tres veces en la luna llena.

Capítulo 7

Caperucita Roja: Hechizos para evitar la atención no deseada

A nivel superficial, este es un relato que nos da una lección y que trata sobre una niña que desvía su camino. Analizaremos el mensaje entre líneas que revela la relación de Caperucita con el lobo. Usaremos su experiencia con el lobo para estudiar algunos rituales cuyo propósito es evitar la atención no deseada. A menos que se indique lo contrario, las citas del relato son de la traducción que hizo Margaret Hunt.

Ella es la estrella del mundo de los cuentos de hadas. Aunque los Estudios Disney nunca han producido una película de largo metraje sobre ella, como lo hicieron en el caso de Blanca Nieves, La Cenicienta y la Bella y la Bestia, la atractiva Caperucita es la estrella en diversas historias y libros ("La compañía de lobos" de Angela Carter, y "Toque mágico" de Jane Yollen, entre muchos otros), en caricaturas (*Red Hot Riding Hood, Caperucita roja candente* de Tex Avery, creador de Droopy, en el que aparece una Caperucita inspirada en Betty Grable). Además, la canción "¿Cómo pudo Caperucita Roja ser tan buena?" (How could Red Riding Hood Have been so Very Good), de A. P. Randlof, fue la primera canción que se prohibió en la radio en 1925; Julie London fue un éxito con la canción "Daddy", que también apareció en la caricatura de Tex Avery; y "L'il Red Riding Hood" (Caperucita Roja) estuvo en la lista de los diez mayores éxitos de Sam the Sham and the Pharaohs, en 1966.

Caperucita fue un tema de psicoanálisis para Bruno Brownmiller, y las escritoras feministas Catherine Orenstein y Susan Brownmiller la consideraron un ícono del feminismo y un reflejo de la feminidad, una de ellas por su valentía y su astucia, y la otra por sus sufrimientos. También conquistó el corazón de Charles Dickens, que tal vez fue el escritor más importante del siglo XIX. Caperucita es seductora en su ingenuidad (o engañosamente astuta… o las dos cosas), se viste impecablemente, ama la energía solar y el poder de las flores, y tiene un agudo poder de observación ante el mundo físico (en especial tratándose de ojos, orejas y dientes); es una mujer apasionada, misteriosa e inspiradora.

Se le han dado varios nombres a lo largo de su carrera. Los Hermanos Grimm la llamaron Gorrita Roja; Charles Perrault le dio el nombre que conocemos, Caperucita Roja; y en *El libro rojo de las hadas* (1891) de Andrew Lang se llama Gorrita Dorada, pero también se menciona su verdadero nombre, Blanchette (Blanquita). Los artistas la han representado como una niña traviesa de cabeza grande, como una rubia angelical de aproximadamente doce años, como una arpía inconsciente y como una vampiresa voluptuosa. Durante los largos siglos en que ella ha sido una estrella, ha luchado contra hombres lobo, contra ogros y contra seductores del mundo de las hadas, y al hacerlo se ha enfrentado a sus propios miedos e impulsos sexuales. Caperucita es ante todo una chica extraordinaria.

Su historia se ha contado en todo el mundo. Existen versiones en francés, en italiano, el polaco, en alemán, ¡e incluso en chino! Caperucita es una heroína universal, una jovencita para todas les épocas. ¿Qué es lo que hace que sea tan atractiva? Todas las versiones de la historia que se han registrado en los últimos doscientos años están de acuerdo en los detalles más importantes: Una niña encantadora que lleva una capa con capucha que la distingue de todas las demás niñas, se dirige a casa de su abuela; un lobo la detiene en el camino y platica con ella; ella ingenuamente le dice exactamente hacia dónde se dirige y el lobo llega antes que ella, devora a la abuela y toma el lugar de la anciana en la cama. Al entrar, la niña nota las diversas características físicas del lobo, lo que lleva a la sesión de preguntas y respuestas que todos conocemos ("¡Qué ojos tan grandes tienes…!"). En las versiones más conocidas, el lobo devora a nuestra heroína; un leñador (o un cazador) rescata a la niña y a la abuela y mata al lobo.

Por la forma en que los Hermanos Grimm presentan la historia, es un relato con una moraleja. Alguien manda a una niña a la casa de su abuela para que le lleve pastel y vino. Imaginamos que es vino tinto, de color rojo como la capucha de la niña; el color que simboliza la curiosidad y la pasión, y también la curiosidad y la vergüenza. La niña promete ser buena, pero comete dos errores fatales; en primer lugar, habla con un extraño, el lobo. Ella debió tener cierto instinto que le advirtiera que ese no podía confiar en ese extraño, pero ella simplemente le suelta todos los detalles, y hasta le dice qué tipo de árboles crecen alrededor del patio de la abuela. Entonces el lobo se las arregla para distraerla enseñándole las hermosas flores resplandecientes y los rayos dorados del sol. Esperas que en cualquier momento esta niña, cabeza de chorlito, exclame: "¡Vaya… por Dios… Flores!".

Mientras caperucita está distraída, el lobo corre a casa de la abuela, y entra fingiendo que es la niña. De inmediato devora a la abuela y luego se mete a su cama con la gorra de dormir de la abuela, y espera la llegada de la niña.

Cuando Caperucita llega, los Hermanos Grimm introducen de inmediato el diálogo que todos conocemos. Éste es el segundo error de Caperucita; ella parece darse cuenta de que la criatura que está en la cama de la abuela no es su abuela, pero se queda ahí y se expone al peligro, diciendo: "¡Que ojos tan grandes tienes!" y notando todas las demás características del lobo. Al final, el lobo salta contra ella y la devora.

En esta versión, parece que un cazador pasaba por ahí y escuchó ronquidos dentro de la casa. Sospecha que algo está mal y entra. Encuentra al lobo en la cama de la abuela. Está a punto de dispararle, pero reflexiona, pensando que la abuela podría estar ahí. Abre el cuerpo del lobo y libera a Caperucita y a la abuela. Luego, aunque parezca extraño, en lugar de simplemente matar al lobo, el cazador y Caperucita llenan el vientre del lobo con piedras. El lobo despierta pero no puede moverse, y muere. El cazador decide desollar al lobo, mientras Caperucita y la abuela simplemente se sientan a comer el pastel y el vino que trajo Caperucita, quien promete que nunca más volverá a actuar como una cabeza de chorlito.

Los Hermanos Grimm siguen con el relato y mencionan una segunda versión en la que la niña engaña al lobo con unas salchichas para provocarle la muerte. En realidad, los Hermanos Grimm compilaron dos versiones de la historia y las combinaron en esta narración.

Antes que los Hermanos Grimm, Charles Perrault había compilado este relato en Francia en 1697 (es la versión que aparece en *El libro azul de cuentos de hadas* de Anrew Lang). De hecho, Perrault incluyó una "moraleja" al final del relato:

"Niñitas, al parecer este cuento nos dice:
Nunca te detengas en tu camino.
Nunca confíes en un amigo extraño;
nadie sabe cómo terminará.
Eres bonita, pero también debes ser juiciosa;
los lobos acechan en muchas formas.
Pueden ser apuestos y bondadosos,
pueden ser alegres o encantadores… ¡Pero eso no importa!
Ahora, como antes, ésta es la simple verdad:
¡La lengua más dulce tiene los dientes más filosos!".[14]

Al parecer, Perrault interpretó el cuento como una advertencia contra la seducción de los "lobos", y de hecho, en el lenguaje popular de la época en Francia, cuando una chica perdía la virginidad, se decía: *elle avoit vu le loup* (ella ha visto al lobo).[15]

Los Hermanos Grimm no son muy explícitos en su descripción del comportamiento de Caperucita cuando entra a la casa: "Ella exclamó: 'Buenos días', pero no hubo respuesta; así que se dirigió a la cama y abrió las cortinas. Ahí estaba la abuela y su gorra de dormir le cubría la cara; se veía muy extraña".

Pero otras versiones impresas son mucho más explícitas. En *El libro azul de cuentos de hadas* leemos:

"El lobo, al verla entrar, le dijo, escondiéndose bajo las cobijas: 'Pon el pastel y la jarrita de mantequilla sobre el banquillo y ven a la cama conmigo'. Caperucita se quitó la ropa y se metió a la cama. Se asombró mucho al ver el aspecto que tenía su abuela con su camisón de dormir, y le dijo: '¡Abuela, qué brazos tan largos tienes!' ".[16]

---

14 Lang, editor, *El libro azul de cuentos de hadas*, p. 53.
15 Orenstein, "Danza con lobos".
16 Lang, editor, *El libro azul de cuentos de hadas*, p. 51-52.

Aquí, como en algunas otras versiones, Caperucita se desnuda antes de meterse en la cama. Eso es interesante, especialmente porque de inmediato comenta los rasgos físicos que le indican que no se trata de su abuela. ¿Está consciente Caperucita de que el lobo está en la cama? ¿Actúa con ingenuidad o participa voluntariamente en este acto de seducción?

Para responder a esas preguntas, apartemos la mirada de Caperucita por un momento y miremos detenida y analíticamente al lobo.

Hambriento como el lobo

El lobo es un personaje que aparece en innumerables cuentos de hadas, historias y canciones. Cuando éramos niños, todos sufríamos por los tres cochinitos cuando el lobo "soplaba y resoplaba" tratando de echar abajo su casa. Para muchos de nosotros, ese cuento fue nuestro primer contacto con un villano que, viviendo en la sociedad moderna, nunca habíamos visto en la Naturaleza. Pero nuestros antepasados conocían bien a los lobos. Los europeos y los primeros colonizadores de América, libraron una batalla de genocidio contra los lobos, los pumas y las águilas; cualquier clase de animal que comiera lo que nosotros comemos. El lobo asumió el personaje de la maldad pura, representa al carnívoro, al atacante (aunque muy a menudo los seres humanos fueron los que atacaron).

En Inglaterra se cazaba a los lobos y su piel se consideraba una recompensa. Por esta razón, se decía que un bandolero que era perseguido era un "cabeza de lobo". Durante el reinado del Rey Athelstan en el siglo X en Inglaterra, los criminales podían comprar su libertad matando cierto número de lobos al año. Varios gobernantes europeos crearon un grupo de elite entre los cazadores con el propósito de exterminar a los lobos, y en el siglo XX, el lobo prácticamente se había extinguido en Europa.

Pero antes de eso, el lobo no era totalmente malvado. Es la especie de donde vienen los perros, y se le consideraba un aliado y un ser mítico, un Dios de la muerte y del renacer. Herne el Cazador, Odín y la Diosa Hécate, tenían poder sobre el lobo. El hijo de Odín se llamaba Hildólfr, Lobo de Guerra. Varias tribus turcas dicen que descienden de una loba madre que se unió a un amante humano, y los romanos creían que una loba llamada Rhea Silvia había salvado de la muerte y había alimentado a sus fundadores, Rómulo y Remo.

Sin embargo, a medida que los dioses antiguos fueron desapareciendo de las tradiciones populares, y llegaron a ser demonios en el cristianismo, los lobos se convirtieron en figuras demoniacas. A lo largo de la historia se les ha temido y se les ha odiado, y el lobo se abrió camino hacia la literatura. Drácula tenía poder sobre los lobos y tomó la forma de un lobo cuando atacó a Lucy Westenra y a su madre. Y cuando éramos niños muchos de nosotros vimos Lon Chaney representar el papel de un hombre que fue mordido por un lobo y que luego se convertía en lobo cuando había luna llena.

La cultura moderna sigue con esta tradición relacionada con los lobos. En la década de 1970, el grupo de Rock Grateful Death cantaba sobre el Lobo Gigante (Dire Wolf), un bandido que aterrorizaba a los mineros hambrientos, y las películas actuales sobre vampiros, como *Underworld,* presentan a los hombres lobo cazando a los seres humanos y a los vampiros. Y no olvidemos a *Crepúsculo.* Ya lo sé, no podríamos olvidarla aunque lo intentáramos.

En el Tarot, vemos al lobo en la carta número dieciocho, la Luna. El lobo está frente a un perro a la orilla de un río iluminado por la luna. En esta compleja carta, la yuxtaposición entre el lobo y el perro representa las tendencias humanas hacia el bien y el mal. El perro es el ser humano culto, educado con principios morales y con conocimientos de rectitud, además está consciente de lo que pasaría si se desviara en su camino. El lobo es el ser humano que no tiene principios morales ni conciencia. Es la persona que se deja llevar por sus impulsos, por sus tendencias malignas. Es el sociópata que actúa sin tomar en cuenta a sus semejantes. El lobo se pregunta: ¿Qué podrías hacer para salirte con la tuya? ¿Qué deseos podrías satisfacer si tuvieras todo el poder, y sin consecuencias?

Esa pregunta representa al lobo de este relato, es el seductor que devora. Está presente en muchos otros cuentos. En Inglaterra se le llama Reynardine (hombre zorro o Sr. Zorro); es un personaje tipo hombre lobo que seduce a las jovencitas y luego devora su carne. Eso mismo se ve en las leyendas sobre hombres lobo en Europa. La idea es que un hombre normal puede transformarse en lobo, en un depredador, en un devorador, si sucumbe a sus deseos bajos, si sus principios morales no lo obligan a actuar con rectitud. Al lobo de esta historia no le importa Caperucita, no le importa su seguridad ni su castidad. Sólo quiere satisfacerse con ella, quiere disfrutar su cuerpo joven (maduro como una manzana roja, el color de su capa), y luego quiere devorar su suave carne.

Tal vez notaste que nuestro lobo tiene ciertas características que en cierta forma desafían a la naturaleza. Como el hecho de que habla el lenguaje humano. En la antigua versión francesa se le llama *bzou*, hombre lobo; en la versión china también se dice que el seductor es un hombre lobo.

Para nosotros, los hombres lobo son el tema de películas que pasan en televisión los sábados por la tarde. Pero no siempre lo han sido. En los siglos XVII y XVIII en Francia, se tomaba muy en serio a los hombres lobo, y se hablaba de sus ataques en toda la campiña francesa. Se decía que en 1693, un enorme *bzou* había matado a cien personas en la población francesa de Benais. De 1765 a 1767, la villa francesa de Gévaudan vivió aterrorizada por una serie de ataques que cobraron al menos cien víctimas, y los sobrevivientes describían a su atacante como un hombre lobo. El Rey Luis XV tomó muy en serio estos ataques y envió soldados a cazar esa bestia, a la que se le dio el nombre de *Bête du Gévaudan*. Ah, y en el siglo XIX también se presentaron hombres lobo en Francia: De 1875 a 1879, ocurrieron ataques en la población de L'Indre. Casi todas las víctimas de estos diversos ataques fueron mujeres y niños, y es posible que el relato de Caperucita y el lobo haya influido en estos relatos.

El lobo podría ser un perro. Es decir, podría parecer un caballero en la sociedad de gente civilizada. Pero cuando esta solo con una joven, su salvajismo animal de lobo lo domina. Se transforma en el lobo del Tarot, libre de las limitaciones de la moralidad, listo para seducir y destruir.

Entonces, ¿por qué el lobo no devora simplemente a Caperucita cuando la encuentra en el camino?

Tal vez porque el lobo quiere atrapar a Caperucita en la casa de su abuela porque no quiere que lo vean otros hombres cuando intente seducirla. Perrault lo da a entender: "Cuando ella pasaba por el bosque se encontró con el viejo lobo, que tenía la intención de devorarla, pero no se atrevía a hacerlo porque había unos leñadores cerca del bosque".[17] Bruno Bettelheim sugiere que el lobo es un seductor afable de edad madura, que guarda las

17 Lang, editor, *El libro azul de cuentos de hadas*, p. 47.

apariencias entre sus colegas y aparenta ser un hombre de alta sociedad pero que en secreto acosa y agrede sexualmente a jovencitas ingenuas. Tiene que hacerlo tras puertas cerradas, en parte para no ser descubierto, y en parte porque teme que otros interfieran y protejan a las jovencitas de su artera seducción. En su mente, sólo les está dando a estas jovencitas lo que ellas desean en secreto, pero son demasiado tímidas o inexpertas para pedirlo (recuerda que el rojo es el color de la timidez y la vergüenza). Después de todo, piensa el seductor, por qué Caperucita Roja le dijo al lobo cómo llegar a la casa de la abuela si no quería coquetear con él ahí.

¿En qué está pensando Caperucita Roja?

Es posible que Caperucita sepa que el que está en la cama de la abuela es el lobo. ¡Después de todo, ella le dijo cómo llegar ahí! Y ahora, ¿es posible que ella esté plenamente consciente de que se está metiendo a la cama desnuda con un seductor que la hechizado en mil formas hasta este momento, y que ahora está a punto de satisfacer sus malvados deseos con la pobrecita e inocente Caperucita?

¿Qué? ¿Caperucita es dulce e inocente? ¡Claro que no! Eso es lo que estás diciendo, ¿no es así? Volvamos a dirigir la mirada a la dulce Caperucita Roja para ver si podemos descifrar este acertijo.

Los Hermanos Grimm nunca nos dan el verdadero nombre de Caperucita Roja. Nuestra pequeña belleza se define por la ropa que lleva puesta: Una capa roja con capucha, o una gorrita roja. La caperuza roja es una prenda de vestir interesante; su nombre lo dice todo. Está diseñada para cubrir la cabeza y los hombros cuando la persona que la usa monta a caballo. Esta prenda es seductora (es roja, el color de la pasión y el deseo sexual) y al mismo tiempo modesta (cubre el pecho, el cabello y el cuello, y tal vez parte de la cara). Podemos imaginar los ojos de Caperucita Roja y un ligero mechón de su cabello oscuro asomando seductor bajo esa prenda de vestir que lo cubre todo. Caperucita es una suculenta manzana, el fruto de la seducción en la Biblia. Recordarás que en una versión de la historia ella se llama Gorrita Dorada. El oro es el color del sol y de la dulce miel. Podemos imaginar lo tentadores que podrían haber sido los labios rojos y las mejillas sonrojadas de esta muchachita asomándose entre los dobleces de esa capucha de color dorado.

En el relato de los Hermanos Grimm, Caperucita Roja es devorada. Tenía que serlo. Después de todo, a diferencia de las chicas de su tiempo, cayó en la trampa del lobo. Como señala Catherine Orenstein, en la época de los Hermanos Grimm "la castidad era un ideal femenino, exigido por la institución del matrimonio que dominaba en la sociedad".[18] Quienes escuchaban el relato en esa época, tal vez esperaban que Caperucita Roja fuera devorada por sus propios deseos sexuales.

¿Pero en realidad es esto lo que parece? Algunos escritores sienten que no es una verdadera muerte; algunos han sugerido que el hecho de que Caperucita Roja acepte su sexualidad representa su madurez, y después de ser devorada, el hecho de que la sacaron de las entrañas del lobo, representa su renacer como mujer. Recuerda que el lobo una vez fue Dios. Caperucita Roja podría ser como Perséfone, que se acostó con Hades en el Inframundo y luego resucitó para poder comenzar de nuevo.

Pero debes saber que este relato no siempre se contó así. En las versiones más antiguas suceden cosas extrañas, cosas que no escuchamos en las cómodas salas de nuestras casas cuando nos contaron este cuento sacado directamente de las páginas de los Hermanos Grimm.

Considera la versión italiana, en la que un ogro, no un lobo, seduce a Caperucita Roja. Primero tiene una conversación muy extraña con el seductor, que empieza así:

—Gorrita Roja trató de abrir la puerta, pero cuando se dio cuenta que estaba tocando algo suave, exclamó: —¡Abuela, esto es muy suave!

—Sólo jálalo y cállate. ¡Es el intestino de tu abuela!

—¿Qué dijiste?

—¡Sólo jálalo y cállate!

A partir de entonces, las cosas van de mal en peor:

—Gorrita Roja abrió la puerta, entró y dijo: —Abuela, tengo hambre.

El ogro respondió: —Busca en la alacena de la cocina. Todavía hay un poco de arroz ahí.

Gorrita Roja fue a la alacena y sacó los dientes de ahí. —¡Abuela, esto está muy duro!

—¡Come y cállate! ¡Son los dientes de tu abuela!

—¿Qué dijiste?

---

18 Orenstein, "Danza con lobos".

—¡Come y cállate!

El ogro sigue obligando a Gorrita Roja a comerse a su abuela; le ofrece los maxilares de la abuela y un trago de su sangre. Finalmente, como ya lo vimos, le pide que se desnude y se meta a la cama con él antes de devorarla. Ésta es una variación interesante del relato, porque el ogro obliga a Gorrita Roja a devorar a su abuela antes de "devorarla" (seducirla). En cierto sentido, el villano está obligando a Gorrita Roja a compartir sus pecados de gula y lujuria. Esto demuestra la ingenuidad de Gorrita Roja, pues parece que ella está dispuesta a hacer lo que el ogro le pide. En esta versión, Gorrita Roja simplemente no se da cuenta de su destino hasta que es demasiado tarde, y es devorada, tanto en sentido eufemístico como en un sentido muy literal.

Pero Caperucita Roja no siempre acaba siendo devorada. En versiones más antiguas, a menudo escapa, y de hecho, vence al lobo. En la versión francesa del relato, Caperucita Roja se acuesta desnuda con el bzou, pero después de la conversación que todos conocemos, le dice al bzou que tiene que "hacerlo afuera de la casa". El bzou le dice que lo haga en la cama, pero ella se queja diciendo que eso va a oler mal. Lo que va a oler mal, por supuesto, son las heces: Ella le dice al ogro que necesita ir al baño, y él le dice que puede hacerlo en la cama, pues intenta arrancarle a Caperucita hasta el último rastro de civilización y reducirla a una criatura de impulsos sexuales, parecida a él. Como es una joven bien educada, ella insiste que necesita salir. El bzou sujeta su tobillo con una cuerda y la amarra a un ciruelo.

Caperucita se acostó desnuda con el bzou; se ha entregado a la bestia impulsada por el deseo o por la ingenuidad. Tal vez él ata su tobillo tratando de mostrar que él la posee sexualmente. Ella logra escapar de él y ata la cuerda a un árbol, lo que muestra que él no puede poseerla sexualmente. Ella ata la cuerda a un ciruelo y engaña al lobo. Ella tiene que correr; el bzou no puede poseerla. En sentido alegórico, lo único que ella deja atrás es su excremento.

Aunque a menudo vemos a Caperucita Roja como una víctima inocente, esta Caperucita puede estar completamente al control de sus deseos y de su sexualidad. Decide entregarse a la seducción, y cuando llega el momento de alejarse, lo hace cuando ella lo decide. Le demuestra al lobo que él no la posee, sino que ella es dueña de sí misma. ¡Esta Caperucita no será devorada! Y hablando de la Caperucita que es devorada por el lobo, ¿es una víctima o está viviendo una iniciación? Todos vivimos nuestra vida lo mejor que podemos, sabiendo muy bien (ya sea que nos guste pensar en eso o no) que la vida es valiosa y que el peligro acecha en cada esquina. Después de ser devorada, Caperucita vive sin miedo y le dice todo al lobo: De dónde viene, a dónde va y a quién va a visitar. Claro que en una visión retrospectiva eso fue un grave error. Pero todos cometemos errores graves, ¿no es así? ¿Y no es cierto que sabemos que esos errores graves pueden llevar a nuestra perdición? Pero incluso devorada, Caperucita Roja sale, cuando el cazador la libera de las entrañas del lobo (el perro y el lobo de la carta del Tarot). Esperamos que con esto ella haya aprendido una lección y gracias a ella haya madurado.

Tal vez por eso todos aman a la Caperucita Roja. Nos muestra que todos cometemos errores graves. Pero también nos muestra que podemos pasar a través de ello, que podemos sobrevivir y estar alerta al siguiente lobo que pueda presentarse.

Hechizos de Caperucita Roja

Si como Caperucita Roja eres objeto de atención indeseada, lo primero que debes hacer es llevar a cabo una acción en el mundo real. Aprende a decir "no", diles a las personas que están cerca de ti que se te está hostigando, informa de los acosos a los oficiales del cumplimiento de la ley.

Habiendo dicho esto, consideremos algunos hechizos que podrías usar si alguien te está acosando.

En primer lugar, expresa con mucha claridad lo que deseas y lo que no deseas. ¿Tienes un conflicto? ¿Respondes a la atención indeseada, pero sientes que no deberías hacerlo? ¿O se trata de una persona a la que antes prestaste atención pero luego dejaste de hacerlo, como alguien que fue tu novio o tu novia? ¿Se trata de alguien que se interesa en ti, pero tú no te interesas en él (ella)? ¿Se trata de alguien que quisiera que te interesaras en él (ella), pero tú simplemente no puedes mostrar ese interés? En cualquiera de estos casos, en cuanto empieces a hacer magia para liberarte de esta persona, no hay marcha atrás. No puedes decidir, meses después, que en realidad disfrutas la atención de esa persona. Si crees que existe alguna posibilidad de tener una relación saludable, ya sea romántica o amistosa, no hagas magia para hacer que esa persona te deje en paz. Pero si crees que en realidad la atención de esa persona es indeseada, injustificada o maliciosa, éstas son algunas cosas que puedes hacer:

El hechizo de paleta helada

Una forma de hacer que una persona "enfríe" sus sentimientos hacia ti es llevar a cabo algo de magia compasiva.

En este caso, para "enfriar" a alguien, ¡en realidad vas a enfriarlo! Vas a necesitar una bandeja de cubos de hielo o una bandeja de paletas heladas. Usando tinta indeleble, como la de un bolígrafo Sharpie, escribe el nombre de la persona en un trocito de papel. Al escribirlo, piensa claramente en la persona. Visualízala alejándose de ti, ignorándote o dejándote en paz de una u otra forma.

Después, llena la bandeja de cubos de hielo con agua y pon el trocito de papel en el agua. Pon la bandeja en la parte trasera de tu congelador y déjala ahí. Se va a congelar, y la atención de la persona hacia ti se congelará con ella. Déjala ahí tanto tiempo como lo desees, y simplemente olvida que está ahí.

El hechizo postal

Si realmente quieres que alguien se marche, intenta esto: Escribe su nombre en una hoja de papel. Visualiza claramente a la persona mientras escribes su nombre. También puedes escribir el nombre de la persona varias veces, diciéndolo mientras lo escribes y visualizando a la persona alejándose de ti, yéndose a lugares desconocidos en el futuro predecible. Aunque normalmente no es una buena idea nombrar a personas específicas en un hechizo, si alguien realmente te está acosando, se consideraría que estás actuando en defensa propia. Date cuenta de que el hechizo no daña a la persona, sólo hace que esté presente en otra parte. En cualquier hechizo, debes tomar en cuenta la advertencia de la magia que te dice que "no dañes a nadie".

Pon la hoja de papel en un sobre de correo estándar. Busca el código postal de un lugar que está muy lejos de donde tú estás, y manda la carta a la persona que se encarga de la lista de correos en ese lugar.

Por ejemplo:

El lobo
Lista de correos
Schomoeville, Alaska 99999

Manda el sobre por correo y espera. Si pusiste la energía y la intención adecuadas en el hechizo, la persona de pronto tendrá una oportunidad maravillosa en Schomoeville, Alaska, ¡que no puede dejar pasar! Y se marchará.

A diferencia de este ejemplo, asegúrate de elegir un lugar real con un código postal real. La persona debe estar en una posición en que tenga algún asunto de negocios o personal en ese lugar y necesite mudarse allá. Esto no puede suceder si usas un lugar ficticio. (¿Qué? En realidad no existe un lugar llamado Schmoeville, Alaska?)

El hechizo de Caperucita Roja con una cuerda

En algunas versiones, Caperucita Roja escapa del lobo. El lobo ata una cuerda alrededor de su tobillo, pero ella la ata a un árbol y huye.

Puedes hacer un hechizo sencillo que simula esta escena. Encuentra un objeto que te recuerde a la persona de la que quieres librarte. Puede ser cualquier cosa que te haga pensar en ella: Un retrato de ella, algo que te dio, su flor favorita, una prenda de ropa que se parece a la ropa que esta persona usa todo el tiempo. Saca el objeto a la intemperie, llévalo a un lugar donde no se te interrumpa y donde haya árboles (pueden ser arbustos, matorrales o cactus). Ahora ata un extremo de la cuerda al objeto. Ata el otro extremo de la cuerda a tu tobillo. Mientras lo haces, visualiza a la persona, y ve la cuerda como la conexión indeseada que hay entre ella y tú.

Ahora camina, alejándote a cierta distancia, tal vez unos seis metros, y desata la cuerda de tu tobillo. Ata la cuerda a un árbol. Deja el objeto y la cuerda ahí durante tres días. Luego regresa a ese lugar, toma la cuerda y el objeto y deshazte de ellos adecuadamente. Al hacerlo, visualiza el hecho de que esa persona ya no está en tu vida. Estás libre de ella, ¡y siempre lo estarás! (Dejar la ofrenda simbólica que dejó Caperucita Roja es algo que sólo depende de ti.)

Hechizo de Caperucita Roja para renacer

Como he mencionado, algunos autores consideran que el tiempo que Caperucita estuvo en las entrañas del lobo fue una iniciación. Cuando el cazador abre al lobo en canal y saca a Caperucita, ella renace, es más madura y está lista para iniciar una vida nueva.

Puedes simular esto en un hechizo.

Lo primero que vas a necesitar es una prenda de ropa nueva que nunca antes hayas usado. Puede ser cualquier tipo de ropa: Un vestido, un pantalón, una camisa o blusa, zapatos, incluso una bufanda o pañoleta. No tiene que ser algo nuevo comprado en una tienda; simplemente debe ser nuevo para ti.

Debes hacer este hechizo en la luna nueva. Necesitarás un armario, un cuarto pequeño u otro lugar cerrado que pueda oscurecerse (puede ser un baño, un cuarto de lavado, o si estás al aire libre puede ser una cueva o una arboleda en una zona muy privada). Debes estar desnudo. Como vas a estar solo cuando hagas el hechizo, no tienes que sentir vergüenza.

Primero, medita en la persona o en la situación de la que quieres librarte. Piensa de manera específica y cuidadosa en la persona. Cuando hayas meditado en la persona durante un periodo muy largo, medita en ella un poco más. Ahora desvístete y entra al lugar oscuro. Cierra la puerta y haz que esté tan impenetrable y oscuro como sea posible. Si quieres, puedes envolverte en una cobija o en otro tipo de tela, para simular un lugar encerrado y oscuro que sea como el útero materno.

Espera lo que te parezca ser un periodo muy largo. Si crees que ha sido un periodo largo, espera un poco más.

Ahora sal de un salto de ese lugar oscuro y pasa a un área con luz o sal de la casa. Siente el aire libre y fresco a tu alrededor. ¡Has renacido, te has liberado, te has abierto a una vida nueva!

Tan pronto como puedas, ponte la prenda de vestir nueva diciendo:

"Este(a) __________ (camisa, par de zapatos, vestido, delantal, parche para un ojo…) nuevo(a) sólo es mío(a), y cada vez que me lo(a) ponga recordaré que he renacido, ¡me he encontrado a mí mismo(a)!".

Usa esa prenda cuantas veces quieras (si es ropa interior, asegúrate de lavarla de vez en cuando). Siempre recuerda el ritual cuando la uses y recuerda el hechizo que has lanzado.

Capítulo 8

El príncipe rana o Hans de hierro (Iron Hans): Un ritual para amistades verdaderas y leales

El título más conocido de este relato es "El príncipe rana", y Disney recientemente lo presentó como La princesa y la rana, en el que una joven le hace una promesa a una rana que sabe hablar, no cumple la promesa, destroza a la rana y se casa con un príncipe que resulta ser un fiel sirviente. Al sirviente le habían colocado bandas de metal sobre su corazón, y estas bandas se rompen cuando la pareja de casados cabalga en dirección a la puesta del sol. Examinaremos la relación entre el sirviente y su amo anfibio viéndola como un modelo para las amistades verdaderas y leales. Como en los capítulos anteriores, las citas son de la traducción de Margaret Hunt del libro de los Hermanos Grimm, Cuentos de la infancia y del hogar *publicado en 1802.*

"Oye, papá, yo... estaba jugando cerca del agua... y bueno, se me perdió mi pelota, y bueno, ¡una rana me habló! ¿Es eso normal?".

Aunque es probable que los Hermanos Grimm no hayan visto muchas niñas de familias acomodadas como las que hay actualmente en lugares como California, seguramente había niñas parecidas en la Alemania de su tiempo, niñas como la reacia protagonista de esta tierna historia de una niña y su rana.

Muchos de nosotros crecimos con este relato con uno de sus diversos nombres: "El príncipe rana", "Iron John", "La reina que quería beber un trago de cierto pozo", o "El pozo del fin del mundo". Recientemente, los Estudios Disney usaron este relato como modelo para su película animada *La princesa y la rana*. Está tan cimentado en nuestra manera de pensar que cuando alguien se desespera cuando desea salir con alguien, a menudo usa la fase: "Tienes que besar a muchas ranas para poder encontrar un príncipe". Miremos el cuento como lo narran los Hermanos Grimm.

Se nos da una gran cantidad de información cuando el narrador nos presenta la escena. La historia empieza con esta frase: "Hace muchísimo tiempo, cuando los deseos todavía ayudaban a la gente..." Los lectores modernos tienden a pensar que la época de los Hermanos Grimm fue "hace muchísimo tiempo", pero los Hermanos Grimm escucharon este relato de alguien que lo ubicó en los días de antaño, una época muy distinta a la de la gente que vivía en tiempos del narrador de esta historia, cuando al parecer no era muy provechoso expresar los deseos.

El relato sigue adelante e involucra más y más a quien lo escucha: "Había un rey cuyas hijas eran muy hermosas, pero la más joven era tan hermosa que el sol, que ha visto tantas cosas, se asombraba cada vez que iluminaba su rostro". Se nos transmite la idea de que esta niña, la más joven de varias hijas, es tan hermosa que ha captado la atención de los astros. En cierto sentido se compara a la niña con el cielo, con el calor y con la comodidad (cualidades del sol). También la compara con el color dorado del sol, y de hecho, el oro será el inicio de las dificultades que tiene que enfrentar esta niña.

Finalmente, la introducción de la historia nos dice: "Cerca del castillo del rey había un bosque grande y oscuro, y bajo un viejo limonero había un pozo; cuando el día era muy cálido, la hija del rey iba a bosque y se sentaba cerca de la fuente de agua fresca, y cuando estaba aburrida llevaba consigo una pelota de oro, la lanzaba muy alto y la atrapaba; esta pelota era su juguete favorito".

Ya hemos visto el bosque grande y oscuro. Es un lugar silvestre donde no existen las leyes y los principios morales de las cortes civilizadas y de los castillos. Es un lugar donde los animales hablan y donde la magia de tiempos remotos gotea desde cada rama y brilla en cada hoja. La oscuridad de este bosque nos recuerda la oscuridad eterna del Inframundo. Esta niña, increíblemente bella, entra todos los días a este lugar caótico con su pelota de oro, que se parece tanto al sol dorado.

Siglos antes de "Hans de hierro (Iron Hans)", los griegos contaban el mito de Perséfone. En él, Perséfone, que también era increíblemente bella, se está bañando en un riachuelo en un bosque oscuro. Hades la ve y se enamora de ella. Hades gobierna el Inframundo y se lleva a Perséfone consigo al oscuro reino de la muerte. Ella vive con él durante un tiempo, hasta que Deméter, la madre de Perséfone, se preocupa y la busca. Después de una larga búsqueda, ella descubre que Perséfone está en el reino de Hades, y le pide que devuelva a su hija al mundo de los vivos. Al principio Hades se niega a hacerlo; ama mucho su belleza. Los Dioses intervienen, y al final Hades cede. Pero dice que si Perséfone ha comido algo en su mundo, ella debe permanecer ahí. Perséfone acepta que comió seis semillas de granada. Su destino parece haberse decidido: Deméter amenaza a Zeus y le dice que si su hija no regresa, ella causará la muerte de todo ser viviente en la tierra. Al final, llegan a un acuerdo: Perséfone puede vivir con su madre durante seis meses cada año, pero a causa de las seis semillas de granada que ella se comió, debe permanecer en el mundo oscuro de Hades durante seis meses, pues si no lo hace morirán todos los seres vivos de la tierra.

El mito explica el cambio de las estaciones, del verano al invierno; y de hecho, la granada representa en parte al sol, cuya luz disminuye en el helado invierno y es muy brillante en la calidez del verano.

Vemos este paralelo en la primera frase del relato de los Hermanos Grimm. La hermosa hija del rey, una criatura de vida y luz, entra al "gran bosque oscuro", un mundo frío, escalofriante, muy parecido al mundo de Hades. Ella busca un pozo, una fuente de agua y de juventud renovada, del mismo modo en que Perséfone buscó un lugar donde bañarse. El pozo está bajo un limonero, un fruto que nos da a entender que este pozo es una fuente de vida y verdor (y es similar a la granada de la historia de Perséfone). La hija del rey lleva consigo una pelota de oro: Una imagen del sol, una anomalía en este lugar gris, pero representa los meses del verano, cuando la vida llena al bosque de verdor.

Al igual que el sol cambiante, la pelota no se queda en el brillante cielo hacia donde la niña la lanza. Cae al pozo, que representa el hecho de que en el invierno los días son cada vez más oscuros y fríos (y como los meses de invierno que parecen ser interminables, el pozo es "tan profundo que no se puede ver el fondo").

Por tanto, sólo en las primeras frases de la historia, vemos que este cuento se basa en un antiguo mito sobre el Inframundo, sobre una diosa hermosa y sobre las estaciones del año.

Entonces, como cuando Hades vio a la hermosa Perséfone, una rana ve a la niña que está llorando porque perdió su pelota.

Cuando hablamos sobre "Rosa con espinas" vimos una rana y dijimos que era un símbolo de la vida y de la juventud renovada. Esta rana es un poco distinta. Antes de que la vida pueda comenzar, la muerte debe preparar el camino. La muerte es el primer paso hacia el renacer, y ésa es la clase de rana que acabamos de conocer.

Sus primeras palabras a la niña son interesantes: "¿Qué te preocupa, hija del rey? Lloras con tanta angustia que hasta una piedra te mostraría compasión". El Señor del Inframundo debe ser rudo y frío, un Dios oscuro en un lugar oscuro. Es difícil imaginar risas y compasión en el mundo de los muertos. Pero esta niña es tan tierna que la rana siente compasión. Tal vez al decir: "Una piedra te mostraría compasión": Está comparando su propio corazón con una piedra.

Ella le dice que perdió su pelota de oro (que el sol ha desaparecido y ahora el mundo es oscuro e invernal). La rana le dice que le devolverá la pelota, pero que para agradecérselo, ella tiene que prometerle algo. Ella le dice que le dará su ropa, sus joyas o su corona. En muchas versiones del mito de Perséfone, la diosa debe desnudarse para entrar al reino de Hades; la niña ofrece desprenderse de su ropa, de sus joyas y de su corona ante el señor del Inframundo. Pero la rana quiere otra cosa. La niña tiene que permitirle vivir con ella, comer con ella y dormir en su "camita". Si ella lo hace, la rana arriesgará su vida yendo a lo profundo del pozo; del mismo modo en que Hades debe enfrentarse al Inframundo, frío y sombrío, si Perséfone acepta vivir ahí con él y compartir su cama.

La niña acepta con entusiasmo, pero piensa: "Qué tonterías está diciendo esta rana. Lo único que hace es quedarse en el agua con las demás ranas y croar. No puede ser buena compañía para un ser humano". Esta idea mostrará tener un paralelo con el mito de Perséfone, así que no la olvides, volveremos a ella en un momento.

Ahora la rana, que se siente fascinada, va por la pelota (el sol) y se la da a la princesa. La niña se va corriendo y deja ahí a la pobre rana; no cumple la promesa que le hizo. Pero la rana es persistente. Llega saltando al castillo esa noche e insiste en ver a la niña.

Ahora conocemos a un nuevo personaje en la historia, el rey, el padre de la niña. Ella le explica a su padre su predicamento y le dice que nunca esperó que una humilde rana le exigiera que cumpliera su promesa. El rey le dice claramente que debe cumplir la promesa que le hizo a la rana: "Debes cumplir lo que prometiste. Ábrele la puerta, déjala entrar". Y aunque esto es un buen principio moral y es comportamiento digno de la realeza, recuerda que Zeus, el Rey de los Dioses, también se vio obligado a intervenir cuando Deméter le suplicó a Hades que permitiera que Perséfone regresara al mundo de los vivos. El rey desempeña ese papel en este relato, asegurándose de que el mundo de la luz del día y del sol dorado pague sus deudas con el Inframundo.

"La hija del rey empezó a llorar, porque temía a la rana fría y no le gustaba tocarla, pero que ahora iba a dormir en su camita, tan limpia y bonita". La rana es fría como lo es el Inframundo, y una diosa dadora de vida no disfrutaría tocar a una criatura del Inframundo. Pero una vez más, el rey insiste en que su hija cumpla su promesa; después de que la rana come en su plato de oro y bebe de su copa, se van a la recámara, donde la niña pone a la rana en un rincón frío (un lugar oscuro parecido al Inframundo en ese casillo dorado del sol).

Como hemos visto, en muchos de los cuentos de los Hermanos Grimm, las niñas están dispuestas a irse a la cama con animales grotescos, y en ocasiones están ansiosas de hacerlo. Rosa Roja con el oso, su amante, Caperucita Roja con su bzou, y Nettchen con la Bestia; todas estaban felices al aceptar el abrazo de una alimaña del Inframundo. Pero esta princesa se niega a hacerlo. Cuando la rana insiste en consumar la relación diciendo: "Estoy cansado; quiero dormir bien, como tú; súbeme a la cama o se lo digo a tu padre", la niña siente que ya tuvo suficiente. "Levantó a la rana y la lanzó con todas sus fuerzas contra la pared. 'Ahora te quedarás quieta, rana odiosa', dijo". ¡Vaya, qué dulzura! ¿Dónde quedó el beso que estábamos esperando?

Pero tal vez esta violencia indecorosa no es tan mala como parece. En realidad, en las tradiciones populares con frecuencia es necesario romper, mediante la muerte o la violencia, un hechizo que hizo que alguien cambiara de forma. En "La reina que quería beber un trago de cierto pozo", un relato escocés muy similar, la niña tiene que cortarle la cabeza a la rana. ¡Qué horror! Y en el relato noruego titulado "Muñeca en la hierba", una novia diminuta que viaja en una cuchara tirada por ratones (tal vez éste es el tema que está detrás de la calabaza que se transforma en carroza en la versión de los Estudios Disney) es lanzada a un lago (lo que representa un ahogamiento) y sale de él de un tamaño más normal.

Vínculos míticos

Para un dios del Inframundo, una forma de renacer es seguir a la diosa hasta nuestro mundo. Ese renacer a menudo implica que primero debe haber una muerte violenta. En las leyendas de Juan Cebada o el Hombre Verde, a menudo vemos descripciones de una muerte terrible antes de que el dios verde pueda resurgir. En la balada popular inglesa escuchamos:

Contrataron hombres con varas de manzano silvestre
para separar su piel de sus huesos
y el molinero lo trató peor que eso
porque lo molió con dos piedras
(Tradicional)

Pero a pesar de toda su agonía, nuestro héroe, el Hombre Verde resurge:

Pero el pequeño Sir John en el tazón color marrón
es brandy en el vaso
el pequeño Sir John en el tazón color marrón
al final comprobó ser el hombre más fuerte
pues el cazador no puede cazar al zorro
ni tocar su cuerno con fuerza
y el hojalatero no puede arreglar sus teteras ni sus ollas
sin John Barleycorn

A menudo, el Dios debe morir una muerte más violenta que ésta para renacer. En *El Mabingión,* Lew Llaw Gyffes, el dios del sol, debe permitir que Gronw, Dios del invierno, lo atraviese con una lanza. La lanza se le clava, pero él se levanta como un águila, y en el verano regresa con el sol que renace. Éste es otro relato sobre las estaciones; Llew Llaw Gyffes es el sol que brilla en el verano, y Gronw es la muerte en el invierno.

Otro mito de violencia relacionado con las estaciones es el mito de Dionisio, que inspira a sus Ménades, que son doncellas hermosas, para que lo destrocen estando en éxtasis. En algunos mitos, las Ménades también destrozan al dios Orfeo y al rey Penteo de Tebas. Al igual que Llew, Dionisio es destrozado para renacer, como las uvas que deben ser aplastadas para hacer vino.

Al igual que todas estas figuras míticas, la rana debe morir para renacer. Aquí, en el castillo dorado del sol, la princesa, o la bella diosa que actúa como las Ménades, lo lanza contra la pared. Queda aplastado, pero resurge tomando la forma de un atractivo príncipe, el dios de los lugares verdes hecho carne. Ahora la princesa puede amarlo y los dos aceptan casarse. La princesa se entera de que "una bruja malvada le había lanzado un hechizo, que ella sería la única que podría liberarlo del pozo, y que en el futuro ambos se irían juntos a su reino". Debemos señalar que él no podía ser liberado de esta forma del Inframundo por cualquier muchachita coqueta, sino sólo por esta princesa en particular; en otras palabras, solo Perséfone puede transformar a Hades.

El sirviente fiel

Ahora llegamos a un detalle extraño de la historia. A diferencia del título que se le da al relato en Escocia, "La reina que quería beber un trago de cierto pozo", en la versión de los Hermanos Grimm nuestra princesa dorada ni siquiera se menciona en el título. El personaje que se menciona ni siquiera aparece en el relato hasta este momento: Hans de hierro, que en algunas versiones aparece como Juan de hierro. Se trata del fiel sirviente del príncipe que se entristeció tanto cuando el príncipe fue transformado en rana que hizo que pusieran bandas de hierro alrededor de su corazón para evitar que se destrozara.

Cuando viajaban hacia el territorio del príncipe, escuchan un chasquido. El príncipe cree que su carruaje se ha roto, pero sólo son las barras de metal de Hans de hierro que se están desprendiendo de su corazón. No se asusten, amigos.

¡Qué episodio más extraño de la historia! ¿Por qué se incluye aquí?

Qué bueno que lo preguntas. Un aspecto de este relato es la idea de las promesas y la fidelidad. El tema más importante es la promesa de que aunque el sol (la pelota de oro) se enfría en el invierno, la primavera regresará. Vemos que el rey honra esta promesa, pues insiste en que su hija cumpla lo que prometió. El verano sólo volverá al castillo dorado si ella cumple la promesa que le hizo a la rana. Ahora la rana ha renacido y se ha transformado en un dios del verano; se casa con la diosa de la fertilidad y ambos pueden viajar a su reino, la tierra verde.

En la balada de "John Barleycorn" [Juan Cebada] escuchamos esta estrofa:

Y estos tres hombres hicieron un voto solemne
John Barleycorn estaba muerto

Hans es la semilla y las bandas de hierro que rodean su corazón son los surcos de la tierra bajo los cuales él duerme a lo largo del frío invierno, mientras su amo, el sol, es una rana en el Inframundo. Ahora que la rana es el apuesto dios del sol, las bandas de metal pueden romperse, y Hans de hierro puede surgir como la vegetación llena de verdor.

Ellos dejaron que él reposara durante mucho tiempo
hasta que cayeron las lluvias del cielo
y el pequeño Sir John saltó más alto que su cabeza
y los sorprendió a todos

En otro nivel (los mitos tienen muchos niveles), el hierro rompe los encantamientos. Los seres del mundo de las hadas odian al hierro pues los destierra. En las tradiciones populares europeas se aconseja que siempre lleve uno consigo herramientas de hierro para protegerse de los encantamientos de los seres del mundo de las hadas. De hecho, la tradición de colgar una herradura en la casa viene de esta creencia. Y por supuesto, sabemos que a los Hermanos Grimm les gustaba remplazar a los seres del mundo de las hadas con brujas. Tal vez eso esté pasando aquí.

De modo que Hans quiere romper el encantamiento que se lanzó contra su amo; y él es su fiel sirviente (no como la princesa que es infiel y fácilmente rompe sus promesas). Las bandas de hierro que rodean el corazón de Hans están ahí para acabar con el encantamiento. Cuando el príncipe es liberado de esa maldición, las bandas que rodean el corazón de su siervo se hacen pedazos, y la magia es vencida.

En ambos casos míticos, Hans de hierro representa la fe y el cumplimiento de las promesas: La promesa de los dioses de que volveremos a tener semillas y alimento año tras año, y la promesa que un siervo y un amigo fiel le hace a su amo de ser leal a él mientras el amo está lejos, prisionero en un oscuro encantamiento.

Tanto el rey como Hans de hierro muestran un comportamiento fiel. En el caso del rey es más general: Le dice a su hija que una promesa que se hace debe cumplirse. En el caso de Hans es un comportamiento específico: Él atará su corazón a su amo, el príncipe. Su fe en su amo es recompensada con el regreso del príncipe, que se logró gracias a la caprichosa princesa. Son dos lados de una moneda: La fidelidad y el deshonor, el día y la noche, la luz y las tinieblas, el sol y la noche. Ahora la caprichosa princesa hará una nueva promesa entregando su corazón y su cuerpo al príncipe. Este cambio en su comportamiento representa el cambio de las estaciones y los años.

Pero es triste que después de la desesperación que produce el debilitamiento del sol, después de evocar el regreso del sol mediante una visita al terrible Inframundo, después de transformar al rey Rana del Inframundo en el Dios del Verano, y después de estrellar contra la pared a un indefenso anfibio, a la princesa ni siquiera se le recuerde en el título de la historia.

El ritual del rey Rana

La historia del rey Rana se relaciona con la fe y la fidelidad. Es triste que estas virtudes estén ausentes en muchas amistades y romances de nuestro mundo moderno. Las personas hacen promesas de manera casual y no tienen la intención de cumplirlas; entran y salen de relaciones de amistad y de relaciones románticas siguiendo las fluctuaciones de su estado de ánimo.

Este ritual intenta ayudarte a encontrar amigos, y quizás una pareja romántica, que sean confiables y honestos y que cumplan sus promesas.

Antes de hacer este ritual, considera cuidadosamente el hecho de que para recibir respeto uno debe dar respeto; para que otros cumplan sus promesas, uno debe cumplir las promesas que hace. Esto significa que debes tomar muy en serio lo que dices, y nunca debes hacer promesas que no puedes cumplir o que no estás dispuesto a cumplir. Todos los días vemos personas que prometieron "amar, honrar y obedecer" durante el resto de su vida, y que rechazan estas promesas y se divorcian. Con frecuencia, éste es el modelo que recibimos siendo niños; ¿No estás contento con tu relación? ¡Bueno, déjala y encuentra una nueva!". Y aunque es cierto que deberíamos apartarnos de una relación en la que hay abusos, muchas personas están dispuestas a simplemente acabar con un matrimonio perfectamente funcional, en lugar que ponerse a trabajar para arreglarlo. Hoy en día, muchas personas piensan que la infidelidad es la norma. Justifican su comportamiento o hacen promesas falsas diciendo que nunca volverán a actuar como actuaron.

Lo mismo pasa con las amistades. Todos hemos visto en las noticias a cierta heredera que busca "amistades firmes que duren por siempre" como si estuviera buscado vestidos de alta costura. Incluso tuvo un programa de televisión cuyo propósito era encontrar ese tipo de amistades.

Al parecer vivimos en una época en que los líderes políticos prometen lo que suponen que nos gustará escuchar. Todos en Estados Unidos recuerdan a un político que solía decir "lean mis labios" (George H. W. Bush).

El hecho es que en nuestro mundo moderno tenemos muy pocos modelos para una amistad en la que haya confianza y fidelidad. Si no eres un amigo (o una amiga) confiable, si mientes, si rompes tus promesas y pasas de una amistad a otra, piensa con cuidado sobre la razón por la cual lo haces antes de llevar a cabo este ritual. Si usas este ritual para encontrar una amistad verdadera, y luego tú deshonras esa amistad, vas a destrozar un corazón y vas a traicionar un voto mágico que hiciste.

Pero si en realidad estás listo para tener una amistad duradera con alguien que no será desleal, éste es un ritual para encontrarla. El ritual debe hacerse en la luna llena y podría ser necesario repetirlo muchas veces para obtener resultados firmes. Como con cualquier hechizo, no te desanimes. La perseverancia y la repetición tienen sus recompensas en la magia, como también la tienen en la vida.

Necesitarás:

- Un altar estándar, con tres velas blancas (una más alta que las otras dos) y una varita.
- Tu escoba.
- Una pelota dorada (si no tienes una pelota de oro sólido, una pelota deportiva pintada de color dorado es perfectamente aceptable; en las jugueterías también tienen pelotas color dorado que botan bien).
- Una pala (para escarbar).
- Se te pedirá que entierres la pelota en un jardín, en un terreno, en un bosque o en un parque; cualquier lugar donde haya un poco de tierra está bien; así que tenlo en mente.

Lo mejor es hacer en ritual en un lugar tranquilo y oscuro. Es preferible hacerlo a la intemperie, pero un cuarto tranquilo y oscuro también es maravilloso. Debes sentirte cómodo con la ropa que te pongas: Una túnica, piyama, ropa de calle; también puedes hacer el ritual estando desnudo.

Prepara tu altar con las tres velas, la más alta va en medio y las más cortas van a cada lado formando un triángulo en el centro del altar; coloca la varita donde sea fácil alcanzarla.

Antes de comenzar, enciende la vela de en medio del triángulo diciendo: "El invierno se convierte en verano, el verano en invierno. Que la luz de esta vela me guíe a través de cada estación con las amistades en quienes confío".

Si tienes una escoba, barre tres veces alrededor del círculo pensando en la energía mágica que genera la escoba y en la forma en que usarás esta energía para buscar una amistad verdadera.

Ahora toma tu varita y camina una vez alrededor del círculo, diciendo:

"El frío invierno trae tristeza. Necesito un amigo para que me consuele, me sostenga, me prometa una amistad verdadera. ¡Que así sea!".

Cuando vuelvas al lugar donde empezaste, usa una velita para encender la vela más pequeña del lado izquierdo usando la flama de la vela más alta. Di: "Esta vela es la desesperación del invierno".

Ahora vuelve a tomar tu varita y camina alrededor del círculo diciendo:

"El verano trae verdor y calor. Necesito un amigo para compartir la risa y las promesas. ¡Que así sea!".

Cuando vuelvas al lugar donde empezaste, usa una velita para encender la segunda vela más pequeña, como lo hiciste antes. Di: "Esta vela es el aliento cálido del verano".

Ahora camina alrededor del círculo por tercera vez diciendo:

"Así gira el círculo, de una estación a otra. Sólo el amor permanece sin cambio".

Después siéntate y mira las velas encendidas durante unos momentos. Toma la pelota dorada en tus manos y sostenla cerca de tu corazón.

"En el frío invierno el sol se oscurece, no brilla; es frío, no es cálido. Mi corazón está cansado de promesas frías y de amistades descuidadas. Como el sol en el largo invierno, entierro todos los pensamientos de quienes no han sido sinceros conmigo".

Sostén la pelota un poco más, luego ponla junto al altar.

Toma tu varita y elévala al cielo.

"¡Espíritus del aire, del agua, del fuego y de la tierra! ¡Escuchen mi llamado! Busco una amistad verdadera. Traigan a mi vida un amigo (una amiga) que sea como Hans de hierro, siempre fiel, que siempre me cuide, que esté consciente de mis sentimientos y de mi corazón. ¡Que este amigo (esta amiga) sea alguien que sienta mi corazón como siente el suyo! Que sea como Hans de hierro, ¡que su corazón esté ligado al mío!".

Ahora deja la varita y vuelve a tomar la pelota.

"El verano se abre paso a través del frío invierno, como el príncipe rana se alejó del Inframundo para llegar al cielo brillante. Esta pelota es el sol que brillará sobre mi amistad verdadera. Al igual que el rey, yo siempre cumpliré las promesas que haga a una amistad verdadera. Como Hans de hierro, mi corazón estará ligado al corazón de mi amigo (mi amiga).

"Entierro esta pelota a cierta profundidad bajo la tierra, para que como el sol en invierno pueda soñar y buscar para mí en sus sueños el amigo (la amiga) que anhelo. Cuando surja de la tierra fría, yo veré dos corazones como si fueran uno, ¡veré a mi amigo (amiga) junto a mí! ¡Que así sea!".

Termina esta porción del ritual apagando la vela del invierno, diciendo: "Frío invierno, te doy la bienvenida. ¡Sana mi corazón mientras duerme!".

Ahora apaga la vela del verano diciendo: "¡Verano, calienta mis emociones para que yo pueda sentir el corazón de mi amigo como si fuera el mío!".

Camina alrededor del círculo con tu varita, en la dirección contraria a como lo lanzaste, diciendo: "¡Me llevo este círculo en mi interior al enterrar el sol del invierno!".

Esta parte del círculo ha terminado. Ahora debes tomar la pelota dorada del sol al área donde la vas a enterrar. Envuélvela en plástico o colócala en una cajita, y entiérrala donde puedas volver a encontrarla.

Seguimiento

En la siguiente luna llena, ve al lugar donde enterraste la pelota. Desentiérrala, mírala y di:

"El sol del verano vuelve a brillar. ¡El dios del sol regresa! ¡Las bandas de hierro de mi corazón están rotas! ¡Ven, sol, y tráeme una amistad verdadera! ¡Que así sea!".

Coloca la pelota bajo tu cama o en tu mesita de noche, y mírala cada noche antes de acostarte. Incluso podrías tener el deseo de lanzar tu círculo una vez más, y caminar tres veces alrededor del círculo sosteniendo la pelota. Mientras lo haces, dices:

"Llevo el sol dorado, que expresa mis oraciones para tener una amistad verdadera y duradera!". Repite esto cada vez que camines alrededor del espacio ritual.

Tal vez tengas que llevar a cabo el ritual dos o tres veces, pero tu amigo o amante honesto y fiel vendrá. ¡Aprécialos!

Capítulo 9

Rapunzel: Un ritual para celebrar que una joven llega a la mayoría de edad

En este relato, que conocemos muy bien, se cambia una joven por la vida de su padre cuando una hechicera atrapa a un hombre en su hortaliza robándose unos rapunzel (en español se conoce como «rapónchigo», una hortaliza comestible por sus raíces que tienen forma de nabo). La niña crece en reclusión y conoce a la hechicera como su maternal guardiana. La chica se enamora cuando conoce a un joven muy decidido, pero esta pareja de amantes tiene que luchar contra el destino y contra la hechicera para que su historia tenga un final feliz. Usaremos este relato como base para un ritual para una jovencita que llega a la mayoría de edad; un ritual de paso que se observa en muchas culturas. Una vez más, las citas de la historia se tomaron de la traducción que hizo Margaret Hunt de la colección que los Hermanos Grimm publicaron en 1812.

En una sala de mármol tan blanca como la leche,
recubierta con una piel tan suave como la seda,
dentro de una fuente tan clara como el cristal,
aparece una manzana dorada,
no hay puertas en esta fortaleza,
pero los ladrones entran para robar el oro.
(Tradicional)

Éste es un acertijo tradicional y en este relato nos enfrentamos a un enigma: En lo profundo del bosque hay una torre rodeada de espinas. No tiene puertas, no tiene escaleras, no tiene una reja de entrada. Pero en lo profundo de la torre hay un tesoro: Una muchacha hermosa con cabello dorado a la que se le dio el nombre de una planta y fue intercambiada por la vida de su padre. Se pasa los días hilando, cantando un canto solitario y seductor. ¿Cómo llegó ahí, y quién puede entrar a esta prisión que no tiene guardias ni candados?

La respuesta al acertijo es un huevo, y la respuesta a nuestro enigma es, por supuesto, Rapunzel.

El tema inicial de "Rapunzel" es muy similar al de otros dos cuentos que compilaron los Hermanos Grimm. En "La Bella y la Bestia" un hombre cambia a su hija menor por su vida como pago por haber cortado una rosa en un jardín amurallado. En "Rumpelsiltskin" una mujer promete entregar a su bebé si un hada hila su paja y la convierte en oro, y en este cuento, un hombre entrega a su hija recién nacida para salvar su propia vida después de entrar a un jardín amurallado para robarse una hortaliza comestible cuyo nombre en alemán es rampion rapunzel (y en español aparece como campánula rapunculus en el Diccionario de la Real Academia).

La historia de Rapunzel empieza con una pareja que desea tener un bebé. La mujer queda embarazada y sufre de antojos; lo único que quiere comer es rapunzel, una hortaliza que crece en un jardín que ella puede ver desde su ventana. El problema es que el jardín está en un área bardeada, custodiada por una temible hechicera.

En la Edad Media se creía que cuando a una mujer embarazada se le antojaba cierta comida, era muy importante conseguírsela. Ésta es una filosofía médica muy sensata. Después de todo, la razón de ese antojo podría ser que su cuerpo necesite un nutrimento que está presente en ese alimento. Así que el esposo de esta mujer decide enfrentar la amenaza de la hechicera y escala la barda del jardín.

Al principio, todo sale como él lo había planeado. Vuelve a casa con un puñado de rapunzel. Su querida esposa come un poco y todo está bien. Pero como en el caso de toda la comida del Inframundo (porque eso es esta planta), al comerla ella sólo tiene un deseo incontrolable de comer más, así que su esposo sale de casa la noche siguiente para seguir con su espionaje.

Pero tal vez el espionaje no es el fuerte del esposo; en esta ocasión, la hechicera lo atrapa. Amenaza con matarlo, pero él le suplica que sea misericordiosa con él y le explica su predicamento. La hechicera se apiada de él. Bueno, se apiada lo suficiente para perdonarle la vida si le entrega al bebé que todavía no ha nacido. Eso no es lo que yo llamaría verdadera misericordia. Nuestro héroe acepta el trato, y pone pies en polvorosa.

Vemos este tipo de trampa en todas las tradiciones populares. En *El Mabinogion,* un cazador llamado Pwyll ve un ciervo blanco y quiere cazarlo. El problema es que lo están cazando los perros de otra persona; son perros blancos con orejas rojas. Pwyll usa una estrategia que no es la más astuta que él posee: Hace que sus perros ahuyenten a los perros blancos y caza el ciervo blanco. En ese momento, se presenta Arwan, un dios del Inframundo que tiene una cornamenta. Le dice a Pwyll que solo él tenía derecho a cazar ese ciervo; ahora Pwyll debe entregar su vida a este ser encantado. Pero él acepta perdonarle la vida a este ser humano si toma su lugar en el Inframundo y lucha contra su enemigo. Pwyll acepta, pasa un año en la tierra de Arwan, y todo culmina en un terrible duelo.

En ambos casos, es un ardid. La hechicera desea una niña, y podemos imaginar que de alguna manera hechizó el rampion para atraer a la mujer embarazada y a su esposo hacia los muros de su jardín del Inframundo. El ardid funcionó, y el hombre promete entregar la vida de su hija a cambio de su propia vida.

Ahora la mujer está dando a luz y la hechicera aparece en la recámara y se lleva a la recién nacida. Le da el nombre de Rapunzel, en honor a la planta que llevó a su intercambio, y la educa en la soledad, protegida del mundo.

Éste es uno de los pocos cuentos de los Hermanos Grimm en que extrañamente vemos el paso del tiempo; sabemos que la niña que al inicio de la historia era una recién nacida, ahora tiene edad suficiente para ser cortejada: "Rapunzel creció y llegó a ser la niña más bonita bajo el sol. Cuando tenía doce años, la hechicera la encerró en una torre que había en un bosque y que no tenía escaleras ni puertas, pero en lo más alto había una ventanita". En la Europa Medieval, los doce años era la edad normal para casarse, y la hechicera, temiendo que alguien cortejara a la chica, la llevó a esta fortaleza solitaria. La única entrada era una ventana alta, a la que sólo se podía llegar escalando con la ayuda del largo cabello de la chica.

El hijo de un rey pasaba por ahí cuando escuchó a la jovencita cantando en lo alto de la torre. Él admiró su dulce voz pero no tiene acceso a esta fortaleza: Él se siente frustrado por el enigma de Rapunzel. Pero no por mucho tiempo. Observa hasta que escucha a la hechicera gritar su familiar saludo: "Rapunzel, Rapunzel, baja tu cabello"; una escena con la que todos nosotros crecimos y repetimos.

El príncipe lanza el mismo saludo hacia la torre y como recompensa hace una visita a la fortaleza, donde contempla a la jovencita. En una secuencia que nos hace recordar la escena del balcón de Romeo y Julieta, él sube y declara su amor por esta jovencita que acaba de conocer, y comienzan a tener encuentros amorosos.

Rapunzel urde un plan para escapar con su apuesto amante, pero antes de poder llevarlo a cabo revela su secreto accidentalmente a la mujer que ella llama "dame gothel", un término común en alemán que significa "madrina". La hechicera se enfurece ante la coquetería de Rapunzel y se la lleva al desierto. Después le pone una trampa al príncipe (algo en lo que sabemos que ella es una experta). Se hace pasar por la joven y permite que el príncipe suba a la torre, donde ella se burla de él. Cuando él se da cuenta de que su amada se ha ido, de nuevo reacciona como Romeo y salta desde la torre. A diferencia del héroe de Shakespeare, el príncipe no muere, pero queda ciego debido a las espinas que hay allá abajo.

Ahora vaga por el mundo comiendo "sólo raíces y moras", lamentando haber perdido a su amor. Pero al ir caminando sin rumbo llega al desierto donde Rapunzel está oculta. Ella dio a luz a unos gemelos, que son hijos del príncipe, y ella les está cantando. El príncipe escucha su canto y reconoce su dulce voz. Se abrazan. Ella llora al reunirse con su amor y sus lágrimas curan su ceguera. Luego él la lleva de regreso a su reino, donde se casan y viven "durante mucho tiempo, felices y contentos".

Como muchos de los cuentos de los Hermanos Grimm, "Rapunzel" es un relato complejo con muchos niveles de significado y de leyendas mágicas.

Una niña de un campo de coles

La historia de Rapunzel empieza con un deseo: "Hace mucho tiempo, un hombre y una mujer habían deseado en vano tener un hijo durante mucho tiempo. La mujer tenía la esperanza de que Dios le concediera su deseo". El deseo de la pareja de no seguir el curso natural de la vida y tener un hijo cuando ellos lo desean y no cuando la naturaleza los bendiga, les causa dificultades. En nuestro mundo moderno, el embarazo con frecuencia se planea y se evita o se permite (o incluso se provoca mediante tratamientos de fertilidad). Pero en la Europa Medieval se creía que sólo Dios o la naturaleza decidían cuándo se creaba un bebé, y un deseo de este tipo por parte de una pareja se veía como una interferencia a la naturaleza. Este pecado se agrava con el pecado de avaricia de la mujer. "Estas personas tenían una ventanita en la parte de atrás de la casa desde donde podía verse un jardín espléndido lleno de las flores y vegetales más hermosos. Pero estaba rodeado por un muro muy alto y nadie se atrevía a entrar en él porque pertenecía a una hechicera que era muy poderosa y todo el mundo le temía". La mujer deseaba dos cosas que no podía tener: un bebé y las flores y plantas del jardín de la hechicera.

Poco después, la mujer queda embarazada y tiene una fijación en las hermosas coles que hay detrás del muro de su vecina. Su esposo teme que ella enferme, así que escala la barda y se roba unas coles. Lo logra una vez, pero la mujer peca de avaricia y también de glotonería, y quiere más coles.

Aquí tenemos uno de los primeros temas subyacentes en esta historia, y es un tema que volverá a surgir una y otra vez en este relato: Las coles.

Podrías o no tener sentimientos intensos en relación a las coles, pero en las tradiciones populares, la col es un vegetal muy potente. Tiene en los mitos un sitio similar al de la rosa, que ya analizamos cuando hablamos de Rosa Roja y de Rosa con espinas. Cada una de estas plantas tiene abundantes dobleces, y se usa en las tradiciones populares para representar la vagina y la sexualidad de la mujer. Vemos a la rosa en "El Jardín de Verano y de Invierno" (La Bella y la Bestia), ahí la rosa representa la sexualidad de Bella, que la Bestia quiere poseer como una frágil rosa, pero debe esperar hasta que la rosa madure. En ese relato también aparecen las coles: Cuando Bella corre al lado de su padre y promete regresar al castillo de la Bestia, la Bestia sufre tanto por Bella, que agoniza en un sembradío de coles. Bella regresa y revive a la Bestia con un beso; ella remplaza la vagina de flores con su verdadera sexualidad, y eso hace que la Bestia vuelva a la vida; las mujeres tienen el poder de dar una vida nueva y de nutrir, y esto se expresa literalmente a través de su vagina, la puerta de la vida. La rosa y la col son símbolos de este poder en el reino vegetal. Ésta es una de las razones de que las personas que se aman se regalen rosas.

Este intercambio de una jovencita por una flor sexual está presente en las tradiciones populares de Inglaterra en canciones como "Tam Lin". Ya he mencionado antes esta canción, en ella Janet, una joven heredera muy hermosa, se ve obligada a tener una relación sexual con un ser del mundo de las hadas después de que cortó una de sus rosas.

Y aquí tenemos estas coles, que en las tradiciones populares son flores vaginales. Están detrás del muro que protege el jardín de la hechicera. La futura madre quiere una col. Las coles representan su impulso sexual y su increíblemente intenso deseo de tener un hijo. Pero aquí también vemos la naturaleza de la hechicera. Ella encierra estas plantas en su jardín, ocultándolas del mundo. Su propio sexo está oculto, custodiado muy de cerca. Ella hace un trato para quedarse con una niña que todavía no ha nacido porque siente que se debe proteger a las niñas de su propia madurez, y encierra a la niña como antes había encerrado a las plantas de su jardín.

La glotonería de la madre obliga a su esposo a entrar a hurtadillas en el jardín para robar las coles (como más tarde en la historia, el príncipe entrará a hurtadillas para robarse la virginidad de Rapunzel). El hombre es descubierto, y como el padre de Bella, se ve obligado a cambiar la vida de su hija por la planta. Como la esposa ha pecado (deseando un bebé contra la acción de la naturaleza, y cometió pecados de avaricia y glotonería), ella perderá a la hija que lleva en sus entrañas. De hecho, su pecado de avaricia será castigado por el cambio simbólico de su hija por la col que ella desea intensamente.

Al igual que en "La Bella y la Bestia", el padre es responsable de los sufrimientos de la hija. En ambos cuentos, el padre roba la planta de un jardín amurallado, y luego promete entregar a su hija para así salvar su vida. La hechicera aparece en el momento del nacimiento de la niña y la reclama. Le da el nombre de la fértil col por la que la cambiaron.

La "dame gothel", o madrina, protege a la niña del mundo, así que cuando cumple doce años, la encierra en una torre del bosque.

En un nivel, sabemos que el bosque es el Inframundo. Como en el caso de Rosa con espinas y de Rosa Roja, parece que esta niña está hibernando, una situación estática antes de entrar a la madurez como mujer. La torre representa su virginidad, cuidadosamente custodiada y protegida del mundo. El hecho de que la torre no tenga puertas representa la virginidad. El mundo puede ver una jovencita que está creciendo y llegando a la madurez, pero nadie puede poseerla todavía. Ella espera al príncipe, al hombre que despertará en ella el deseo cuando llegue el momento adecuado.

Ruta de cabello hacia el cielo

Al inicio del capítulo vimos un acertijo. El acertijo tiene muchas características relacionadas con el hecho de que Rapunzel estuviera encerrada en la torre de su castidad. El acertijo describe un tesoro, una "fuente dorada" que está en el interior de un castillo impenetrable. El oro es la yema del huevo, que es parte del huevo del que nace una nueva vida. Rapunzel es también un tesoro encerrado en una torre impenetrable. Su encierro es una analogía de la fertilidad que Rapunzel acaba de descubrir, de los óvulos que hay en su interior y que deben protegerse mientras ella es joven y frágil. Pero como cualquier niña que está madurando, como el polluelo que quiere salir del cascarón, Rapunzel desea algo más que una torre solitaria y una madrastra anciana. En un nivel, Rapunzel es en gran medida la diosa virgen, la semilla de la primavera, que espera en el Inframundo a que llegue el momento adecuado para florecer y crecer, para traer vida al mundo después del sombrío invierno (como la yema que está oculta y protegida dentro del cascarón).

Rapunzel no es la única que habita en esta fortaleza del Inframundo. Esa fortaleza también es el santuario de la "dame gothel". Ella parece tener problemas con su propia sexualidad, y ha ocultado su sexo detrás del jardín amurallado, temerosa de que entren los hombres. Cuando entra un hombre ella quiere matarlo, pero se da cuenta de que el hecho de que entrara (sexo) es la única forma en que ella puede tener un hijo. Ella lo permite, con la condición de que se le entregue el hijo. Pero su desconfianza hacia los hombres y la incomodidad que siente con su propia sexualidad continúa. Cuando su propia hija tiene edad para empezar a tener impulsos sexuales, la mujer la encierra, intentando protegerla de las dificultades que la hechicera misma está enfrentando.

La hechicera se parece mucho a Deméter, la madre de Perséfone que trata de impedir que su hija viva un amor sexual con Hades y quiere tenerla siempre cerca, conservándola inocente e infantil.

Eso no sucede, por supuesto. Deméter no puede detener a Perséfone, pues la diosa joven debe quedar embarazada para que la primavera pueda volver. La hechicera y Rapunzel representan los mismos papeles míticos: La hechicera quiere detener el impulso natural de Rapunzel para experimentar el amor, el sexo y la procreación. Pero el ciclo natural de la joven prevalecerá.

Además de ser un símbolo de la diosa de la primavera, Rapunzel tiene muchas de las características de un ser cambiado, un ser humano que lleva la vida de un ser del mundo de las hadas (o viceversa). Ella es una niña humana que es intercambiada por una planta de un jardín del Inframundo, y es educada por un ser encantado.

Como niña cambiada y como diosa de la primavera, Rapunzel está sujeta a las estaciones y a la tierra. A través de ella llega la primavera y se engendra la vida. Rapunzel entona su seductora canción desde la torre y eso atrae a un joven que se acerca a ella.

En las tradiciones populares sobre el mundo de las hadas, vemos la imagen de un joven que es presa del encanto de la canción de un hada. En *La Odisea*, Odiseo encuentra a las sirenas, cuyos cantos atraen a los marineros hacia la isla de rocas donde ellas viven. Un marinero se hunde y muere, y su único pensamiento es el amor de una belleza que él nunca podría poseer. La sirena también canta para atraer a los marineros hacia las profundidades, al igual que Lorelei, de Alemania, que vive en el río Rin y ahoga a sus pretendientes.

En el relato de Ossian, el héroe que es hijo de Finn McCool (a quien conocimos cuando hablamos de "La Cenicienta"), escucha a una mujer cantando en la ladera de una colina. Su voz es increíblemente bella. Se trata de Niamh (Neve) la del cabello dorado, que ha venido a llevarse a Ossian a su tierra de Tir N'an Og (La isla de la gente joven).

Rapunzel (que fue educada por una hechicera y usa magia para encantar a los hombres con su voz inspirada por las hadas), actúa como las mujeres del mundo de las hadas, canta para atraer a un hombre hasta la torre. Al igual que todos los hombres que aparecen en los mitos, el pretendiente sufre daños graves al hacerlo. Espera y lo verás.

Primero el príncipe observa, esperando encontrar la forma de llegar hasta esta niña. La propia hechicera le muestra el camino cuando le pide a Rapunzel que haga bajar su cabellera.

El cabello es algo maravilloso. Para empezar, es una de las pocas partes del cuerpo que se puede perder, pero vuelve a crecer. Si te cortaras las manos o las orejas, te iría muy mal. Pero puedes cortarte todo el cabello que quieras y como la cola de un lagarto, vuelve a crecer. Por esta razón, el cabello representa la regeneración y el renacer. Representa nuestra fuerza, nuestro poder para renovar el mundo que nos rodea y ejercer control sobre nuestro mundo. Cuando el Sansón de la Biblia perdió su cabello, perdió su fuerza para controlar su vida. Cuando su cabello volvió a crecer, él recuperó su poder.

Por esta razón, algunas religiones prohíben que la gente se corte el cabello. En el Judaísmo Ortodoxo y en ciertas formas de Islamismo, se prohíbe que los hombres se corten la barba, los judíos que participan en el movimiento Ortodoxo no pueden cortarse el cabello alrededor de las orejas. El cabello les da fuerza y poder espiritual para comunicarse con la Divinidad.

Además, el cabello tiene un extraordinario valor sexual y da a las mujeres el poder de seducir y fascinar. Cuando éramos niños, se nos enseñó enfáticamente que "los niños tienen pelo corto y las niñas tienen pelo largo". Aunque este mensaje podría ser horrendo para el pensamiento feminista, todos recibimos este mensaje en una edad en que éramos impresionables, y si vemos a un niñito con pelo largo o a una niñita con un corte de pelo masculino, todavía como adultos, sentimos el impulso de responder a ellos en forma opuesta a su género. Crecimos con este mensaje que nos enseña que el cabello define la feminidad y la belleza. A pesar de nuestra experiencia adulta con jóvenes de pelo largo y chicas punk, tenemos la firme idea de que el cabello es femenino.

El cabello es sexy. En el caso de Rapunzel, su cabello representa sexualidad y poder. Encerrada en su torre, incapaz de expresar su sexualidad en la sociedad en otra forma, se le permite dejarse crecer su hermoso cabello. Al igual que su nombre, el cabello es una expresión de su feminidad, de su encanto. Pero la hechicera usa el cabello para acercarse la casta niña, para protegerla de los hombres que su cabello podría atraer. El cabello de la chica tiene el poder de terminar con su reclusión, pues es el único medio para que un amante pueda entrar a la solitaria buhardilla. Recordando el acertijo que es tan similar a este relato, su cabello es la forma en que los "ladrones entrar y roban su oro". Pero paradójicamente también es la forma en que su captora entra a su prisión.

El príncipe descubre el truco del cabello al observar cómo lo usa la captora de Rapunzel, y ahora él puede utilizar ese maravilloso cabello para lo que está destinado; llama a Rapunzel y asciende por la escalinata de sus trenzas para poder abrazarla. Al principio Rapunzel tiene miedo, pues nunca ha visto a un hombre; pero sus deseos naturales son más fuertes y la pareja planea escapar. Sacar al príncipe no representa un problema; ahora Rapunzel debe encontrar una forma de bajar. Le pide al príncipe que traiga seda para que ella pueda hacer una escalera con ella. El cabello que permite que su amante llegue a donde ella, la atrapa en la torre. Al madurar, la sexualidad que atrae a otros atrapa a Rapunzel en el ciclo de amor y procreación, del mismo modo en que también nos atrapa a nosotros.

El cabello de hoy desaparecerá mañana

Pero Rapunzel, que creció sola y su única compañía fue su captora, no aprendió a ser sutil. En un momento irreflexivo le revela su secreto a la anciana, la cual monta en cólera. La hechicera encierra a Rapunzel en una nueva prisión en el desierto; en el desierto carente de vida. Como Rapunzel permitió furtivamente que su impulso natural por unirse a un hombre y procrear se hiciera realidad, la hechicera la encierra en un lugar donde la vida no puede crecer, donde no tendrá sexo ni tendrá hijos.

Ahora, la mujer fragua una trampa para el príncipe usando un truco que ni Rapunzel ni el príncipe habían considerado: Cortarle el pelo a

Rapunzel y usarlo como escalera. Si los jóvenes amantes hubieran pensado en esto, podrían haber escapado ilesos. Pero así como las hermanastras de Cenicienta se cortaron los pies, Rapunzel dañó su belleza cortándose el cabello. La mujer se lo corta, robándole a Rapunzel su belleza y su sexualidad. Ahora ella toma el lugar de la joven, haciendo bajar el cabello para que él suba.

Como el lobo en el relato de "Gorrita Roja", la hechicera usa el disfraz de una persona amigable, fingiendo ser Rapunzel. Pero ella es una enemiga que usa el cabello de Rapunzel para engañar al príncipe, de la misma manera en que el lobo usó la ropa y la cama de la abuela para engañar a Caperucita. Llega el príncipe, pero ahora sólo ve a la anciana. Ella le dice lo que ha pasado y en su desesperación, él salta tratando de escalar la torre, y queda ciego a causa de las espinas que la rodean.

Él anda errante durante años, ciego y desesperado. Una y otra vez hemos visto en los cuentos de hadas que un viaje al bosque siempre es un viaje al Inframundo. Ahora el príncipe vive en el profundo bosque del Inframundo, ciego para nuestro mundo. En muchos sentidos, ahora es como Orfeo: la esposa de Orfeo, la Ninfa Eurídice, muere a causa de la mordida de una serpiente. Al igual que el príncipe, Orfeo viaja al Inframundo esperando rescatar a Eurídice de la muerte.

Orfeo es el dios del sol, el hijo de Apolo y la musa Calíope. Su presencia es algo muy extraño en el oscuro y sombrío Inframundo. El príncipe también representa el amor y la vida, mientras que Rapunzel siempre ha vivido en la oscura torre del bosque y se le ha prohibido crear una vida nueva. Ahora el príncipe debe experimentar este Inframundo oscuro y sin vida, como lo ha experimentado Rapunzel, antes de poder renacer; y como cualquier dios, debe seguir a la diosa para hacer que vuelva a nuestro mundo para que la vida pueda renovarse:

"Entonces, él quedó ciego y anduvo errante por el bosque, sólo comía raíces y bayas, y lo único que hacía era lamentarse y llorar la pérdida de su amada esposa. Así vagó errante y triste durante varios años, y al final llegó al desierto donde Rapunzel vivía hundida en la tristeza, cuidado a los gemelos que había dado a luz, un niño y una niña".

El hecho de que el príncipe haya comido raíces y bayas, cosas que crecen en la tierra, es otra evidencia de su trayecto por el Inframundo. Pero es atraído por su amor, aunque él no lo planea: el largo periodo que estuvo en el Inframundo, ciego y dependiendo solo de sus sentidos internos, le dan una habilidad psíquica para conectarse con sus sueños y sus impulsos internos. Sus visiones y sus instintos lo guían hacia Rapunzel en la soledad de su desierto. Ella está allá con los gemelos que él le dio: Gracias al instinto que tienen todas las jóvenes del mundo, superó las energías mortales de este lugar oscuro y sin vida, y trajo nueva vida al mundo.

Ahora tenemos otro pasaje que nos recuerda a Orfeo: "Él escuchó una voz, y le pareció tan familiar que caminó en esa dirección, y cuando estuvo cerca, Rapunzel lo reconoció, lo abrazó y lloró". Orfeo era cantante y usó sus cantos para persuadir a Hades y a Perséfone para que le permitieran sacar a Eurídice del Inframundo. Aquí también es una canción la que permite que los amantes vuelvan a estar unidos.

Este elemento de la historia también podría tener una referencia histórica que se incluyó en la narración. En 1192 el Duque Leopoldo V de Austria capturó al Rey Ricardo de Inglaterra (Ricardo Corazón de León, que aparece en el ciclo de los mitos sobre Robin Hood) y pidió un rescate. Se decía que el trovador favorito de Ricardo, Blondel, viajó por Austria, yendo de un castillo a otro, y cantando la canción favorita de Ricardo. Blondel encontró a Ricardo cuando, desde una torre muy alta, Ricardo cantó el estribillo respondiéndole al trovador. Esta leyenda popular podría haberse introducido en el relato de Rapunzel, añadiendo un motivo familiar y romántico a un relato que ya existía.

Juntos otra vez

Rapunzel es rescatada de su prisión del Inframundo. Su amante, el padre de sus dos hijos, llega para llevarla de regreso al mundo, como Orfeo habría llevado a Eurídice. Pero el príncipe ha sufrido un daño. Está ciego, está tan presente en el Inframundo que ha perdido la vista en nuestro mundo, donde la vida puede florecer. Rapunzel está tan emocionada cuando el príncipe la abraza que llora: "Dos de sus lágrimas humedecieron los ojos del príncipe y sus ojos se aclararon; pudo volver a ver con ellos como antes". Ésta es la prueba definitiva de que Rapunzel es la diosa doncella, la reina del Inframundo que ahora puede abandonarlo y traer vida a nuestro mundo.

En otro nivel (y siempre hay otro nivel), Rapunzel, la jovencita, puede dejar atrás su hibernación como pre-adolescente. Ha llevado a cabo la transición de ser una niña obediente a convertirse en una mujer sexualmente madura con un esposo y una familia. La hechicera ha perdido su dominio sobre ella y nunca volvemos a ver a la anciana en la historia. A diferencia de los crueles padres de Cenicienta y de Blanca Nieves, la hechicera no recibe un castigo. Ella estaba protegiendo a la niña de lo que ella creía sería dañino; tal vez fue sobreprotectora, tal vez fue un poco psicótica, pero no era malvada.

Nos dicen que Rapunzel tuvo dos hijos del príncipe, un niño y una niña. Estos gemelos representan la fuerza vital cósmica, lo masculino y lo femenino universal o el yin y el yang, expresados en el ámbito divino como el dios y la diosa. Vemos que Rapunzel, la Diosa del Inframundo, no sólo creó la vida al enfrentar a la muerte, sino que también ha liberado en el mundo la fuerza de la procreación; el niño y la niña, sus hijos, crecerán para ser la Diosa de la primavera y el Dios del bosque en el próximo año, pues la Diosa renace eternamente a partir de su permanencia en el Inframundo, y eternamente da a luz al Dios que muere y renace. Rapunzel ha triunfado sobre la muerte y el estancamiento creando vida nueva y permitiendo que el ciclo de la vida continúe siguiendo su propio ritmo armonioso, una hazaña que ni su madre ni la hechicera podrían lograr.

El ritual de Rapunzel

Cuando una jovencita llega a la mayoría de edad, es muy importante que su familia y su comunidad reconozcan su madurez y sus habilidades. Las culturas antiguas siempre han celebrado rituales relacionados con esto: Desde la tradición judía del Bat Mitzvah hasta la quinceañera de las culturas hispanas, y hasta sus raíces en rituales tribales como el Rito Tupinambá para las Jóvenes en Brasil o el Na'ii'ees de los Apaches. En cada ritual la jovencita debe ser secuestrada en cierta forma, debe pasar a través de cierta prueba, y luego se le vuelve a presentar ante su familia y sus amigos como una mujer adulta. Esto es de vital importancia para que la joven adquiera confianza en su nuevo rol como mujer. Una jovencita que participa en esta clase de ritual puede decir que ha sufrido por su comunidad, y podrá recordar el día en que llegó a ser una mujer adulta.

A pesar de lo importantes que son estos ritos, la sociedad en general no los tiene. Hace años, en Estados Unidos y Canadá, una fiesta tradicional para celebrar los dieciséis años de una chica, o un baile para "presentar a una joven en sociedad" podrían haber sido suficientes como una vaga sombra de estas tradiciones, pero incluso estas fiestas parecen trivializarse, comercializarse, e incluso olvidarse por completo en nuestro mundo moderno. Ésa es una de las múltiples razones por las que nuestras jovencitas tienen tantas dificultades para madurar y encontrar su lugar en una cultura que las llena de confusión.

¿Cuándo madura una niña y llega a ser una mujer? En muchas culturas antiguas era cuando empezaba la pubertad, es decir, cuando tenía su primera menstruación. Pero las chicas pueden menstruar siendo muy jóvenes, mucho antes de estar listas para verse como mujeres maduras. Con frecuencia, cuando llegan a los quince o dieciséis años anhelan tener una identidad independiente, y un buen momento para que una jovencita celebre este tipo de ritual sería entre los quince y los diecisiete años. Pero nunca es demasiado tarde. Recientemente una amiga que conozco desde que era niña, decidió que a los veinte años estaba lista para su rito de mayoría de edad, y les pidió a varias mujeres muy respetadas de la comunidad pagana que llevaran a cabo el rito para ella. Para el paso del "secuestro", ella pasó la noche en lo profundo del bosque. Así pudo elevarse, mediante e ritual, a la condición de ser mujer, aunque ya había vivido como una mujer madura durante cierto tiempo.

Rapunzel sufrió durante un largo periodo de secuestro, guiada por su familia inmediata (su madre adoptiva) y perfeccionando las destrezas que necesitaría como mujer madura. Vivió una prueba al vivir en el desierto y al sanar al príncipe que tanto la amaba. Usaremos el modelo de Rapunzel para crear un ritual para las jovencitas de nuestra cultura y ayudarles a celebrar su propia madurez.

Preparación

Este ritual está diseñado para hacerse con un grupo de mujeres que tienen una relación cercana con la jovencita que celebra su madurez. Por ejemplo, su madre, sus hermanas mayores, sus abuelas y tías. Sus amigas adultas deberían estar ahí, en especial las mujeres que ella admira o de las que ha aprendido algo, y también las amigas que ya han participado en esta clase de rito.

La jovencita debe considerar cuidadosamente este ritual durante cierto tiempo antes de realizarlo, tal vez varias semanas o meses. Es importante que ella considere que aunque podría actuar como una niña después del ritual, se le tratará como adulta joven y se esperará que responda como tal. Las mujeres que llevan a cabo este ritual deben peguntarse qué significa esto para la jovencita. Además, la jovencita debe dejarse crecer el pelo durante tanto tiempo como sea posible antes del ritual, pues en el ritual se le cortará un mechón.

Si las mujeres que llevan a cabo el ritual sienten que la jovencita está capacitada para hacerlo, ella debe pasar por un secuestro. Como lo hizo mi amiga, podría dormir en el bosque en una pequeña tienda de campaña una noche antes del ritual. O puede quedarse recluida en una habitación o en una cabaña preparada especialmente para ella. El elemento importante es que la jovencita esté sola con sus pensamientos en su "torre". Debe ayunar y prepararse para el ritual. No debe tener teléfono, televisión, juegos de video ni Internet, y no debe tener contacto con sus amigos o amigas. Podría escribir un diario o trabajar en cierto tipo de obra de arte o tocar música para celebrar el cambio que está a punto de experimentar.

El ritual

Cuando la jovencita esté preparada, la comunidad de mujeres está lista para llevar a cabo el ritual.

Necesitarás:

- Un altar con una varita, una campana, un poco de aceite de rosas, algunos pétalos de rosa, unas tijeras adornadas y una charola bonita o un platito.
- Una túnica ritual o un vestido recto, y una corona de flores para su cabello.
- Un vestido bonito para la jovencita, tan bonito como puedas conseguirlo, y debe estar oculto a ella hasta el momento en que se saca en el ritual.

Al prepararse para el ritual, la jovencita recibe un baño en una tina llena de rosas. La bañan su madre o sus hermanas mayores. Durante el periodo del baño, en el área donde se llevará a cabo el ritual, las mujeres pueden lanzar el círculo con la varita, caminando alrededor de él tres veces. Pueden invocar a diosas específicas o a figuras femeninas icónicas, o simplemente pedir la presencia de la Diosa o de la Gran Madre.

Cuando se haya lanzado el círculo y la jovencita esté lista, deben ayudarla a salir de la tina de baño. Le ponen la guirnalda o la corona de flores en la cabeza.

Mujer: "Esta corona representa la flor de tu infancia. Estas flores hermosas son como las flores de la primavera que llevan a los frutos del verano. Las flores son heraldos de las semillas de lo que crecerá alto y fuerte. Lleva esta corona por última vez y disfruta su belleza, antes de asumir el rol de la mujer que llegarás a ser".

La jovencita debe vestir la túnica, el vestido recto o la bata de color blanco. Debe formarse un sendero de pétalos de rosa desde el baño hasta el sitio del ritual, y una persona de su familia o una amiga cercana deben acompañarla por el sendero.

Llevan a la jovencita hasta llegar justo afuera del área del ritual, y ella debe quedarse de pie frente a todas las mujeres que se reunieron. En este ritual usaremos la palabra *mujer* para indicar qué mujer va a hablar en el ritual. Cualquiera de las mujeres que se reunieron puede decir cualquiera de las líneas. Puede haber varias indicaciones seguidas, y antes del ritual debe decidirse qué mujer va a decir cada línea. La palabra "niña" se usará para referirse a la jovencita que está realizando el rito de paso. Se le indicará que responda como ella lo desee, pero se le animará gentilmente a hablar, en lugar de simplemente asentir con la cabeza o permanecer en silencio. Es muy importante que la jovencita entienda que su voz es valiosa e importante, y que la comunidad respeta sus palabras.

Ahora ella se pone de pie a la orilla del círculo que se lanzó, frente a las mujeres que se reunieron.

Mujer: "¿Quién está ante este círculo de mujeres?".

Niña: (Dice su nombre.)

Mujer: "¿Por qué vienes aquí?".

La niña responde.

Mujer: "Todas las que estamos aquí te conocemos muy bien, como niña. Te recordamos desde tu nacimiento. Tenemos muchos recuerdos cordiales de tu infancia. Ahora los traemos a la memoria". (Las mujeres toman turnos para contar historias o compartir recuerdos de la jovencita a lo largo de su desarrollo. Esto puede tardar lo que sea necesario.)

Mujer: "¿Deseas ahora crecer más allá de la niña que todas conocimos y llegar a ser la mujer que todas soñamos que podrías ser?".

La niña responde.

Mujer: "Ser mujer significa mantenerse fuerte cuando la vida podría debilitarnos, mantenerse confiada cuando la vida podría hacer que nos diéramos por vencidas, nutrir aunque sientas hambre, estés cansada o tengas frío. ¿Quisieras asumir estas difíciles responsabilidades?

La niña responde.

Mujer: "¿Cómo sabremos que estás lista para llegar a ser mujer?".

La niña responde.

Mujer: "Se te ha protegido en la alta torre durante estos ____ (la edad de la jovencita) años, se te ha protegido de las durezas del mundo. ¿Estás preparada para enfrentar al mundo tal como es, y no como el mundo infantil que siempre has conocido?

La niña responde.

"Debes saber, niña, que la vida puede ser difícil, deben tomarse decisiones difíciles, el profundo bosque está lleno de espinas y abrojos, y no es tan bonito como la alta torre de tu infancia. Con este rito, ¿estás dispuesta a dejar la torre y caminar sobre la tierra? ¿Elijes entrar al círculo de las mujeres adultas?

La niña responde.

Mujer: "Cada una de nosotras sacrifica algo de nosotras mismas al vivir nuestra vida, al entregarnos a nuestro trabajo, al dar nuestro amor y al cuidar de las personas que son importantes para nosotras. Ahora reflexiona por un momento sobre los sacrificios que cada una de las mujeres que están aquí ha hecho en su vida para que tú pudieras crecer fuerte, saludable, confiada y segura" (Un momento de silencio mientras la jovencita reflexiona. Puede tocarse una campana para dar por terminado el silencio).

Mujer: "Ahora toma un momento para darle las gracias a cualquier mujer de las que están aquí y que se haya sacrificado por ti, que te haya inspirado o te haya guiado".

La niña se dirige a las mujeres que participan en tu ritual, dándoles las gracias por lo que hayan hecho por ella.

Mujer: "Para llegar a ser mujer debes comprobar que tú también estás dispuesta a hacer sacrificios. Has desarrollado una hermosa cabellera de niña a lo largo de estos _____ (la edad de la jovencita) años. Como una señal de que realmente estás lista para hacer sacrificios, para entregarte, ¿nos permitirías cortarte el pelo como un don para la Diosa, la Madre Universal?".

La niña responde.

Una mujer que esté cerca de la jovencita (su madre, hermana o tía) corta un mechón del pelo de la jovencita y lo pone en la charola que está sobre el altar.

Ahora guían a la jovencita al centro del círculo.

Mujer: "Con este sacrificio muestras que en tu interior hay una diosa que está dispuesta a dar para que la vida pueda honrarse, preservarse y nutrirse. Este cabello se tejerá para transformarlo en un talismán; cuando te enfrentes a decisiones difíciles, cuando descubras que tienes pocas fuerzas para responder a los desafíos de la vida, cuando la ayuda parezca estar muy lejos, ¡usa este talismán y reflexiona que en tu corazón y en tu espíritu siempre estás con las mujeres que están presentes aquí, porque te aman y te aceptan plenamente como parte del círculo de la diosa!".

Mujer: "Como la diosa que entra al Inframundo, tú debes entrar sin llevar nada, sólo el amor que hay en tu corazón. ¿Estás lista al estar de pie frente a nosotras y mostrar que entras sin nada, sólo con el amor, la confianza, la bondad, el misterio y la sutileza que estas mujeres te han enseñado?

La niña responde.

Le quitan la corona de la cabeza.

Mujer: "Estas flores son la belleza de tu juventud. Has decidido quitártelas porque has crecido y has llegado a ser mujer. Pero siempre recordarás su belleza y su alegría. La niña que has sido vivirá en tu interior y en nuestro interior, siempre".

Mujer: "Te voy a ungir con aceite de rosas. Voy a bendecir tu corazón para que siempre lleves en su interior a la niña que una vez fuiste, y siempre mires hacia adelante, a la mujer que llegarás a ser, ¡pues siempre estamos llegando a ser!".

La mujer unge a la jovencita con el aceite de rosas sobre su corazón.

Mujer: "Ahora que eres una mujer, ¡podrás arreglarte como una mujer!".

Se presenta el vestido hermoso, y ayudan a la jovencita a ponérselo. Todas las mujeres que están presentes admiran su belleza. Ahora pueden poner flores nuevas en su cabello, y en este momento pueden darle regalos como joyas y talismanes.

Mujer: " _____ (nombre de la jovencita), te presentaste ante nosotras lista para que se te vea como una mujer; nos has dado tu cabello como un diezmo para la diosa que vive en tu interior; nos has mostrado que has crecido y has llegado a ser nuestra colega, nuestra confidente y nuestra compañera en la vida. ¡A partir de hoy tomas tu lugar entre nosotras! ¡Bendita seas!

Todas abrazan a la jovencita. Cada una puede ofrecerle sus bendiciones y sus deseos. Pueden darle regalos en este momento.

Al terminar, una mujer camina alrededor del círculo en el sentido contrario a las manecillas del reloj para terminar el ritual.

Mujer: "Terminamos el círculo, pero lo llevaremos siempre dentro de nuestros corazones. Nosotras somos el círculo y el círculo somos nosotras. Estamos unidas por él y lo llevamos como una flama. Bienvenida al círculo, ______ (nombre de la jovencita).

Deberían festejar durante horas con una celebración, con relatos y alegría generalizada. Después del ritual, debe hacerse un talismán o un collar que contenga el cabello de la jovencita, y se le debe presentar para que lo use o lo guarde ocultándolo en un lugar seguro.

Capítulo 10

El fornido Juan: Un ritual para celebrar que un joven llega a la mayoría de edad

Un niño que fue secuestrado por criminales descubre que tiene la fuerza para liberarse y liberar a su madre. Posteriormente, inicia lo que llega a ser una aventura sobrenatural en la que se encuentra con un enano, un tesoro y una princesa cautiva. Esta típica búsqueda de un héroe prepara el escenario para un ritual en el que se celebra que un joven llega a la mayoría de edad. Una vez más, las citas del relato se tomaron de la traducción de Margaret Hunt.

¿Qué pasa cuando Blanca Nieves lleva a Hansel y Gretel a dar un paseo y llega hasta la planta de frijoles mágicos de Juan? Bueno, tal vez nunca lo sabremos, pero este relato de los Hermanos Grimm que no es muy conocido tiene tantos elementos familiares que es probable que reconozcan en ellos a cada uno de estos relatos. Lo que es interesante en la historia del "Fornido Juan" es la trama extraña y tortuosa que lleva a Juan bajo tierra, hace que regrese a la superficie de la tierra y luego lo lleva al aire y al agua. En cada sitio se enfrenta a desafíos que debe superar con la fuerza bruta y con una astucia sutil. Muestra paciencia, poder de deducción, iniciativa y dominio; y perfecciona cada una de sus destrezas a lo largo de la historia. En toda esta búsqueda épica, el Fornido Juan derrota al mal, corrige injusticias, mantiene a su familia y encuentra el amor. Tiene un garrote muy grande. Puedes interpretar esto como te plazca.

Al principio, el relato es bastante sencillo. La narración empieza con algo que nos recuerda a "Hansel y Gretel". Una pareja de esposos vive en lo profundo del bosque con Juan, su hijito de dos años.

El relato nos dice: "Sucedió que la madre fue al bosque para recoger ramas de abeto y llevó consigo al pequeño Juan, que sólo tenía dos años. Como era primavera, el niño se divirtió viendo las flores multicolores; ella siguió avanzando a la profundo del bosque con el niño".

Todo el asunto de avanzar hacia lo profundo del bosque debería activar muchas alarmas. En cualquier cuento de hadas, entrar más y más a lo profundo del bosque siempre representa complicaciones. Y claro, se les presentan dificultades: "De ponto, dos ladrones salieron de un matorral, atraparon a la madre y a su hijo y los llevaron lejos, hacia la selva negra, donde nadie llegó jamás, a lo largo de los años".

Esto también nos recuerda a Hansel y Gretel que estuvieron cautivos a manos de una hechicera en lo profundo del bosque; ahora la madre y su hijo están en manos de los ladrones en lo más oscuro del bosque. Como en el caso de Hansel y Gretel, no hay nadie que pueda salvarlos, y tienen que valerse por sí mismos con sus propios recursos. Por desgracia, Juan sólo tiene dos años de edad y no cuenta con muchos recursos. Todavía.

La mujer se ve obligada a trabajar para una cueva llena de ladrones (como en algunas versiones de "Blanca Nieves" o de "El novio ladrón", en las que la casa del bosque no estaba llena de enanos, sino llena de ladrones o dragones). La tratan bien y Juan crece con estos extraños padrastros, un giro en el tema de la madrastra malvada. El capitán de los ladrones se convierte en el padrastro principal de Juan y eso lo motiva para concentrarse en su necesidad de establecer su propia identidad escapándose para encontrar a su verdadero padre (en la misma forma en que Cenicienta conservaba su propia identidad, visitando la tumba de su verdadera madre todos los días). Pero Juan empieza a crecer como un niño muy fuerte. Fabrica un garrote con la rama de un abeto, esperando el momento de ser lo bastante fuerte para usarlo contra su "malvado padrastro". A los nueve años decide poner a prueba su arma.

"En la noche, cuando los ladrones regresaron a casa después de su expedición como asaltantes, Juan sacó su garrote, se puso de pie frente al capitán y le dijo: 'Ahora quiero saber quién es mi verdadero padre, y si no me lo dices de inmediato, te voy a golpear'. El capitán soltó una carcajada y golpeó a Juan con tal fuerza en la oreja que rodó por debajo de la mesa".

Éste es el primer momento en que el relato deja de ser un cuento de los Hermanos Grimm relativamente predecible y se convierte en algo un poco más sofisticado: "Juan se puso de pie, guardó silencio y pensó: 'Esperaré un año más y lo volveré a intentar, tal vez me vaya mejor entonces' ".

Juan nos está mostrando un poco de su extraordinaria naturaleza. Aunque sólo tiene nueve años, puede percibir que la paciencia es una buena aliada para él.

Un año después, Juan vuelve a enfrentarse con el capitán, que se ríe de él y lo golpea como lo había hecho antes. Pero en esta ocasión Juan es suficientemente fuerte como para regresarle el golpe, y "golpeó al capitán y a los ladrones con el garrote hasta que ya no podían mover los brazos ni las piernas".

En este momento, Juan ha alcanzado cierto grado de madurez: Impacta a su madre con sus habilidades y le comprueba que ya no necesita sus cuidados: "Su madre se quedó de pie en un rincón llena de admiración por su valentía y su fuerza. Cuando Juan terminó con su tarea, se acercó a su madre y le dijo: 'Ahora he demostrado que no estoy jugando, pero también tengo que saber quién es mi padre' ".

Sin embargo, en este momento el relato no es extraordinario. Todavía no hemos visto magia verdadera, cambios de forma, plantas encantadas, aves proféticas, encuentros amorosos con osos, o alguna de las cosas que hacen que los cuentos de los Hermanos Grimm sean mágicos y misteriosos. Hasta el momento simplemente hemos visto que un niño de diez años modificó radicalmente la situación de unos rehenes. Pero espera, las cosas están a punto de cambiar.

Juan se lleva un enorme costal lleno de cosas que eran el botín de los ladrones, su madre se lleva la llave y los dos vuelven a casa de su padre en el bosque. Ahí está él, sentado en el porche.

Éste es otro relato poco usual que nos muestra el paso del tiempo en la vida de un niño. Así es como describe el momento en que Juan encuentra a su padre: "Pero aunque Juan todavía no cumplía doce años era tan alto que le sacaba la cabeza a su padre". Esto tiene el propósito de señalarnos que Juan está creciendo y que es muy alto y muy fuerte, pero también nos muestra que Juan está madurando. Ha regresado con su padre a una edad en que la mayoría de los chicos se iban de casa para ser aprendices y aprender la manera de abrirse camino en el mundo. Pero Juan está preparado para esto. Le muestra a su padre el tesoro que trajo a casa, y el costal del botín es tan pesado que rompe el suelo de la pequeña cabaña del bosque. Esto también nos muestra que a los diez años de edad Juan es tan fuerte que puede cargar un costal que el suelo de la casa de su infancia no pudo sostener.

Juan y sus padres compran una granja y Juan es tan fuerte que puede arar sin la ayuda de sus bueyes. Después de probar ante sus padres que es capaz, Juan sabe que tiene que alejarse del hogar y buscar fortuna en el mundo: "La siguiente primavera, Juan dijo: 'Quédense con todo el dinero y consíganme un bastón que pese cien unidades para que yo pueda salir de viaje' ". Con este enorme bastón, Juan deja la seguridad de la granja, deja su riqueza con su familia y sale a explorar el mundo.

Aquí es donde el relato empieza a mostrar giros extraños e inesperados y la magia empieza a entrar lenta y sigilosamente. Juan inicia su trayecto entrando al bosque: "Ahí escuchó algo que crujía y chasqueaba, miró alrededor y pudo ver un abeto que estaba retorciéndose como una cuerda de arriba abajo, y cuando elevó la vista vio que un hombre muy corpulento había agarrado el árbol y lo estaba retorciendo como si fuera una vara de sauce. 'Hola', exclamó Juan, '¿qué estás haciendo allá arriba?' ". El "hombre corpulento" está retorciendo el abeto como una cuerda para amarrar leña. Juan lo llama "Tuerceabetos" y lo lleva consigo en sus viajes. Recuerda que al inicio de la historia su madre estaba buscando un abeto cuando ella y Juan fueron secuestrados, y que un abeto le proporcionó a Juan el arma con la que atacaría a los ladrones.

Después, Juan "escuchó que algo golpeaba y martillaba con tal fuerza que la tierra temblaba con cada golpe. Poco después, llegaron a una roca enorme y frente a ella había un gigante que la golpeaba con sus puños y desprendía de ella grandes trozos de roca". Había encontrado a un hombre que necesitaba piedras para construir una casa para evitar que los lobos y los osos perturbaran su sueño. ¿No te parece extraño? Juan lo llama "Desmoronarrocas" y lo lleva consigo.

Siguen explorando el bosque donde "las bestias salvajes estaban aterradas y huían de ellos". Poco después los tres encuentran un hogar. "En la noche llegaron a un viejo castillo abandonado, entraron y se acostaron a dormir en un salón. A la mañana siguiente Juan fue al jardín. Estaba muy descuidado y estaba lleno de abrojos y matorrales. Cuando caminaba por ahí, un jabalí salvaje se lanzó contra él, pero Juan le dio un golpe tan fuerte con su garrote que cayó muerto. Juan lo cargó sobre sus hombros y lo llevó al castillo; lo espetaron en un asador, lo asaron y disfrutaron de una sabrosa comida". En esta escena, Juan muestra que es más fuerte que los animales salvajes del bosque.

"Concertaron entonces que cada día, por turno, dos saldrían de caza, y el tercero se quedaría en casa a guisar, a razón de nueve libras de carne por cabeza. El primer día le tocó quedarse a Tuerceabetos, mientras Juan y Desmoronarrocas salían a cazar".

Ahora el relato toma otro giro pues incluye a un extraño enano, parecido a Rumpelstilskin. "Hallándose Tuerceabetos ocupado en la preparación de la comida, se presentó un enanillo viejo y arrugado y le pidió carne. '¡Fuera de aquí, bribón!' respondió el cocinero; 'tú no necesitas carne'. Pero cuál no sería la sorpresa de Tuerceabetos al ver que aquel enano minúsculo e insignificante se le echó encima y lo emprendió a puñetazos con tanta fuerza que lo tumbó en el suelo sin darle tiempo a defenderse. El enanillo no lo soltó hasta haber descargado todo su enojo sobre las costillas de su víctima".

Tuerceabetos no les dice a los otros que fue vencido por un enano. Permite que Desmoronarrocas lo descubra por sí mismo al día siguiente. El mismo enano se enfrenta a Desmoronarrocas, quien le niega una comida y una vez más el enano derrota al hombre.

Ahora es el turno de Juan para quedarse en casa. Pero a diferencia de los otros dos, cuando el enano le pide carne, Juan le muestra su generosidad y le sirve de comer. El enano no está satisfecho y trata de atacar a Juan, pero Juan le da una golpiza y el enano huye.

Ahora sucede otra cosa extraña. A pesar de lo fuerte y ágil que Juan ha sido a lo largo de la historia: "Juan quiso perseguirlo, pero cayó tan largo como era y, al levantarse, vio que el enano se hallaba ya muy lejos. El muchacho lo persiguió por el bosque y pudo ver que se metía en un hueco de una roca". Es un poco extraño ver que Juan tiene fragilidades humanas y es vulnerable, a pesar de su fuerza.

Juan les cuenta a sus compañeros lo que pasó, y ellos admiten que el enano los había golpeado: "Se lo merecían. ¿Por qué fueron tan díscolos con su carne? Es una vergüenza que ustedes, siendo tan corpulentos, hayan permitido que un enano los golpeara"'. Juan no entiende la falta de comprensión de sus compañeros, y cree que hacer lo correcto habría hecho que fueran más fuertes, como le sucedió a él.

Ahora los tres salen a buscar al enano: "Provistos de una cesta y una cuerda, se dirigieron los tres a la cueva donde se había metido el enano, y Juan, con su bastón, bajó al fondo en el cesto". Juan es el único que baja y encuentra al enano con una hermosa doncella que tiene cautiva. Está amarrada y el enano le lanza a Juan una sonrisa avinagrada". Juan mata al enano con su garrote y libera a la doncella. La hace ascender en la cesta, pero desconfía de sus compañeros pues está consciente de que le mintieron antes y que podrían volver a engañarlo. Y lo hicieron; abandonaron a Juan en el hoyo del enano llevándose a la doncella como premio.

Ahora tenemos el giro final de la trama y un toque final de magia. En una secuencia muy parecida a la historia de Simbad (o Aladino) y su lámpara, Juan encuentra un anillo con el que puede dar órdenes a los espíritus del aire. Les ordena que lo liberen de esa prisión en la cueva del enano y "ellos le obedecen al instante; fue como si él hubiera volado". Ahora, con su ayuda, encuentra a sus falsos compañeros en un bote en el mar con la doncella cautiva.

Juan comete otro error: Salta al mar con su pesado garrote, que casi lo hunde y hace que muera ahogado. Pero lo salvan los espíritus del aire y él mata a sus falsos amigos. Lleva a la doncella con sus padres y, por supuesto, se casa con ella.

¡Qué cuento tan extraño!

La búsqueda de un héroe

Ya hemos señalado cuántos elementos de este relato nos son familiares: De hecho, todo el relato es muy familiar. Es la versión de "La búsqueda de un héroe" como cuento de hadas. En cualquier búsqueda de un héroe, uno, por lo general un joven, debe viajar una gran distancia para demostrar su valía y encontrar un tesoro o corregir una situación muy grave.

La historia de "El fornido Juan" se parece a varios mitos relacionados con la búsqueda de un héroe. Un relato muy similar es el de Jasón y el vellocino de oro. En ese relato, el padre de Jasón es asesinado por Pelias, su medio hermano. Jasón se salva gracias a la astucia de su madre. De inmediato tenemos una similitud, pues el padre de Juan está ausente de su vida a causa del secuestro por parte del capitán de los ladrones, y el hecho de que su madre le fuera útil le salva la vida a Juan. Cuando Jasón regresa, siendo adulto, para reclamar el trono de Pelias, su malvado padrastro lo manda a recuperar el vellocino de oro. Lleva consigo a un grupo de hombres fuertes, incluyendo a Hércules. En "El fornido Juan", él reúne a un grupo de compañeros fuertes (aunque en realidad nunca sabemos por qué lo hace).

Ya mencionamos el parecido de este relato con la historia de Simbad el marino (una pequeña porción de *Las mil y una noches*). Simbad viaja en una búsqueda de un héroe; de hecho, realiza siete viajes. El marino árabe encuentra una lámpara mágica, similar al anillo de Juan; recibe la ayuda de un ser volador (un roc) encantado, de la misma manera en que los espíritus del aire ayudan a Juan; al igual que Juan, Simbad es abandonado por sus colegas, y también encuentra un gran tesoro en sus viajes.

En la historia de "El fornido Juan" encontramos otros rasgos de relatos sobre la búsqueda de un héroe. En el relato irlandés sobre Cú Chulainn, el héroe descubre que Forgall, el padre de Emer, su prometida, la tiene cautiva en un castillo. Cú Chulainn salta los muros del castillo, mata a todos los soldados que lo custodian y llevándose a Emer consigo, vuelve a saltar los muros escapando con ella. Esto es muy parecido a la forma en que Juan rescata a la doncella atrapada por el enano, en especial por el hecho de que Juan tiene que saltar para salir de la cueva del enano.

Juan se parece mucho a Cú Chulainn en muchas otras formas: El héroe irlandés usa armas mágicas, de manera muy similar a Juan que usa su enorme garrote; el nombre del héroe irlandés proviene de una gran hazaña de fuerza que realizó siendo niño; mata a un malvado perro guardián que pertenecía a un herrero llamado Culann, y acepta tomar el lugar del perro y custodiar el castillo; al hacerlo recibe el nombre de "el sabueso de Culann". Juan muestra el mismo tipo de fuerza, de habilidad para luchar y de lealtad siendo niño, cuando derrota a los ladrones y libera a su madre.

Como en el caso de todos los héroes de los mitos, la historia de "El fornido Juan" empieza con un gran peligro que se presenta cuando nace el niño y durante su infancia. En el caso de Perseo, vemos el temor de su abuelo de que Perseo pueda matarlo. A Moisés lo ponen en una cesta en el Nilo; Edipo es abandonado para que muera, pues su padre teme que el niño lo mate. En todas estas historias, el héroe es demasiado joven y vulnerable para salvarse, y un dios o una diosa deben rescatarlo (hablaremos más de eso en un momento).

El hecho de que los ladrones se llevaran a Juan y a su madre estando en el bosque, es un gran peligro para el niño. Al igual que los otros héroes, Juan tiene dos años y no puede defenderse o defender a su madre. Pero en "El fornido Juan" el ladrón trata bien a su madre y actúa como un padre para él (se porta mucho mejor que las madrastras en "La Cenicienta" o en "Blanca Nieves").

Juan es inteligente. Vemos que su madre le enseña a leer y a relacionarse con los héroes de la historia: "Su madre le contaba historias, y le enseñó a leer sirviéndose de un libro de leyendas sobre caballeros que encontró en la cueva". Juan entiende que la paciencia es importante y espera durante años para tener la fuerza necesaria para liberarse y liberar a su madre.

Hace un arma con la madera de un abeto: "Cuando Juan cumplió los nueve años, se armó con un recio garrote que hizo con una rama de abeto". Esto es interesante, pues fue un abeto lo que metió a Juan y a su madre en este aprieto; recuerda que la historia empieza diciendo: "Ocurrió que un día la madre se fue por leña y a recoger ramillas de abeto, y se llevó consigo al pequeño Juan, que no tendría entonces más de dos años".

El abeto y el bosque, o una fuente de certeza

El abeto es un árbol de hoja perenne y a menudo se usa como árbol de Navidad. En el alfabeto Celta Ogami, el abeto es la letra *Ailm*, que equivale a nuestra A y significa "voluntad" o "deseo". En Grecia, el árbol es sagrado para la diosa Artemisa que preside el nacimiento, y en Bulgaria el abeto recibe el nombre de *elha*, y se relaciona con el hecho de que las jovencitas lleguen a la pubertad (una edad en la que puedan tener hijos). Su relación con el solsticio de invierno lo convierte en un símbolo del dios sajón Jul y del dios romano Saturno, que mueren durante la cacería o la cosecha y renacen con el sol en el solsticio. En Escandinavia el abeto se relaciona con el Dios del bosque, que normalmente se representa con un abeto en la mano. También se le relaciona con la propiedad de la tierra y representa al señor del castillo.

No es sorprendente que el abeto reaparezca en el relato de "El fornido Juan". Al principio, cuando su madre lo lleva consigo a recoger ramas de abeto, vemos que a Juan se le relaciona con el Dios del bosque, que bendice al niño y hace que sea muy fuerte. Antes mencioné que un dios o una diosa protegen del peligro a muchos héroes de este tipo de historias cuando son niños. El abeto bajo el cual secuestran a Juan tiene al espíritu del Dios del bosque que protegerá a Juan durante el terrible periodo en que vive con los ladrones que lo secuestraron.

Juan vuelve a unir fuerzas con el Dios del bosque, quien lo dirige para que haga un garrote con la rama de un abeto y derrote con él a los ladrones. El garrote es un arma mágica, llena del espíritu del bosque que ha estado protegiendo a Juan a lo largo de nueve años.

Pero la primera vez que Juan blande el garrote, no le es útil. Recordemos el significado del abeto en Bulgaria; Juan todavía no ha madurado, así que la magia no funciona para él. Es paciente y un año después, cuando es más fuerte y más maduro, el arma mágica funciona como debe de funcionar. Juan libera a su madre y regresa a la casa de su padre, después de darle una golpiza a su padre falso, el capitán de los ladrones.

El pasaje que describe cómo salieron de la cueva de los ladrones es interesante: "y los dos abandonaron la caverna. ¡Qué ojos abrió el niño al pasar de las tinieblas a la luz del día y contemplar el verde bosque con sus flores y pájaros, y el sol matutino en el cielo! Se quedó inmóvil de asombro, como si no estuviese en sus cabales". Juan es en realidad el señor del bosque, protegido por el Dios que sostiene al abeto. Después de su largo cautiverio, Juan puede ver el bosque, su reino, por primera vez. La belleza de su reino lo llena de asombro. Tal vez su largo cautiverio en la cueva de los ladrones hace que realmente aprecie las riquezas que hay en su reino.

El abeto se relaciona con la propiedad legítima de la tierra: El capitán de los ladrones era un intruso en el bosque; almacenaba ahí ilegalmente el botín que robaba. El padre de Juan es el dueño legítimo del bosque, por eso el abeto guía a Juan y a su madre a casa sin dificultad.

Una vez que su madre y su verdadero padre se reúnen, Juan es el sostén de su familia, asumiendo el papel de quien tiene en sus manos al abeto, el verdadero amo del territorio. Utiliza el botín de los ladrones para construir una casa nueva para su familia y para crear una granja próspera. Al derrotar a los ladrones le demuestra su valía a su padre. Ahora ha madurado lo suficiente para ser el amo de su familia inmediata. Pero guiado por el Dios del bosque, él sabe que debe irse para terminar con su búsqueda de un héroe en el amplio mundo. Podemos suponer sin necesidad de que alguien lo diga que su bastón está hecho de, claro, lo adivinaste… de madera de abeto. Juan lleva consigo parte del bosque a donde quiera que vaya, para mostrar cuál es su lugar en el mundo y para llevar consigo la bendición del Dios del bosque.

Juan sale de su casa y de inmediato se topa con un espectáculo extraño: un hombre retuerce un abeto. Tuerceabetos está dañando al abeto, está destruyendo su verdadera naturaleza. Aunque Juan y Tuerceabetos están unidos por el abeto, Juan tiene una conexión natural con el bosque y usa el árbol como símbolo de su señorío; Tuerceabetos no se siente bien con el árbol en su estado natural y le está dando otra forma que se ajuste a sus propósitos. En cierto sentido, representa el industrialismo ante la agricultura de Juan. De inmediato vemos que Tuerceabetos no tiene sus raíces en la tierra y no es confiable. Desmoronarrocas también desconfía de la tierra. Explica: "Cuando me acuesto a dormir por la noche, vienen osos, lobos y otras alimañas, que merodean a mi alrededor y no me dejan descansar". El bosque ve a Desmoronarrocas como un intruso, y los animales que ahí viven lo perturban mientras duerme (o tal vez sólo lo sueña y lo que perturba su descanso es el hecho de que él está incómodo en el bosque).

Surge un acertijo y el enano desciende

¿Por qué invita Juan a Tuerceabetos y a Desmoronarrocas a viajar con él? El relato se ha diluido tanto que no se nos da una razón para el épico viaje de Juan; no sabemos cuál es el Santo Grial que Juan debe buscar en este viaje: veamos si podemos descifrar cuál pudo haber sido en tiempos remotos el grial que él encuentra al final del relato. Vemos que Juan junta un grupo de gigantes como lo hizo Jasón cuando reunió a los Argonautas, como lo hizo Simbad cuando reunió a sus marineros, y como lo hizo Moisés cuando le pidió a Aarón que hablara en su nombre y cuando unió a los hebreos para que formaran un frente común. Juan lleva a su pequeño ejército de gigantes a un castillo abandonado donde se turnan para cazar y cocinar.

Un castillo abandonado en el bosque es precisamente el tipo de lugar donde esperarías encontrar seres del mundo de las hadas. En el canto sobre "Tim Lin", se le advierte a Janet una y otra vez que no pase cerca de "Carter Hall" porque ahí se aparece un ser cambiado por las hadas que se llama Tam Lin. Ella va a ese lugar a pesar de las advertencias, corta una "rosa doble" y sin saber cómo, de pronto ella está en la cama de Tam Lin. En la historia de Drácula, el poder del Conde es más fuerte cuando él está en el castillo de Transilvania, y cuando está en Inglaterra tiene que dormir en tierra de ese castillo. Así que no es sorprendente que Tuerceabetos encuentre ahí a un enano que llega a pedir su ración de comida.

Tal vez creas que eres dueño de una casa, de un apartamento o de un castillo. Tal vez creas que ese lugar es tuyo, y que cualquier otro ser que viva ahí, bien sea un animal o un ser del mundo de las hadas, es un invitado en tu espacio. Pero desde el punto de vista de un ser del mundo de las Hadas ellos son los dueños del lugar; normalmente lo comparten gustosos con los seres humanos a cambio de un diezmo, como algo de comida o algo de alcohol. Bueno, este enano no es la excepción. Espera su ración si estos granujas quieren compartir su castillo abandonado. Pero Tuerceabetos no está cómodo en el ámbito natural del bosque y no está familiarizado con las costumbres de los seres encantados. Le niega su ración al enano y el enano lo golpea.

Luego le llega su turno a Desmoronarrocas que también está fuera de su elemento al tratar con el mundo de la naturaleza. El enano también lo golpea.

Pero Juan conoce la vida en el bosque y por eso sabe cómo dar su ración a los seres del mundo de las hadas. Le da comida al enano. Cuando el enano no está satisfecho, el ser del mundo de las hadas descubre que no tiene poder sobre Juan porque Juan le ha dado la ración que le corresponde. Juan, que actúo con justicia al darle al enano su ración, puede vencerlo a golpes en su propio juego.

Juan intenta seguir al enano fuera del castillo, pero se tropieza y cae (¿sería tal vez por cierta magia del enano?). Logra marcar el lugar donde el enano desaparece y trae a sus compañeros para que le ayuden a encontrar la guarida del enano.

Antes nos preguntamos cuál podría ser el propósito de la búsqueda de Juan. Ésta es la clave. En otras búsquedas del héroe similares, el héroe reúne una tripulación o un ejército para que le ayude en su tarea; ésta es la única ocasión en el relato en que Juan moviliza al pequeño ejército de gigantes que ha reclutado. Lo hace para encontrar la casa del enano; es casi como si Juan hubiera sabido desde antes que iba a encontrar al enano y que necesitaría reunir un ejército para resolver la situación. Podemos suponer que en el relato original el Dios del bosque estaba guiando a Juan y que sabía lo que Juan iba a necesitar a lo largo del trayecto. El bastón de madera de abeto sería el punto de contacto con Juan.

Los enanos, al igual que los dragones, acumulan tesoros. Es probable que esto brote del hecho de que los enanos son seres de lo profundo de la tierra y trabajan en las minas de oro y plata. Tolkien lo sabía, por supuesto, cuando ubicó a sus enanos en las Minas de Moria. Vemos un enano que guarda un tesoro en el cuento de "Blanca Nieves y Rosa Roja", y por supuesto los enanos de "Blanca Nieves" trabajan en las minas de metales preciosos todos los días (lo hacen hasta en la versión de Disney, aunque silban mientras lo hacen). En nuestra mitología moderna, Santa Claus, que es un enano o un gnomo, acumula tesoros para regalarlos en Nochebuena. En relatos más antiguos, un enano o un elfo siempre acompaña a Santa Claus; a menudo es un enano el que golpea a los niños malos, mientras Santa Claus les da regalos a los niños buenos.

Juan sigue al enano, sabiendo que encontrará un tesoro en la morada de este ser.

Tal vez digas: "Bueno, el propósito de la búsqueda es obvio; fue allá para encontrar a la chica". Ésa es una buena teoría, y tal vez es muy válida. Pero en la mayoría de las búsquedas de un héroe, la doncella, aunque sea hermosa, nunca es el propósito primordial de la búsqueda. Perseo, por ejemplo, tiene que conseguir la cabeza de Medusa. Conoce a Andrómeda en el trayecto, y sólo puede salvarla porque ya terminó su búsqueda; usa la cabeza de Medusa para matar a la Gorgona que está a punto de tragarse a la dama de sus amores.

Dirás que a lo largo de toda su odisea, Odiseo tiene el propósito de volver a casa con su esposa. Pero en realidad lo que buscaba era ser más astuto que Poseidón, llegar a casa y acabar con los pretendientes de su esposa (los posibles padrastros del hijo de Odiseo). La esposa era simplemente un punto medio en la casa; de hecho, ella era la aliada de Odiseo, pues mantuvo a los pretendientes a distancia durante veinte años hasta que su esposo pudiera llegar y matarlos. La verdadera búsqueda de Odiseo fue encontrar la magia que le permitiera escapar de la ira de Poseidón.

Por lo tanto, aunque Juan se distrajo un poco con la doncella, llegó ahí buscando algo más. Había reclutado un ejército para obtenerlo, y en el camino conoció a una niña bonita. Pero, al igual que Perseo, no puede rescatarla sin tener el objeto de su búsqueda: El anillo de poder que le permite controlar a los elementos del aire.

El aire

Muy bien, ¿por qué los elementos del aire? Eso parece un poco al azar.

Estoy de acuerdo. Demos marcha atrás un poco. Juan tiene sus raíces en el bosque y tiene una alianza con el Dios del bosque. Lo vemos desde el principio, cuando la madre de Juan está recogiendo varas de abeto para que el Dios bendiga a Juan. El bosque y su Dios representan a la tierra. El abeto se usa en la celebración de Nochebuena o de Navidad, el solsticio de invierno que los Paganos ubican en el norte, la dirección de la tierra. Juan demuestra que él es el amo de la tierra.

Después vemos la fiera pasión de Juan y su fuerte voluntad, pues se prepara para escapar de los ladrones. También vemos su fuerza física. Todo esto es el dominio del fuego. También vemos que Juan es capaz de tener un amor profundo. Libera a su madre y es generoso con su padre. Después se enamora de la doncella a primera vista. Juan es bueno y espiritual; todo esto está en el ámbito del agua.

Después de pasar por una iniciación en tres de los cuatro elementos, Juan está listo para el aire, el elemento de mayor altura. En el Tarot, el aire representa el pensamiento y la inteligencia, y también presagia dificultades y preocupaciones. Juan está listo para la verdadera sabiduría. El aire también es la juventud y el renacer; Juan está listo, después de su iniciación en los cuatro elementos, para renacer como un hombre nuevo, como un verdadero héroe, que el destino y la experiencia han puesto a prueba y han templado. Finalmente, en el Tarot el aire también es el palo de espadas (aunque algunas personas relacionan al aire con los bastos, pero tenme paciencia). Una razón de que el aire se relacione con las espadas es que, al igual que una espada, la inteligencia y la razón eliminan lo indeseado, lo inútil o lo dañino. La espada también se alinea con las espadas de fuego que tienen los ángeles (seres del aire) en las puertas del Edén, para impedir que entren al jardín los que no han sido iniciados.

La espada es un arma mágica muy poderosa, si se empuña con inteligencia y cuidado, elimina lo innecesario o lo dañino y guarda los secretos del jardín y no los revela a quienes no han sido iniciados. Aunque Juan ha empuñado el arma de la tierra, el bastón de madera de abeto, a lo largo de la historia, está listo para usar a los espíritus del aire y sus espadas. Esto puede hacerlo invencible, como se suele decir.

Con la guía del Dios del bosque, Juan sabe que encontrará un arma mágica muy poderosa entre los tesoros que custodia el enano. Él crea un arma mágica, su bastón, y reúne un ejército: Tuerceabetos y Desmoronarrocas. Entonces sigue al enano a su guarida.

Su ejército traiciona a Juan, (como los marineros que traicionaron a Simbad, y como los hebreos que traicionaron a Moisés cuando él estaba en el Sinaí). Al hacerlo, ponen el peligro a la doncella: Como el lobo o como el enano en "Blanca Nieves y Rosa Roja, no tienen buenas intenciones con respecto a ella, y podrían violarla o matarla. El dominio que tiene Juan sobre los espíritus del aire hace posible que salga volando de la morada subterránea. Pero al no haber recibido una iniciación completa, Juan intenta usar su antigua arma mágica, el bastón: "Sin pensar lo que hacía, se arrojó al agua con su bastón y se puso a nadar; pero la pesadísima madera lo hundía, y por poco se ahoga".

Él debe superar una prueba final: El buen uso de sus armas mágicas. "En el último minuto, hizo girar el anillo y al instante acudieron los espíritus y lo transportaron al barco con la rapidez del rayo". Ahora puede rescatar a la doncella y castigar a sus camaradas infieles: "Volvió a la costa con la hermosa princesa, que acababa de pasar otro gran peligro, y a quien Juan había liberado por segunda vez. La condujo hasta donde se hallaban sus padres y luego se casó con ella, entre el regocijo general". Ahora Juan está completo, se le ha iniciado en los misterios del héroe guerrero, y a esto se ha unido el componente femenino de su reino: El Dios y la Diosa, por así decirlo, recién salidos del Inframundo donde estuvieron con Hades en la forma del enano. Ahora la doncella puede reinar en nuestro mundo con Juan, el amo del bosque. Y es muy cierto que hubo un "regocijo general".

El ritual del fornido Juan

A lo largo del relato del Fornido Juan, vemos su crecimiento y su fuerza reflejados en el abeto. Al principio, su madre lo lleva al bosque y conoce al abeto, un símbolo del Dios del bosque. Después hace un garrote con madera del abeto para vencer a los ladrones. Cuando llega el momento en que Juan debe salir al mundo para llevar a cabo su épica búsqueda, hace un bastón con madera de abeto.

Cada vez que se le pide a Juan que se eleve para enfrentar un reto diferente, vemos que el abeto asume un nuevo rol: Habitante del bosque silvestre, arma mágica, instrumento de apoyo, símbolo de la sabiduría y de guía.

Los símbolos del árbol, la vara y el garrote siempre se han relacionado con la fuerza, el poder y la sabiduría masculina. Al analizar la mitología, vemos a Odín colgando del Árbol de la Sabiduría para obtener sabiduría y poder, vemos que Utu, un Dios sumerio, obtiene fuerza y visión de Huluppu, el Árbol del Mundo que crece a las orillas del río Éufrates. Es probable que éste sea el mito que está detrás del relato de Adán, a quien se le asigna el cargo de proteger y honrar al Árbol del Conocimiento que crece en el Edén, también a las orillas del río Éufrates (Génesis 2:17). Al comer de otro árbol del jardín, el Árbol de la Vida, Adán se ve obligado a trabajar como granjero, en lugar de llevar una vida infantil e idílica en el Edén.

Ya hemos visto que la rama del abeto representa la posesión de la tierra, y con ella la actividad de cultivar cosechas en esa tierra. Las imágenes del Dios de la cosecha sosteniendo un báculo son abundantes en Gran Bretaña. La figura del Gigante de Cerne Abbas que mide 55 metros de alto por 51 de ancho está tallada en la tierra rica en creta (tiza) de una ladera cercana a Dorchester, es esta clase de Dios. Sostiene un enorme garrote y muestra su propio falo, que parece un garrote. Incluso en nuestros días, las mujeres llevan a sus hombres a la figura de tiza en la noche para tener sexo sobre el falo, pues creen que esto garantizará su fertilidad y hará que tengan un hijo en su matrimonio. En el este de Sussex hay una figura de tiza conocida como el Hombre Largo de Willmington que mide 69 metros de altura, y aunque no es tan gráfico como el Gigante de Cerne Abbas, lleva dos garrotes que son símbolos de la fertilidad.

La Danza Morris, una danza tradicional inglesa, muestra el uso de estos garrotes en una danza ritual de la fertilidad que todavía se lleva a cabo en la zona inglesa de Cotswolds, y los ingleses la han llevado a todo el mundo. En esta danza, seis danzantes, frente a frente en filas de tres, hacen cabriolas y saltos con unas varas cortas, y en cada pirueta chocan las varas contra las de sus compañeros, luego lanzan la energía hacia la tierra, golpeándola. La danza se lleva a cabo cada año en Pentecostés, el festival británico de mayo, y en el festival de la cosecha. Estas varas son un símbolo de la virilidad de los danzantes, que por tradición son hombres (después de la Primera Guerra Mundial, cuando toda una generación de hombres británicos fueron sacrificados, las mujeres también empezaron a bailar para mantener viva esta tradición; durante el último siglo, la danza se ha presentado como Morris Mixto, participando en ella hombres y mujeres.) El hecho de golpear las varas contra el suelo representa la transferencia de la virilidad a los campos donde crecerán los cultivos y habrá cosechas. La vara es una versión más pequeña del Árbol de Mayo (o Mayo), un gran poste que se pone en los campos de todas las villas británicas; los jóvenes bailan a su alrededor llevando listones que por tradición se hacen con la ropa de las jovencitas de la villa que han llegado a la edad de ser cortejadas.

En Europa, a lo largo de los siglos, los hombres han usado comúnmente el báculo como un instrumento y como un arma. En Inglaterra se le conocía como "quarterstaff" (pica) porque medía la altura del hombre que lo llevaba, más la cuarta parte de su altura; se usaba en todo tipo de actividades, incluyendo la defensa. En la leyenda de Robin Hood, él conoce al Pequeño Juan cuando luchan con este tipo de picas para decidir quién de ellos cruzará un puente hecho con un tronco de árbol, que es en sí un báculo y un símbolo de virilidad y de fuerza. En la historia de Ivanhoe, el héroe es un gran arquero y un experto en el manejo de la pica.

En nuestro ritual usaremos el báculo como símbolo de la fuerza y la madurez masculinas, como un eco de estos mitos y relatos, y como reflejo del vínculo de Juan con su báculo de madera de abeto. Si pudieras conseguir un báculo de madera de abeto sería fantástico; si no, un báculo de cualquier madera buena y fuerte, como la de fresno, roble o abedul, está bien.

El ritual se lleva a cabo en honor de un joven que ha llegado al punto en que se le debe considerar capaz de asumir responsabilidades de adulto, y en que los hombres adultos de su familia y comunidad puedan verlo como un colega. No hay una edad específica para esto. Los diferentes senderos espirituales establecen diferentes edades; para los judíos es a los trece años, para los Amish a los dieciséis, pero en tu comunidad espiritual o en tu familia deberías sentir que el joven está listo para actuar como un adulto y para que los hombres adultos cercanos a él lo vean como un colega. Él debe sentir que está listo para hacer un compromiso con los dioses y con su familia que lo haga cumplir con su decisión.

Además del báculo, necesitarás un altar con una vela en el centro, un espejo que esté en el altar, pero oculto detrás de una tela verde cuando empieza en ritual, y junto al espejo debe haber una vela especial del color favorito del muchacho a quién se está honrando. También vas a necesitar un athame o cuchillo pequeño, y comida para compartir.

Para empezar, el joven que será honrado pasa el día meditando y reflexionando sobre lo que significa ser un hombre adulto. Si le gusta la actividad física, tal vez quiera caminar solo durante varias horas y concentrarse en sus pensamientos. Si no le gusta mucho, tal vez sea conveniente para él meditar en un bosque o en un jardín. No debe tener cerca distracciones como la televisión, juegos y compañeros juguetones durante este periodo.

Cuando esté listo, los hombres que van a realizar el ritual deben reunirse y mandar por él. Cuando él se acerque al círculo, uno de los hombres debe tomar el cuchillo ritual (athame) y desafiar al muchacho, poniendo el cuchillo contra su pecho.

"En la antigüedad, los jóvenes que estaban listos para asumir la categoría de adultos juraban que estaban dispuestos a morir por sus familias. El fornido Juan luchó con valentía para liberar a su madre. ¿Estás listo para comprometer tu vida por el amor que sientes hacia los que están en este círculo?

El joven responde.

"Entonces, únete a nosotros".

Se permite que el joven llegue al centro del círculo mientras los hombres lo rodean. Ahora un hombre toma la mano del hombre que está a su lado y dice:

"De una mano a otra, se lanza este círculo".

Ese hombre toma la mano del siguiente diciendo: "De una mano a otra, se lanza este círculo"; cada hombre lo repite hasta que se forme un círculo alrededor del muchacho. Cuando e círculo vuelve al hombre que comenzó a lanzarlo, dice: "¡El círculo se ha lanzado!".

Ahora un hombre invoca al este:

"Espíritus del este, escuchen mi voz
espíritus del este, sus hijos llaman
nosotros que estamos dispuestos a aprender de ustedes
sobre el inicio de las cosas
sobre la sabiduría y la semilla que viaja en los vientos
espíritus del este
únanse a nosotros en este círculo
únanse a nosotros en este rito"

El siguiente hombre invoca al sur:

"Espíritus del sur, escuchen mi voz
espíritus del sur, sus hijos llaman
nosotros que estamos dispuestos a aprender de ustedes
sobre la dulce pasión
sobre la acción rápida como la conocían los antiguos
espíritus del sur

únanse a nosotros en este círculo
únanse a nosotros en este rito"

Un hombre que esté en el oeste habla:

"Espíritus del oeste, escuchen mi voz
espíritus del oeste, sus hijos llaman
nosotros que estamos dispuestos a aprender de ustedes
sobre la emoción intensa
sobre el amor como la Madre lo soñó en un principio
espíritus del oeste
únanse a nosotros en este círculo
únanse a nosotros en este rito"

Un hombre que esté en el norte habla:

"Espíritus del norte, escuchen mi voz
espíritus del norte, sus hijos llaman
nosotros que estamos dispuestos a aprender de ustedes
sobre los lugares verdes ocultos
sobre los árboles y la belleza silenciosa del invierno
espíritus del norte
únanse a nosotros en este círculo
únanse a nosotros en este rito"

Ahora un hombre lleva al muchacho al altar y dice:

"¡Gran Dios con Cornamenta, Espíritu del Bosque, cuya fuerza está en el abeto! Ven a nosotros. Conoce a ________ (dice el nombre del muchacho), que está ante ti listo para llega a ser un adulto; un hombre de conocimiento, fuerza, destreza y dedicación.

"Para mostrar que él desea comprometerse contigo, encenderá tu vela".

El muchacho enciende la vela que está en el centro del altar. El hombre que estaba hablando continúa:

"Para mostrar que él desea comprometerse contigo, Espíritu del Bosque, ¡llevará este gran báculo!".

Le entregan el báculo al muchacho. Cuando ya lo tenga en sus manos, un hombre que sea especial para él (su padre, hermano, tío, primo) dice:

"________ (nombre del muchacho), repite después de mí:"

(El muchacho repite cada uno de estos compromisos.)

"¡Comprometo mi mano al servicio y ayuda de mi familia, de mis amistades y de la comunidad!

"¡Comprometo mi corazón en el amor: Amor a mi familia, amor a los amigos, amor a una pareja, amor a un niño o a cualquier persona que yo pueda cuidar!

"¡Comprometo mi sabiduría para ayudar a determinar nuestro futuro, y para resolver los problemas que surjan y que yo tenga la capacidad de resolver!

"¡Me comprometo con el Espíritu del Bosque a vivir según el código de moralidad y justicia como yo los entiendo, y a nunca dañar a sabiendas a mis hermanos y hermanas!

"Que así sea ahora y todos mis días!".

Un hombre dice:

"Si así es, besa el báculo que tienes en tus manos, y promete honrarlo como un signo de tu compromiso".

El muchacho besa el báculo.

Un hombre dice:

"_________ (nombre del muchacho), has crecido y has aprendido con nosotros como tus maestros, mentores y proveedores. Ahora te enviamos a una búsqueda de héroe. Necesitarás resolver varios acertijos, aunque descubrirás que cada uno tiene la misma respuesta. ¿Estás listo?".

El muchacho responde.

El hombre dice:

"Vamos a comenzar. Escucharás que te haremos muchas preguntas. Considera cada una, pero espera hasta que se te hayan preguntado todas. Al final, encontrarás la respuesta del héroe:

"¿En quién puedes confiar cuando el peligro es grande?".

Se guía al muchacho a otra parte del círculo y otro hombre se dirige a él:

"¿Con quién puedes contar cuando las cosas parecen no tener esperanza?".

Se guía al muchacho a otra parte del círculo y otro hombre se dirige a él:

"¿Quién puede alegrarte cuando te sientes apático?".

Se guía al muchacho a otra parte del círculo y otro hombre se dirige a él:

"¿Quién es tu mayor aliado?".

Se guía al muchacho a otra parte del círculo y otro hombre se dirige a él:

"¿Quién puede ser tu peor enemigo?".

Se guía al muchacho a otra parte del círculo y otro hombre se dirige a él:

"¿Quién puede hundirte y detenerte por completo si se lo permites?".

Se guía al muchacho a otra parte del círculo y otro hombre se dirige a él:

"¿Quién puede darte la alegría que necesitas cuando las cosas no se ven muy bien?

Se guía al muchacho a otra parte del círculo y otro hombre se dirige a él:

"¿Quién es tu mejor amigo?".

Se guía al muchacho a otra parte del círculo y otro hombre se dirige a él:

"¿Quién sabe distinguir entre el bien y el mal?".

Se guía al muchacho a otra parte del círculo y otro hombre se dirige a él:

"¿Quién puede mostrarte lo que falta?".

Se guía al muchacho a otra parte del círculo y otro hombre se dirige a él:

"¿Quién siempre puede encontrar una manera de poner comida en la mesa?".

Se guía al muchacho a otra parte del círculo y otro hombre se dirige a él:

"¿Quién será capaz de cumplir todos tus sueños?".

Se guía al muchacho a otra parte del círculo y otro hombre se dirige a él:

"¿En quién puedes confiar?".

Ahora, el hombre más cercano a él (su padre, hermano, tío) lo toma del brazo y lo lleva al alar:

"La respuesta a cada uno de esos acertijos está oculta aquí. ¿Puedes encontrarla?".

Le dan un momento al muchacho. Si no puede decidir qué hacer, el hombre que lo está tomando del brazo levanta la tela verde y deja el espejo a la vista. Entonces dice:

"¡Ésta es la respuesta que buscas!".

Se le da un momento al muchacho para que vea el espejo:

Un hombre pregunta: "¿Cuál es la respuesta a cada una de estas preguntas?". Se permite que el muchacho conteste.

Ahora le entregan un cerillo y le dicen:

"Ahora sabes la respuesta a estos acertijos. Pero todos nosotros estamos aquí para guiarte, ayudarte y aconsejarte y auxiliarte en tu viaje. Para que podamos encontrarte siempre que nos necesites, sin importar dónde estés, enciende esta vela que será como un faro".

El muchacho enciende la vela de color especial.

Cada hombre que está en el círculo toma su turno para prometer:

"Cuando me necesites, estaré ahí para ti".

La promesa da la vuelta al círculo. Cuando cada hombre la haya hecho, todos pueden sentarse. Se pasa la comida alrededor del círculo, y cada hombre puede tomar su turno para relatar algo que recuerda que el muchacho haya dicho o hecho, en especial algo que le mostró al hombre una característica o talento especial que tiene el muchacho.

Al terminar, todos se ponen de pie.

Un hombre va al altar y dice:

"Espíritu del Bosque, te damos las gracias por estar con nosotros en el círculo y por haber sido testigo de la promesa de honor y de madurez de __________ (nombre del muchacho). Aunque vamos a apagar tu vela, sabemos que sólo es un símbolo y que tú siempre estarás aquí para cada uno de nosotros".

Se apaga la vela del centro.

El hombre que está en el este dice:

"Espíritus del este. Les damos las gracias por unirse a nosotros en nuestro círculo. Ahora que vuelven a sus hermosas regiones, ¡les decimos adiós!".

Todos dicen: "¡Adiós!".

Esto se repite para el sur, el oeste y el norte.

Ahora todos, incluyendo al muchacho, se toman de las manos. El primer hombre dice:

"Terminamos el círculo, pero nos llevamos su alegría en nuestros corazones". Suelta la mano de la persona que está a su derecha.

El siguiente hombre dice lo mismo y suelta la mano de la persona que está a su derecha. Cada hombre hace lo mismo hasta que se hayan soltado todas las manos. Entonces, el hombre que empezó dice:

"Este círculo ha terminado. Bendito Sea".

Todos deben festejar juntos y pasar un rato socializando y divirtiéndose. Deben felicitar al muchacho con entusiasmo durante la festividad.

Capítulo 11

La rosa: Honrar al espíritu de la muerte

Ésta es una narración corta de los Hermanos Grimm; una niña enfermiza lucha para llevar a cabo sus deberes y conoce a un niño extraño, pero encantador que le ayuda en su trabajo. Él le da una rosa y le dice que cuando la rosa se abra, ella lo volverá a ver. Poco después la madre de la niña descubre que la niña murió pacíficamente, y en ese momento la rosa se abre. En el ritual, honraremos al espíritu de los muertos que siempre están presentes en nuestra vida. Las citas de la historia se tomaron de la traducción de Margaret Hunt de la edición de 1802 de Cuentos de la infancia y del hogar.

La Europa Medieval sufrió largos periodos de plagas, pequeñas eras de hielo, guerras terribles y épocas de hambruna. Los cuentos de los Hermanos Grimm están llenos de situaciones terribles como madres que no pueden alimentar a sus hijos, enfermedades que acaban con la vida de los niños, y muertes que dejan a los niños huérfanos e indefensos. Pero aunque se tema a la muerte, morir podría ser una liberación de la enfermedad y la pobreza.

Las tradiciones populares nos muestran que la muerte puede llegar en cualquier momento, y en muchas formas. No siempre es un esqueleto con una túnica, la muerte puede encontrarse como una doncella atractiva, como un extraño en una sala de fiesta, o como un caballero bien vestido que encontramos en un camino solitario. La muerte podría incluso llegar como un niño dulce en los grandes matorrales de la Selva Negra.

El gran Neil Gaiman, al comentar la forma en que presentó a la muerte en la serie *Sandman*, mencionó en una ocasión una creencia que tienen quienes estudian la Cábala, según la cual la muerte debe ser muy atractiva, de lo contrario nadie la seguiría a su mundo de temor. Gaiman presenta al personaje de la muerte como una chica gótica extravagante y optimista, llena de ingenio y encanto. Para Gaiman y para sus lectores, ésta es una imagen muy atractiva de la muerte.

En la historia "La Rosa" de los Hermanos Grimm aparece una niñita que trabaja para su familia en lo profundo del bosque. Para ella, la Muerte es un niño amigable, fuerte y servicial. Así es como empieza el relato: "Hubo una vez una mujer pobre que tenía dos hijos. La más joven tenía que ir todos los días al bosque a buscar leña. En una ocasión, cuando tuvo que ir muy lejos a buscarla, un niñito que era muy fuerte, vino ayudarle diligentemente a recoger leña y llevarla a casa, y luego un momento después, el extraño niño había desaparecido".

Podemos imaginar vívidamente a esta niñita, pálida y con ojeras bajo los ojos, luchando día tras día para llevar arrastrando hasta su casa suficiente madera para encender la estufa y calentar la casa. Tal vez la pila nunca perecía suficiente, y la niña, que estaba enferma, tuvo que soportar muchas noches de frío en el crudo invierno de la Selva Negra. Pero un día apareció un niño que podría llegar a ser su amigo y compañero de juegos; simplemente llegó, cargó la enorme pila de leña y con una actitud servicial y alegre siguió a la niña hasta su casa llevando la leña.

Este pasaje introductorio parece un relato sobre un Kobold o un Brownie (especie de duende moreno, bondadoso, del que se supone que frecuenta las granjas y hace labores útiles por la noche) un servicial ser del Reino de las Hadas que viene a ayudar a una niña. A menudo se dice en las tradiciones populares que los Kobolds toman la forma de niños y son muy trabajadores. En Alemania, las mujeres usaban varios hechizos para atraer a los Kobolds a sus casas, porque esta clase de seres del mundo de las hadas trabajan toda la noche mientras las familias duermen. ¿Qué ama de casa no querría que un alegre Brownie ordenara las cosas y limpiara la casa?

"La niña le contó esto a su madre, pero ella al principio no le creyó". Es una madre pobre y desesperada que trabaja arduamente con el único propósito de alimentar a sus hijos y cree que su hija menor está jugando, tal vez porque se siente muy sola. Su madre supone que se trata de un amigo imaginario, un compañero invisible que la niña usa para alivian su soledad en lo profundo del bosque.

Pero la niña, para quien esta experiencia es muy real, insiste en que su madre le crea: "Al final, ella trajo un botón de rosa a la casa y le dijo a su madre que el niño bonito le había dado la rosa, y le había dicho que él regresaría cuando la rosa se abriera por completo. La madre puso el botón de rosa en agua".

Ahora la historia tiene un giro macabro: "Una mañana su hija no pudo levantarse de la cama. La madre fue a la cama y la encontró muerta, pero se veía muy feliz. Esa misma mañana, la rosa abrió por completo".

Este escalofriante relato es una de las diez "Leyendas Infantiles" que se agregaron al libro *Cuentos de la infancia y del hogar* en su segunda impresión en 1819. En esa impresión, el personaje principal era un niño, pero en impresiones posteriores, a partir de 1857, ya era una niña. Tal vez los Hermanos Grimm pensaron que las niñas se consideran más vulnerables, más dulces y más bonitas, y por eso una niña despertaría más empatía en el lector.

Aunque esta leyenda es muy breve, sólo tiene un párrafo, contiene una gran cantidad de temas que están presentes en las tradiciones populares y presenta un extraño acertijo: ¿quién es el niño lleno de energía que la niña conoce en el bosque y qué significa la rosa?

La muerte: El falso caballero

En las tradiciones populares vemos una gran cantidad de encuentros con extraños que parecen ocurrir al azar, pero que tienen un impacto profundo. En la Edad Media había cantos tradicionales sobre un niño que encontraba un "falso caballero" en el camino. El falso caballero le hacía al niño una serie de preguntas que al parecer era imposible responder, pero el niño era inteligente y se las arreglaba para responder a cada acertijo. Al responder con éxito sus preguntas el niño salva su vida. Éstos son unos versos de una versión de esta canción tradicional:

¿Hacia dónde vas? dijo el falso caballero en el camino
voy a la escuela, dijo el niñito y se quedó quieto
¿qué cargas a la espalda? dijo el falso caballero en el camino
mi ropa y mis libros, dijo el niñito y se quedó quieto

Yo quisiera que estuvieras en el mar lejano,
dijo el falso caballero en el camino
con un buen bote bajo mis pies, dijo el niñito y se quedó quieto
seguramente el bote se hundiría, dijo el falso caballero en el camino
y tú seguramente te ahogarías, dijo el niñito y se quedó quieto

Yo quisiera que estuvieras en ese árbol de allá,
dijo el falso caballero en el camino
con una escalera bajo mis pies, dijo el niñito y se quedó quieto
la escalera se romperá, dijo el falso caballero en el camino
y tú seguramente te caerás, dijo el niñito y se quedó quieto

¿Tiene tu madre otros hijos como tú?,
dijo el falso caballero en el camino
sí, y ninguno de ellos es para ti, dijo el niñito y se quedó quieto
creo que escuché una campana,
dijo el falso caballero en el camino
te está llamando al infierno, dijo el niñito y se quedó quieto
(Tradicional)

Este tipo de cantos con acertijos con frecuencia tratan sobre encuentros con fantasmas o con seres del mundo de las hadas con tendencias asesinas. La canción tradicional "Feria de Whittingham" o "Feria de Scarborough", que es una canción antigua de la tradición británica que fue muy conocida cuando Simon y Garfunkel grabaron una versión en la década de 1960, trata sobre el fantasma del amante de una mujer que le pide a la mujer que lleve a cabo varias tareas imposibles para devolverle la vida.

Dile que me haga una camisa de algodón,
perejil, salvia, romero y tomillo
sin costuras ni puntadas,
entonces ella será un verdadero amor para mí.

Dile que la lave en ese pozo
perejil, salvia, romero y tomillo
en el que nunca cae el agua de la primavera ni la lluvia
y ella será un verdadero amor para mí.

Dile que la tienda en esos abrojos
perejil, salvia, romero y tomillo
que nunca han floreado desde que Adán nació,
entonces ella será un verdadero amor para mí.
(Tradicional)

La mujer, por supuesto, no puede hacer estas cosas, así que el hombre permanece muerto. Las hierbas que se mencionan en cada verso son una protección contra el mal, ya sea de los seres del mundo de las hadas o de la muerte, que la mujer debe usar en su persona para liberarse de este insistente fantasma.

En la cultura africana en América se conocía al extraño del camino como *Papa Legba*. En el sur de Estados Unidos, los mitos sobre esta figura, originaria de las religiones africanas, se transformaron en relatos sobre encuentros con el demonio en los caminos desiertos. En estos mitos, el demonio se aparecía como un extraño muy bien vestido y le ofrecía al ser humano lo que él más quería. Pero si aceptaba el trato, perdía su alma a manos de ese diabólico extraño. Según las leyendas del *blues*, el icónico guitarrista Robert Johnson alcanzó la fama eterna vendiendo su alma al extraño de los cruces de caminos. En la canción "Crossroads" (Cruce de caminos), Johnson le promete su alma a Papa Legba, a cambio de llegar a ser famoso como intérprete de *blues*. Lo cierto es que llegó a ser legendario después de grabar esa canción en 1937, la cual se considera como una de las interpretaciones de *blues* más famosas de todos los tiempos. Pero Johnson no vivió para disfrutar su fama. Murió un año después, envenenado por una amante celosa.

El niño de la rosa

A menudo, el extraño que uno encuentra y que puede ser apuesto o hermoso, es la misma muerte. Esto no siempre es algo trágico. Las tradiciones populares insisten en que la muerte es una liberación del sufrimiento, no un castigo, como parece serlo para la niñita enferma de nuestro relato. Nuestra pobre niñita conoce a un extraño en lo profundo del bosque, mientras está realizando un trabajo que literalmente la está matando. El primer indicio de que este extraño va a liberar a esta niña está en la tarea que él lleva a cabo: Cargar la pesada leña que la niña debe llevar a casa. También nos damos cuenta de inmediato que no se trata de un niño ordinario, pues leemos: "antes de que pasara un momento, el extraño niño había desaparecido". Este ser lleno de vida aparece como un ser del mundo de las hadas y está dispuesto a ayudar a la niña cuya vida es una lucha.

Después le da un botón de rosa a la niña y ella se lo muestra a su mamá para demostrarle que no está mintiendo.

En el capítulo sobre "Rosa con espinas" hablamos sobre el simbolismo sexual de esta flor. Pero en las tradiciones populares europeas la rosa ha sido el símbolo de la muerte y del renacer durante mucho tiempo. La rosa florece hermosamente durante unos cuantos días y luego se marchita y muere para que sus semillas caigan, y entonces sólo quedan los tallos llenos de espinas. Ésta es una analogía relacionada con la dulzura de la vida, que es corta, y de la amargura de la muerte que está llena de espinas.

La rosa que florece no sólo significa la muerte, también representa el renacer. Aunque la hermosa flor se marchita en unos días, cada primavera las flores renacen y vuelven a la vida, en un renacer que brota de la muerte; es la energía de la Diosa y su promesa de que la vida siempre continuará, aunque la muerte pueda separarnos de quienes amamos.

Eso es lo que le pasó a nuestra niña en el relato de "La Rosa". El servicial extraño le da una rosa a esta niña pálida y enferma como un recuerdo de su encuentro. Le dice que ella lo volverá a ver cuando la rosa se abra.

La madre pone la rosa en agua, un signo de su amor por la niña, incluso en medio de la pobreza y el trabajo arduo.

Una mañana que es como cualquier otra, la niña muere. No hay una dramática escena de muerte, ni una enfermedad persistente: La madre trata de despertar a la niña y no puede. En el bosque que las rodea las aves cantan, los zorros merodean, la vida sigue en abundancia. Pero la madre descubre que su niña ha muerto y llora junto a su cama. La muerte la visita por última vez, y como símbolo de su liberación, la rosa que el extraño niño dio a la niña se abre con toda su belleza. La hermosa flor representa el amor de la madre, que continuará más allá de la muerte; también muestra que la niña renacerá a una vida mejor, en la que florecerá y prosperará como la naturaleza intenta que lo haga. La muerte ha demostrado ser una verdadera amiga.

El ritual de la rosa

La muerte: La frontera final. Seamos ricos o pobres, trabajadores o perezosos, atractivos o menos favorecidos, inteligentes o no tan inteligentes, la muerte es el final del camino para todos nosotros. Es parte de nuestra vida diaria, es un hecho de la vida que hemos aprendido a aceptar. Cuando éramos niños, la mayoría de nosotros tuvimos una mascota que murió; algunos perdimos a un ser querido. Aceptar la muerte llega incluso a niveles más profundos: Para comer tenemos que matar. Comemos animales que han dado su vida por nosotros. Incluso los vegetarianos tienen que cosechar para vivir. Cada año matamos a Juan Cebada (John Barleycorn) para tener comida y bebida. La muerte nos proporciona pieles, pegamentos, madera para nuestros pisos y paredes, comida para mascotas, instrumentos musicales y combustible para nuestros automóviles, camiones y aeroplanos. Cada aspecto de nuestra vida puede remontarse a la muerte de una planta o un animal.

A lo largo de los siglos hemos honrado a las criaturas cuya muerte sostiene nuestra ida. En la Antigüedad, los cazadores llevaban a cabo complicadas danzas rituales para mostrar su gratitud a los animales que habían muerto y les habían dado su piel y su carne. En Inglaterra, Estados Unidos y Canadá se lleva a cabo una danza de este tipo: La danza de las cornamentas de Abbots Bromley. Se hace con cornamentas que datan del siglo XI (las cuales reemplazaron a otras cornamentas mucho más antiguas que se usaban entonces), la danza es un vestigio del Ritual de Caza Pagano que honraba a los ciervos que proporcionaban comida a la aldea de Abbots Bromley a lo largo del año. En la tradición inglesa, todavía cantamos la canción de "John Barleycorn" (Juan Cebada) para honrar a las semillas con las que se hace la cerveza y el brandy. Estas tradiciones existen para ayudarnos a recordar que la vida sólo puede mantenerse a través de la muerte.

Honrar la muerte no significa esperar que llegue la muerte. Las personas saludables tienen un instinto de supervivencia, lo que significa que a pesar de lo mal que parezcan estar las cosas, la muerte nos inspira temor. Los rituales antiguos de la muerte tienen el propósito de alejar a la muerte de nosotros, evitarla, por así decirlo. Encontramos un ejemplo bíblico de esto en Éxodo 12, cuando el Dios de Israel pide a los judíos que sacrifiquen un cordero y pintan con su sangre las puertas de sus casas para que el ángel de la muerte no las visite. Cada año se conmemora este rito en la Pascua.

Los judíos fueron uno de los numerosos pueblos cuyos rituales tenían el propósito de alejar la muerte. En toda la Europa Medieval, cada población y aldea representaba la *Danse Macabre* o Danza de la Muerte, en especial cerca de la fecha de Halloween (que en el idioma gálico se dice Samhain), cuando el velo entre nuestro mundo y el Inframundo es más delgado, debido a actividades como la cosecha y la caza. En esta danza, la gente se vestía como la muerte, y disfrazados de esqueletos bailaban por toda la aldea como reyes, reinas, caballeros y doncellas al son de música macabra. Se tenía la esperanza de que la muerte, al ver esta lúgubre procesión creyera que ya había visitado esa población y la pasara de largo. Esta tradición se convirtió en la costumbre de Halloween en que la gente iba de casa en casa diciendo "Truco o regalo"; se vestían como la muerte o como fantasmas y aceptaban regalos simbólicos a cambio de conservar la vida durante un año más.

La muerte puede ser alegórica. En el Tarot, la carta trece es la carta de la muerte; por tradición se le ve como la Parca, una figura esquelética que lleva una enorme guadaña y se lleva la vida de hombres, mujeres y niños. En la baraja de Tarot Rider-Waite, la carta se cambió. Ahí la muerte es una figura a caballo que lleva una rosa blanca. A su paso, un obispo, un rey y una doncella hermosa sucumben a la muerte. El obispo lleva un gorro que parece la cabeza de un pez, lo que nos recuerda que en este sistema la carta de la Muerte se equipara con el signo de Piscis: A lo largo de la historia, se han enterrado peces al sembrar las semillas; los peces fertilizan la tierra de modo que las semillas crezcan. Después se cosechan y son el sostén de nuestra vida.

La carta de la Muerte nos recuerda este ciclo de la vida a la muerte. También es el símbolo de la muerte de un aspecto de nuestra vida: La infancia muere para que florezca la vida adulta; un proyecto muere para que pueda surgir otro; un amor o una amistad muere y se desarrolla uno nuevo, que será mejor debido a las lecciones que hemos aprendido a partir de nuestra experiencia. Al leer el Tarot, la muerte podría significar un cambio enorme o un crecimiento profundo.

En nuestro ritual honraremos al espíritu de la muerte como agente de cambio, como un motivador constante y como un maestro de las lecciones de la vida. Honraremos a los espíritus de nuestros seres queridos o de los héroes que han sucumbido a la muerte, y cuya memoria nos impulsa a alcanzar nuestras propias metas y sueños.

Necesitarás:

- Un altar estándar con una varita y una sola vela, además de una vela pequeña para cada mago que participe.
- Una rosa blanca.
- Un recuerdo especial de un ser amado o de una persona que admiras y que haya muerto.

Este ritual se lleva a cabo con una persona o con un grupo. Si estás en un grupo, asigna líneas para cada persona presente. El ritual puede hacerse en Samhain (se pronuncia SO-an), el nombre celta para Halloween, una época en que el velo entre nuestro mundo y el mundo de la muerte es difuso y los fantasmas pueden sentir nuestra presencia. También puedes hacer este ritual en cualquier momento en que sientas la necesidad de honrar a un ser querido o a un héroe que ha muerto. El círculo puede hacerse en un cuarto tranquilo y oscuro o fuera de la casa.

Para empezar, los participantes se reúnen en silencio. A medida que van entrando, cada mago debe llevar al círculo una vela encendida, y se sientan en silencio manteniendo la vela encendida durante un rato. Empiezan cuando cada persona esté lista.

"Nos reunimos aquí esta noche para honrar a la muerte, pues sin ella no podría existir la vida. Honramos al espíritu de la muerte que sostiene nuestra vida y que nos reclamará cuando llegue el momento. ¡Muerte, te honramos!".

Los magos participantes se turnan para tocar con su vela la única vela que está en el altar; con la primera que se toque se encenderá esta vela, pero cada flama debe tocar la vela del altar. Cuando todos lo hayan hecho:

"La luz de nuestro altar es la vida misma, siempre brillante, siempre presente. Honramos la luz de la vida que está ante nosotros. ¡Bendita Sea!".

Todos: "¡Bendita Sea!.

"Tenemos en nuestras manos la luz de la vida; nuestra propia vida y la vida de quienes nos precedieron. Cada uno de nosotros tiene un ser amado que ha muerto. Cada uno de nosotros ama al espíritu de alguien que ya se ha ido. La luz se ha apagado, su espíritu se fue de este mundo. Por favor digan el nombre de la persona que están honrando mientras apagan su vela con delicadeza".

Cada mago participante dice un nombre al apagar su vela. Se escucharán diversos nombres alrededor de la sala: Familiares, amigos o figuras históricas que han muerto. Cada persona toma un momento para decir el nombre y apagar la vela, luego siguen adelante.

Levanta la varita y muévete a cada uno de los puntos cardinales:

"Espíritu del este, criatura del aire. Te pido que te unas a nosotros en este círculo. Tráenos la risa cuando enfrentemos la tristeza y el pesar. ¡Enséñanos que la vida continúa a través de la juventud y el nacimiento! ¡Bendito Seas!

"Espíritu del sur, criatura del fuego. Te pido que te unas a nosotros en este círculo. Danos la voluntad de seguir adelante aunque la muerte reclame a nuestros seres amados. Enséñanos que la vida es frágil y valiosa" ¡Bendito Seas!.

"Espíritu del oeste, criatura del agua. Te pido que te unas a nosotros en este círculo. Tráenos la profundidad del amor, del sufrimiento, del pesar y de la esperanza para enfrentar la muerte que afecta nuestras vidas. ¡Enséñanos a siempre conservar en nuestro corazón el amor de quienes nos han precedido y ahora han muerto! ¡Bendito Seas!.

"Espíritu del norte, criatura de la tierra. Te pido que te unas a nosotros en este círculo. Tráenos la solidaridad de la tierra y la calma, la paz del terreno que está bajo nuestros pies. ¡Enséñanos que como la rosa que florece en la tumba, la vida sigue adelante. ¡Todo cambia, nada se pierde! ¡Bendito Seas!".

Siéntate en el centro y vuelve a poner la varita en el altar. El coordinador toma la rosa que está en el altar y dice:

"¡Oh muerte! Espíritu de cambio y transformación. ¡Te honramos! Te hemos conocido desde el principio; tú que reclamas a todos, tú que lo cambias todo. "¡Todo cambia, nada se pierde!".

Todos repiten: ¡Todo cambia, nada se pierde!".

El coordinador dice: "Muerte, ¡tú nos das vida! Nos das a la vaca, a la gallina, la cosecha en los campos, para que podamos festejar y vivir".

Todos repiten: "¡Todo cambia, nada se pierde!".

El coordinador dice: "Muerte, tú nos das las semillas de los campos, Juan Cebada, para que podamos hornear el pan, fermentar cerveza y hacer pasta y cereales. ¡Vivimos y prosperamos gracias a tus dones!".

Todos repiten: "¡Todo cambia, nada se pierde!".

El coordinador dice: "Muerte, eres maestra. Nos das conocimientos sobre las personas que han fallecido, que nos inspiran, que nos impulsan. Ante tu presencia que nos hace sentir humildes nos damos cuenta de que tenemos que traer nuestra luz al mundo antes de que se apague. ¡Guíanos, muerte, para que tengamos logros, para trabajar, para crear, para generar vida, para nutrir la vida!".

Todos repiten: "¡Todo cambia, nada se pierde!".

El coordinador continúa: "Esta flor blanca es un símbolo de nuestra vida. Florece hermosamente, entregando su amor y su paz a todos los que la ven. Pero llegará el momento en que se marchite y se acabe. Pero los pintores la pintarán, los escritores escribirán su oda; los que aman la recordarán como un don de su pasión; los que sufren por la muerte de un ser querido la pondrán sobre la tierra como señal de su recuerdo.

"Ahora cada uno de nosotros recibe esta flor y la bendice con su alegría, su pesar, su amor y su sufrimiento".

Cada mago participante toma la rosa y la sostiene en sus manos, mientras piensa en alguien que ha perdido, en alguien que se ha ido y que lo ha inspirado, o en las plantas y animales que ha consumido hoy. Cuando la rosa vuelve a manos del coordinador, dice:

"La muerte nos vence a todos. Esta rosa florece en toda su belleza, pero llegará el momento en que se marchitará y morirá, como nosotros moriremos algún día. ¡Todo cambia, nada se pierde!".

Todos: "¡Todo cambia, nada se pierde!.

"Se nos da un corto periodo en esta tierra. En ese periodo debemos esforzarnos por causar un impacto. Debemos crear, ya sea en el arte, en la música, en la alegría en la vida, en nuestro trabajo o en nuestras enseñanzas. Nos inspiran quienes nos han precedido y se han ido. Los muertos nos enseñan que la vida es valiosa. Nos enseñan que no podemos perder el tiempo. Siempre debemos esforzaros, pues la muerte puede reclamarnos cuando le plazca.

"Honramos a aquellos que la muerte se ha llevado. Seres queridos, cercanos a nuestro corazón, que están detrás del velo. ¡Los invocamos!".

Se puede volver a poner la rosa sobre el altar. Ahora, cada persona del círculo toma el recuerdo que ha traído para recordar a una persona o a un héroe que ha fallecido. Ahora, todos los que están en el círculo pueden hablar, tomando turnos, para honrar a una persona que ha muerto. Puede ser un ser muy querido, un héroe o un personaje histórico que los ha inspirado.

Éste es un ejemplo, pero cada mago participante debe usar sus propias palabras y pensamientos:

"Yo honro a Jorge, mi querido amigo que murió hace cuatro años. Tengo su foto en mis manos. Siempre fue leal conmigo, me mostró lo que podía lograrse con fuerza de voluntad, perseverancia y negándose a darse por vencido. Jorge fue un hombre de pocas palabras, pero cuando hablaba siempre era con amor y habiéndolo pensado bien. Jorge me ha inspirado a lograr muchas cosas, y se le extraña en este mundo. ¡Jorge, te honramos!".

Ahora cada mago participante habla; todos toman su turno.

Cuando todos hayan hablado, cada uno vuelve a poner su recuerdo en el altar. Luego toman las velas que trajeron al círculo.

"¡Todo cambia, nada se pierde! Los recueros, los fantasmas, los espíritus que han dejado este mundo siguen con nosotros, nos guían, nos advierten, nos nutren. Ahora encenderemos una vela que llevaremos con nosotros a nuestro futuro, ¡para que siempre recordemos a las personas que honramos esta noche!".

Cada uno camina alrededor del círculo en la dirección de las manecillas del reloj (deosil), encendiendo su vela con la vela central. Cuando hayan terminado, el coordinador guía la fila fuera del círculo. Todos pueden bailar y cantar juntos, celebrando su vida y la vida de quienes ya se han ido.

Cuando hayan terminado, sin importar cuánto se tarden, uno de los magos vuelve a entrar al círculo y se acerca a la vela que está en el altar.

"Muerte, tú siempre estás presente. Te pedimos que seas una influencia para nosotros, un agente de cambio. Impúlsanos a crear, a hacer la vida, a disfrutar del tiempo que se nos da, ¡a recordar siempre a los que ya han viajado en tu abrazo! Apagamos tu vela. ¡Bendita Seas!".

Apagan la vela.

"Espíritus del este, ¡les damos las gracias por habernos acompañado en este rito! ¡Los saludamos y nos despedimos!".

Repetir esto para el sur, el oeste el norte.

Caminan deosil (en el sentido de las manecillas del reloj) alrededor del círculo diciendo:

"Lanzamos de nuevo este círculo hacia la tierra, hasta que necesitemos volver a invocar sus energías. Los que estamos vivos, los que compartimos este tiempo y este espacio mágicos, ¡damos gracias por nuestra vida y por cada uno de nosotros! ¡Benditos sean!".

Todos deben abrazarse, besarse, apapacharse y compartir su alegría y una comida. Cuando todo haya terminado, la rosa debe colocarse en un lugar especial hasta que se marchite. Luego puede prensarse o sus pétalos pueden usarse en un baño ritual o en un hechizo.

Y vivieron felices por siempre

Los niños salieron del bosque siendo más sabios y más fuertes debido a las pruebas que superaron ahí. El lobo está muerto, la bestia se ha transformado, el oso se volvió dormir durante el largo invierno. La princesa está despierta, y comienza su vida de nuevo. Juan y su novia cabalgan hacia su nuevo hogar. El narrador de la historia sonríe y dice: "...Y vivieron felices por siempre".

Pero el cuento no termina ahí para nosotros. Guardamos estos cuentos en nuestro corazón, vivimos de acuerdo a sus lecciones, recordamos el profundo efecto que tuvieron en nosotros cuando éramos niños, y seguimos recordando a sus pequeñas heroínas y a sus héroes en nuestra vida adulta.

Espero que este libro te haya dado una comprensión más profunda de los cuentos de hadas, y un punto de vista completamente nuevo sobre los cuentos que compilaron los Hermanos Grimm. No son las historias simpáticas y dulces que recordábamos, ¿de acuerdo?

¿Hacia dónde vamos ahora? Más allá. Como cuando estudiamos prácticamente cualquier otro tema, el estudio de los cuentos de hadas y las tradiciones populares es algo que se lleva a cabo a lo largo del tiempo. Entre más llegues a conocer estos relatos evocadores, hermosos y mágicos, más los entenderás a nivel intelectual y más sentirás su magia a nivel visceral. Como escribí en el capítulo sobre "La Bella y la Bestia", los cuentos de hadas pueden entenderse a muchos niveles, y cada nivel eleva nuestra comprensión de la magia, de la naturaleza y de nosotros mismos.

Sugiero encarecidamente que encuentres estos cuentos en su forma original en Internet, o en cualquier colección de las versiones originales de los cuentos de los Hermanos Grimm. Leer estos cuentos en su versión original, en lugar de confiar en tu memoria o de recordar las adaptaciones cinematográficas, es importante para tu comprensión de los cuentos de hadas y las tradiciones populares, y para llegar al núcleo de la magia que hay en su interior. Lee cada cuento varias veces y mira si puedes captar mis pensamientos en relación con sus orígenes y con la magia. Crea tus propias interpretaciones. También te recomendaría que leas las obras de Bruno Bettelhem, María Tatar y Catherine Orenstein. Contienen comentarios muy interesantes sobre el significado de estos cuentos en nuestra vida moderna.

Lleva a cabo los rituales y hechizos, recordando que cualquier persona puede aprender a realizar la magia ritual. Sólo se necesita práctica y algo de dedicación. Estudia el Tarot, piensa en los elementos del ritual y lee algunos de los libros que te sugiero.

Índice

N

O

P

Q

R

S

T

V

W

Para escribirle al autor

Si deseas ponerte en contacto con el autor o deseas más información sobre este libro, por favor escríbele al autor a través de Llewellyn Worldwide, Ltd. y enviaremos tu mensaje. Tanto al autor como a la casa editorial les agradará tener noticias de sus lectores y saber si disfrutaron este libro o si les ha sido de ayuda. Escribir a:

Kenny Klein
c/o Llewellyn Worldwide
2143 Wooddale Drive
Woodbury, MN 55121-2989

Por favor adjunta un sobre con tu dirección y franqueado para la respuesta, o con un dólar para cubrir los gastos de envío. Si estás fuera de Estados Unidos, adjunta un cupón postal internacional para la respuesta.